これからの生活指導と進路指導

高橋陽一・伊東毅／編

武蔵野美術大学出版局

もくじ

まえがき　高橋陽一　9

第1章　学校教育における生活指導　高橋陽一

第一節　生活指導という言葉　15
第二節　法令のなかの生活指導　23
第三節　学習指導要領のなかの生活指導　28
第四節　チーム学校としての生活指導　35

第2章　学校教育における進路指導　高橋陽一

第一節　進路指導という言葉　40
第二節　法令のなかの進路指導　46
第三節　学習指導要領のなかの進路指導　48
第四節　チーム学校としての進路指導　50

第3章　生活指導とは何か　川村肇

第一節　生活指導の原理　54
第二節　集団と民主主義　61

第4章　生活指導の方法　川村肇

第一節　集団づくりの技術　70

第二節　今日の生活指導の課題　77

第5章　進路指導の歴史　伊東　毅
第一節　学校における職業指導の誕生　88
第二節　日本の学校における職業指導と進路指導　89
第三節　キャリア教育の登場　94

第6章　進路指導の理論　伊東　毅
第一節　マッチング理論　100
第二節　発達理論　104
第三節　その他の理論　106

第7章　キャリア教育の理念・実態・課題　伊東　毅
第一節　ニート論からキャリア教育へ　114
第二節　キャリア教育の理念　116
第三節　具体的なキャリア教育の取り組み　120
第四節　キャリア教育の課題　124

第8章　不登校とサポート体制づくり　伊東　毅
第一節　不登校の呼称と実態　130

第二節　不登校への対応　132

第9章　文部科学省のいじめ対策　伊東 毅
第一節　これまでの提言等　148
第二節　いじめ防止対策推進法　154
第三節　道徳の教科化　163

第10章　いじめへの対応と学級活動・生徒会活動　伊東 毅
第一節　いじめに取り組む学級活動実践　168
第二節　いじめに取り組む生徒会活動　173

第11章　ジェンダーと学校　渡辺 典子
第一節　人間の多様な性とジェンダー　180
第二節　ジェンダー平等をめざす学校　184

第12章　多文化教育と学校　奈須 恵子
第一節　多文化状況と教育政策の歴史　198
第二節　学校教育における多文化共生志向実践の模索と課題　204

第13章　問題行動と生活指導　伊東 毅
第一節　反社会的問題行動　220
第二節　インターネット・携帯電話をめぐる問題　224
第三節　発達障害をめぐる問題　227
第14章　十八歳成人と主権者教育　高橋 陽一
第一節　成人をめぐって　234
第二節　主権者教育の動向　239
第三節　十八歳成人の動向　242
第15章　懲戒と指導　高橋 陽一
第一節　保護者による懲戒　248
第二節　懲戒、出席停止、体罰の禁止　252
第三節　非行と少年法　261
あとがき　伊東 毅　267
索引

表紙デザイン　白尾デザイン事務所

まえがき

生活を指導すること、進路を指導すること。教師の仕事のなかで、これほど重い仕事はない。

学校の教員は、学校教育全般の専門家であり、かつ、各教科との専門家としての能力や経験を持つ者なのだが、同時にまた、生活や進路についての指導者でなければならない。

この生活とは、学校にいる間の生活というだけではなく、地域や家庭にいるすべての生活時間までもが入っているし、学校を卒業してからの将来の生活もその視野に入ってくる。進路指導は、中学校や高等学校での進学や就職の指導であるが、これも進学して就職してからの社会人としての生き方までも視野に入れたものである。二〇一七(平成二九)年から翌年に告示された学習指導要領では、予測不可能な今後の社会の変化を前提として、社会に開かれた教育課程が強調されており、学校教育全体が、将来の社会の担い手としての子どもたちを育てることが目指されている。

一方で教師たちは、生活や職業についてすべてを知っているわけではない。多様な経験を有する社会人教員の登用も重要な政策課題になり、大学通信教育はその役割を果たしている。しかし、そうした社会人からの相談にのって分かることは、それぞれの経験や知識はやはり限られた範囲だという事実である。これに対して、子どもたちの進路の多様性は無限に広がり、また今後も変化する。

こうした時代であるからこそ、教師は地域社会の人たちや多種多様な専門家と謙虚に向き合い、その叡智と経験を子どもたちのために生かしてもらうコーディネータでなければならない。多忙な教師が学校教育の担い手の役割を果たすには、自分で何でも引き受けるのではなく学校内外に効率的な協働を実現する、チームとしての学校として幅を広げなければならない。アクティブ・ラーニングとしての実質は、こうした社会に開かれた教育課程をつくりあげることではじめて実現する。

本書はこうした現代社会における学校の課題に向き合い、自らの責務を果たしていく教師を目指す学生たちのためにつくられた。現代の必要最低限の法令と知識、それを生かしていく基本的な実践と理論に力点を置いている。

このために本書では、大学での講義室で使用する教科書として使用するのにも役立ち、通信教育課程の学生が一人で読解する場面でも便利なように、様々な工夫をした。各章冒頭の扉に、「キーワード」を掲げて、「要約」を示した。また重要語句はゴシックにして、巻末に索引を掲げた。各章が独立しながらも、今日の教育課題を重層的に理解するために、重ねて出てくるキーワードも少なくない。

第1章「学校教育における生活指導」と第2章「学校教育における進路指導」では、それぞれ生活指導と進路指導の原則と法令上の意義を、高橋陽一が説明した。実践的な理解を深めるためにも、この二つの章をまず理解してほしい。

第3章「生活指導とは何か」と第4章「生活指導の方法」は、生活指導の原理原則と実践の前提としての方法論を川村肇が解説した。生活指導という分野が、学校現場の経験によって発展し、理論と方法に基づいて成立していることを把握してほしい。

第5章「進路指導の歴史」と第6章「進路指導の理論」と第7章「キャリア教育の理念・実態・課題」では、進路指導とキャリア教育の全般を伊東毅が整理した。進路指導もまた、長年の歴史が蓄積して理論化され、それが学校教育に共有されていることを確認して欲しい。

こうした理論的で歴史的な理解に基づいて、次に実践課題に取り組むための各章が展開する。

学校生活をおくることが困難な子どもたちへの支援もまた教師の役割である。第8章「不登校とサポート体制づくり」では、どの教室にもいると言ってよい不登校の子どもたちのために、学習と発達を保障するためのサポート体制を伊東毅が述べる。さらに学校教育で見逃してはならないのがいじめの問題である。第9章「文部科学省のいじめ対策」と第10章「いじめへの対応と学級活動・生徒会活動」では、いじめ防止対策推進法を中心にした教育政策の歩みと学校現場の実践的方法を伊東毅が提供している。

さらに、学校に通う子どもたちは、多様な家庭や文化の背景、さらに志向性をもっている。第11章「ジェンダーと学校」では、渡辺典子が教師にとっての必須の知識でありモラルであるジェンダー論の基礎の解説と実践への提起を行う。また第12章「多文化教育と学校」では、奈須恵子が多種多様な国籍や文化をもつ子どもたちがいることが当たり前になった教室を指導するための原則を提起する。また、子どもたちの問題行動は必ず起こるものであり、第13章「問題行動と生活指導」では、伊東毅が非行をはじめとした多様な課題を整理する。

こうした課題と学校は、社会全体の人間観や子ども観に連動する。民法改正により実施が決まった成人年齢の引き下げについて、第14章「十八歳成人と主権者教育」で高橋陽一が解説する。また、親と子ども、児童・生徒と教師という関係について、第15章「懲戒と指導」では高橋陽一が法令を整理して、するべき指導と、してはならない児童虐待や体罰について整理する。

本書は、二〇〇二（平成一四）年刊行の小久保明浩・高橋陽一編『生活指導論』や、二〇一三（平成二五）年刊行

の高橋陽一・伊東毅編『新しい生活指導と進路指導』に続く、新しい教科書である。この一〇年、二〇年の急激な社会と学校の変化は、以前の教科書と見比べてみても痛感する。教師に必要な知識も技法も、どんどんと変化している。

生活指導と進路指導には、社会の課題がそのまま反映してくる。いじめも差別もあらゆる問題が、学校には社会の縮図のように存在する。だからこそ、教師は自ら襟を正して、常に広い視野と深い洞察をもって社会に向き合い、そして子どもたちの将来を見据えて指導に当たらなくてはならない。こうした途轍もない大きな課題に挑もうとする教師を目指す人たちに、心からのエールを送るために、本書をおくるものである。

二〇二〇年二月一日

執筆者一同を代表して　　高橋 陽一

第1章
学校教育における生活指導

高橋 陽一

キーワード

日本国憲法　教育基本法　学習指導要領　生徒指導提要　アクティブ・ラーニング　主体的・対話的で深い学び　資質・能力の三つの柱　カリキュラム・マネジメント　生活指導　生徒指導　学習指導　ガイダンス　カウンセリング　集団指導　個別指導　教科　科目　道徳教育　総合的な学習の時間　特別活動　チーム学校　校務分掌　生徒指導体制　教育相談体制

要　約

2017（平成29）年から翌年にかけて告示された学習指導要領は、資質・能力の三つの柱を培うために、対話的・主体的で深い学びやカリキュラム・マネジメントを強調して、学校教育の改革を意図するものである。こうした流れのなかで、生活指導においても、チーム学校として教職員が連携して、子どもたちを支えていく必要がある。生活指導は、生徒指導とも言われ、集団指導のガイダンスや個別指導のカウンセリングなどの様々な形態で行われ、教科・科目の学習指導とも不可分の関係にある。また、生活指導は道徳教育、総合的な学習の時間、特別活動も含めて、学校の教育活動全体を通じて行われていく。

アクティブ・ラーニングの時代へ

学校教育は、大きな変化のなかにある。二〇一七（平成二九）年から二〇一八（平成三〇）年に告示された新しい学習指導要領では、**アクティブ・ラーニング**が強調された。アクティブ・ラーニングは、学習指導要領の本文では、**主体的・対話的で深い学び**という表現で説明されている。こうして従来の学校本来の学ぶ内容や方法を改善して、一歩前へと進めることが期待されている。

子どもたちが主人公となって自分自身の未来を切り拓いていく**主体的な学び**、教師やクラスメイトに自分の見解を伝えて相手の見解と結び合う**対話的な学び**、問題を発見して解決していく**深い学び**という、三つの学びの組み合わせは、今までの学習のスタイルを見直して再構成するものとなる。こうした学力論は、教科・科目にとどまらず、学校の教育活動全体にわたって展開する。こうした学力論にも、多くの批判や学問的分析が始まっている。そしてこうした批判的分析をも教師と保護者を含めた教育関係者で共有して、子どもたちの生きる力を育むために模索していくことが、教育に関わる者の使命と言える。

アクティブ・ラーニングは、教科ごとの学びや、授業のあり方だけの課題ではない。教科を横断して、現在の学校生活と学校外の生活、さらに将来の生活にも生かされるものでなくてはならない。こう考えたときに、学校と社会をつなぐ支援、子どもたちの将来を切り拓く指導として、生活指導という分野を意識することになる。生活指導の原理と歴史を踏まえ、これからの時代にふさわしいあり方を模索していくのが、本書の課題である。

この第1章では、これから教師をめざす学生や教育の入門書として本書をひもといた人にも導入となるように、生活指導の概念を、今日の法律や制度と関連して整理していくことになる。

第一節　生活指導という言葉

生活指導を考える基本用語

はじめに、生活指導がどういうものか、最小限の言葉の整理をしておきたい。教師になるために、教育の概念や学校教育の法令用語は、教育学や教育原理などの科目で学ぶことになる。また、同じ用語でも、引用される文書や学説によって違う意味で用いられることもあるため注意が必要である。基本用語の解説は、高橋陽一『新しい教育通義』（武蔵野美術大学出版局、二〇一八年）で説明しているので参照されたい。

まず、今日の教育学では、**教育**という言葉は、家庭や職場や地域なども含めて、次世代の人物を養成するための営みを意味する。このなかで、教育に特化した組織として学校で行うものを、**学校教育**という。家庭教育や職場や地域の社会教育という実際の生活の場での教育とは区別して、学校という特別の場所で、教育を専門とする教師が、教育のためにつくられた教材を用いて、学習者に意図的に計画をもって指導していくという特徴が、学校にはある。今日の学校教育の法令では、幼稚園の学習者を**幼児**、小学校の学習者は**児童**、中学校と高等学校の学習者は**生徒**と呼ぶ。小学校と中学校をあわせた義務教育学校や、中学校と高等学校をあわせた中等教育学校の学習者もこれに準じて呼ぶ。また大学の学習者を**学生**と呼ぶが、小学生や中学生も「学生」と日常語で用いているために、間違わないようにしたい。

一般に学校教育では、まず、記憶して覚える知識や、手足などを動かす技能を身につける。使える**知識及び技能**を獲得する。さらに、実際に応用していく能力を身につけることが目指される。今日の学校教育では、学習指導要領の用語を用いて**基礎・基本**となる知識及び技能を実際に生かしていく能力を、**思考力・判断力・表現力等**と呼ぶ。そして、この知識及び技能や思考力・判断力・表現力等は、国語や算数・数学などに区分された**教科**や、高等学校などで数学Ⅰなどと細分化された**科目**を中心に育成されるもので、学習者の習得した能力は**学力**として評価できる。学力の前提をなすのは、学ぼうとする心の動きや立ち居振る舞いである。こうした数値化しにくい**意欲・関心・態度**も学力のなかに含めて考える。学習指導要領では、これを**学びに向かう力・人間性等**と呼んでいる。学力の**評価**は、たとえば一〇〇点満点の試験で何点と数字で評価を示したり、さらには各段階の評価をまとめて段階として**評定**したりする。

　こうした学校教育で培う能力を、将来の生活においても生かされる能力として、**生きる力**と呼んできた。一九九六（平成八）年の中央教育審議会答申で登場したこの概念は、現在も堅持されている。さらに、新しい学習指導要領では、ここまで述べた学力論を、**資質・能力の三つの柱**と整

図表１　資質・能力の三つの柱の概念図

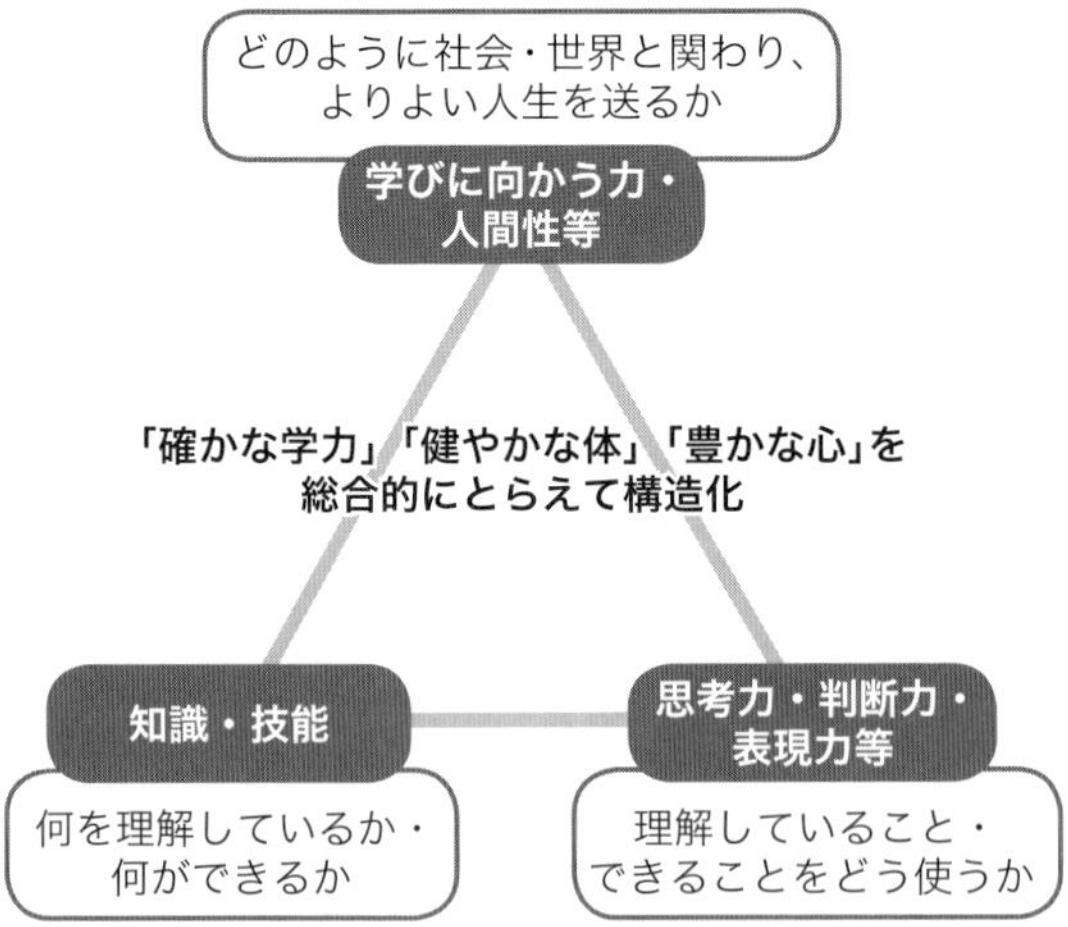

中央教育審議会答申「幼稚園、小学校、中学校、高等学校及び特別支援学校の学習指導要領等の改善及び必要な方策等について」2016 年 12 月 21 日より

理している。三つとは、知識及び技能、思考力・判断力・表現力等、学びに向かう力・人間性等のことである。この資質・能力の三つの柱の概念図を、図表1に示した。この三つの柱が、様々な校種の学校に共通して、そしてあらゆる教科と科目に共通して、課題とされている。

このように整理すると、冒頭に述べたアクティブ・ラーニングは、資質・能力の三つの柱を育てていくために、大いに関わることがわかる。基礎・基本となる知識及び技術の段階でも、主体的な学びや対話的な学びは大いに効果的である。さらに思考力・判断力・表現力等を身につけるには、学習者自身が主体的に問題を把握して解決しようとする深い学びへと進んでいく。

学校教育では、教師は学習者の能力を伸ばすために指導を行う。**指導**とは、教師が学習者に意図的に働きかける行為であり、指し示して導くこと、リードしていくことを意味する。教科・科目での教師は学習者の学習を指導するのだから、**学習指導**と呼べる。学習指導は、成績を評価して段階等で評定することが多いが、総合的な学習の時間や特別の教科である道徳のように数値や段階での評価を行わないものもある。この教科などの学習の前提には、学校生活のためのルールやマナーの指導がある。これが学校生活の指導と言える。生活の場としては、家庭や地域がある。**家庭教育**は保護者が第一義的に行うものであり、**社会教育**は地域住民や企業・団体などが自主的に行うものであるが、学校は保護者や地域住民と連携していく。つまり、学校教育は、保護者や地域住民が主役となる広範な

図表2　学習と生活と指導

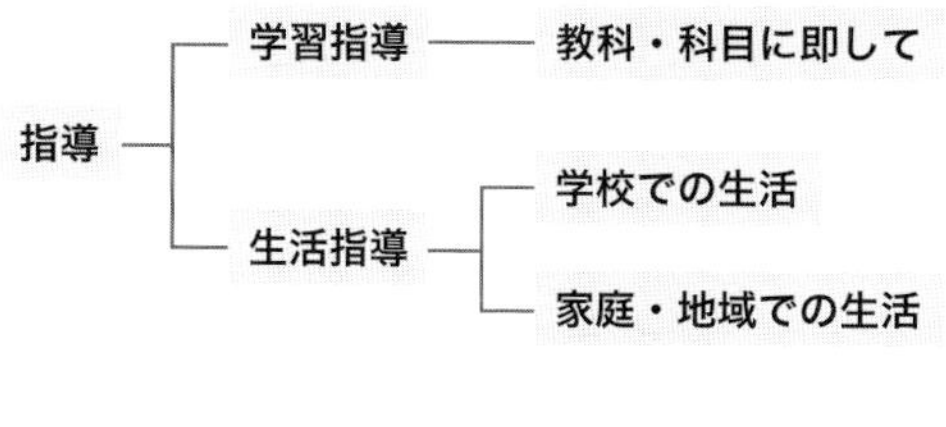

教育活動とも連携していくということである。「登下校の交通安全」や「商店街での体験学習」という課題は、こうした連携があってはじめて成立する教育である。このように学習者には多様な**生活**が存在する。さらにその生活は、現在のリアルな生活とともに、将来の予想不可能な生活も含まれる。したがって、**生活指導**は、学校生活とともに、現在と未来の多様な生活を含む指導と言える。ここで出てきた言葉を表にすると図表2のようになる。

生活指導か生徒指導か

こう考えると、生活指導という用語は簡単に理解できるが、すこし複雑な、異なる用法もある。**大正自由教育**は、教科書やお手本を修得する知識及び技能にとどまりがちだった学校教育の改革として、生活というキーワードを掲げた。世界的な新教育運動でも、リアルな日常生活や社会を題材として、子どもたちの生活を積極的に学ぶ内容とした。たとえば、**生活綴方**《つづりかた》は、お手本通りの綴方つまり作文教育を改革して、学校内外のリアルな生活を題材とした。こうした子どもの生活に注目した実践が生活指導や生活教育という言葉につながり、戦後の民間教育運動の大きな潮流となった。

一方で、戦後教育改革でアメリカから導入された**ガイダンス**が、**生徒指導**という訳語で定着していった。この「生徒指導」という言葉を、戦後の文部省から現在の文部科学省まで、使い続けている。文部省の著作物としては、一九四九（昭和二四）年の『中学校・高等学校の生徒指導』や、一九六五（昭和四〇）年の『生徒指導の手引（第一集）』、一九八一（昭和五六）年の『生徒指導の手引（改訂版）』のタイトルでも、明らかである。本章第三節でみる、現在の中学校学習指導要領の総則編や高等学校学習指導要領の総則編でも「生徒指導」という概念が登場する。しかし、日本の法令では、小学校の学習者を戦前も戦後も児童と呼称してきたので、小学校の子どもたちを対象に

「生徒指導」と言うと落ち着かない。現在の小学校学習指導要領の総則編にも「生徒指導の充実」という用語が用いられており、誤植ではないかという混乱も生じかねない。また、生徒指導では、生徒の指導のことだから、学習指導のことか、生活指導のことか、わからなくなってしまう。文部科学省はこの用法を続けているが、東京都教育委員会は、「生活指導」を行政の用語としている。文部科学省、各地方自治体、民間教育運動を巻き込んで、この用語の併存はまだ続くと思われる。

このような用語の微妙な差異は教育の世界では珍しくないので、まずは経緯を確認したうえで、単純に学校生活や現在と未来の社会生活を踏まえた指導全般をここでは「生活指導」と呼ぶこととする。

学校教育のなかの生活指導

さて、生活指導は、学校教育のなかでどのような位置を占めるのであろうか。新しい学習指導要領の方向性を提起した二〇一六（平成二八）年一二月二一日の中央教育審議会答申「初等中等教育における教育課程の基準等の在り方について」においては、**社会に開かれた教育課程**が強調された。つまり学校内部で自己完結するのではなく、現実の子どもたちの生活や、予測困難な未来に対して子どもたちの生きる力を培うものとして、現実の社会と変化を見据えた教育課程の改革が必要とされた。これが、ここまで述べたアクティブ・ラーニングという方法や資質・能力の三つの柱という学力論が求められた背景でもある。この社会に開かれた教育課程を一つの学校に即して考えると、**カリキュラム・マネジメント**という視点で、地域や子どもたちの現実に即して、保護者や地域住民と連携した学校の明確な教育課程の確立が求められる。これを生活指導に即して考えると、その学校として強調したい教育の目的などを独自に打ち出していくことも必要となる。

戦前の大正・昭和期から地域の小学校などが標語を掲げることは珍しくなかった。これらは**校訓**と呼ばれ、現在でも見られる。また私立学校では、創立者や創立団体から建学の精神と呼ばれるものが継承されることが多い。筆者の出身の高等学校では、朝礼のたびに「質素剛健・自重自治」といった堅い校訓を繰り返し聞かされたので今も頭に残っているが、みなさんはどうだろうか。武蔵野美術大学では、「教養を有する美術家養成」と「真に人間的自由に達するような美術教育」という建学の精神があるが、これは高等教育として、美術の専門教育と、教養や自由という生活指導を、結合させたものと言える。

カリキュラム・マネジメントは、社会に開かれた教育課程としてのあり方を考えて、改善していくためのものである。学校は、学校に関わる様々な情報を社会に発信するとともに、自らのあり方を学校関係者や学校評議員をはじめとした様々な地域の人々とともに考えて、**学校評価**として提示していく。このなかで、子どもたちの学校生活や地域での生活を含めた、生活指導の評価も必要である。カリキュラム・マネジメントのためには、計画して（Plan）、実行して（Do）、点検して（Check）、改善の行動をしていく（Action）という、**PDCAサイクル**を確立していくことになる。たとえば、新しく学校全体の生活指導上の目標として「通学路の交通マナーを確立しよう」と掲げるならば、実際にそれをどう指導するかを教師が計画したり子どもたちが話し合って理解し、実際に通学路で実践する。そして、実際にできたかを教師や子ども、さらにそれを見守る保護者や地域の人々と点検して、さらなる改善へと進むことになる。

この「通学路の交通マナーを確立しよう」という生活指導の課題を学校教育のなかで考えるならば、学校生活の時間のなかで、どうやっていくのだろうか。まずは、**教科**や**科目**における生活指導が、子どもたちの学力を形成する基本となる。各地域や学校で微妙な違いがある「起立・礼・着席」という**教場指令法**やアクティブ・ラーニングに不可欠なグループ学習のための**班づくり**なども、教科における生活指導の基盤である。生活指導を前に進めるために、基礎・基本となる知識及び技能は、話したり聞いたり、読んだり書いたりする**言語活動**の前提となる。「通学路の交通マナー」という課題を、小学校低学年の児童が取り組むのと、高等学校の生徒が取り組むのでは、教科や科目で培われた学力や心身の発達段階の違いが前提となる。新しい学習指導要領では**教科横断的な視点**が強調されるが、全科を担当する小学校の教員も、教科を担当する教員も、生活指導においてはこうした視点を持たないと、子どもたちの学習指導と生活指導との結合ができない。先に説明した**資質・能力の三つの柱**はどの教科・科目でも共通して評価に用いられる。そして、この柱のなかの、**学びに向かう力・人間性等**は、まさに生活指導と学習指導の結合により培われる能力である。

道徳教育における生活指導は、道徳教育が子どもたちの実際の生活に即した生きる力となるためにも重要である。道徳教育の前提は、**学校の教育活動全体を通じて行う道徳教育**である。これはあらゆる校種のあらゆる場面で実施される。個人の尊厳や公共の精神といった理念から、立ち居振る舞いまで、生活指導と結合している。また、小学校と中学校及びそれに相当する特別支援学校の小学部と中学部、義務教育学校、中等教育学校の前期課程では、**特別の教科である道徳**が毎週一時間行われる。教科書を用いつつも数値や段階での評価・評定を行わないこの道徳科もまた、生活指導と重なるものである。道徳教育については、高橋陽一・伊東毅共著『道徳科教育講義』(武蔵野美術大学出版局、二〇一七年)に記したが、**四つの視点**や**内容項目**による授業は、道徳を実際生活から遊離させる可能性があるため、アクティブ・ラーニングにふさわしい多様な価値観と主体的な道徳性を育むためにも、子どもたちの現在と未来のための生活指導であるという視点が不可欠である。「通学路の交通マナー」という内容は、四つの視点で分類すれば、善悪の判断など「A主として自分自身に関すること」にも、思いやりや感謝として「B

主として人との関わり合いに関すること」にも、遵奉精神や公徳心として「C主として集団や社会に関すること」にも、生命の尊さとして「D主として生命や自然、崇高なものとの関わりに関すること」にも、それぞれ該当する。たとえば教科書の読み物教材の理解と議論に関係して、アクチュアルな日常の交通を議論することで生活指導としての側面と結合できる。

総合的な学習の時間における生活指導もまた、多様な展開が期待できる。小学校低学年は生活科があって総合的な学習の時間はないが、小学校三学年から高等学校までは総合的な学習の時間が設定される。なお、新しい学習指導要領では、高等学校は**総合的な探究の時間**と名称が変化する。ここでは、学校のカリキュラム・マネジメントの自由度が高く、自由に子どもたちが取り組む**探究課題**を設定できる。教科・科目では十分に取り組みにくい調べ学習や体験学習が可能なため、「通学路の交通マナーを確立しよう」という課題を学校の全学年で一年間取り組むこともできる。総合的な学習の時間は、生活指導が単なるルールの理解にとどまらず、現実の地域社会を調べたり考えたりする主体的・対話的で深い学びとするために不可欠な時間と言える。詳細については、高橋陽一編『総合学習とアート』（武蔵野美術大学出版局、二〇一九年）を参照されたい。

特別活動における生活指導は、一番わかりやすいスタイルである。小学校や中学校の**学級活動**と高等学校における**ホームルーム活動**は、毎週・毎日の朝の会や終わりの会、朝礼や終礼、ショート・ホームルームなどとして、日常の学校生活の指導のための場である。さらに、一時間を使った学級会やロング・ホームルームは、子どもたちが主体的に話し合って学校生活について合意していくためにも大切な時間である。さらに子どもたちの主体性を伸ばし、小さな社会としての学校で主権者としての能力を育むためにも、**児童会活動**や**生徒会活動**は重要であり、教師が教壇に立つ指導だけではなく、子どもたちの主体的な学びを背後から見守る役割を果たしたい。さらに**学校行事**

は、いわば非日常のものとして、生活指導に深い感銘を与える。「通学路の交通マナーを確立しよう」と学校全体で取り組んだなら、是非とも校長の挨拶でも、地域代表の来賓の挨拶でも、子どもたちをほめてほしいと思う。詳細については、伊東毅『未来の教師におくる特別活動論』（武蔵野美術大学出版局、二〇一一年）を参照されたい。

このように、生活指導は学習指導と結合して、学校の教育活動全体を通じて行われることになる。このとき、主体的・対話的で深い学びを方法論としてだけではなく、学習者の生きる力を育む視点から、子どもたちの主体性を尊重していく必要がある。

第二節　法令のなかの生活指導

学校の教員は、どのような目的を掲げて、どのような目標を達成するために、生活指導に取り組むのか。学校教育の法令では、目指していく大きな理念を**目的**と呼び、具体的にその教育のプロセスで達成可能なものを**目標**と呼ぶ。今日の学校教育は、学校として実施すべきことや、保護者や教員が行うべきことを法令等に定めることにより、子どもたちの権利を保障している。

憲法、法律やそれによる命令（政令、省令など）などは、単に理念や事実を書いただけではなく、人が行うべき内容が定められているが、これを**法的拘束力**という。学校現場は、こうした法的拘束力のあるルールに依拠しており、これが法の支配という近代国家の原則でもある。

その一方で、子どもと保護者、教員の間の信頼で成り立つ関係もある。交通指導にあたる警察官は、一つ一つ道路交通法や提示された道路標識に則って対応するが、教室で指導する教員は、一つ一つ学校教育法に照らして反則切符を切るわけではない。学校の子どもたちにとって、法律以上に現実的に拘束するのは**校則**だが、日本のどの法律にも学校が校則を定めて児童・生徒が守るという義務を記していないので、これには法的拘束力はない。あくまでも学校教育の目的や目標に従って、その学校の生活指導のために明示する文書にすぎないことになる。もちろん、宗教系私立学校が入学時に建学の精神を明示して宣誓を求めて宗教教育を行うように、校則を特例的な条件に関する契約と見なすことは可能である。積極的に校則の意義を考えると、学校生活のなかでルールを考え、守り、悩み、場合によっては変えていくという経験をしていくことで、学校という小さな社会の一員として自覚し、さらに将来の社会のなかで生きていくためのものと言える。

日本国憲法と生活指導

日本の法律のなかで最大の力を持つのは、**日本国憲法**（昭和二十一年十一月三日憲法）である。日本国憲法の前文に「主権が国民に存することを宣言し」とあるように、**主権者**としての国民となるための準備が、学校教育における生活指導の役割であると考えられる。知識としての国民の権利や義務だけではなく、それを生かしていく主権者の形成が重要である。

このような視点で見ていくと、日本国憲法のなかには、「将来の国民」や「不断の努力」という言葉が強調されていることがわかる。第十一条では**基本的人権**について述べて、「国民は、すべての基本的人権の享有を妨げられない。この憲法が国民に保障する基本的人権は、侵すことのできない永久の権利として、現在及び将来の国民に与へられる。」とし、第十二条では「この憲法が国民に保障する自由及び権利は、国民の不断の努力によつて、これを保持しなければならない。又、国民は、これを濫用してはならないのであつて、常に公共の福祉のためにこれを利用する責任を負ふ。」とある。第九十七条では「この憲法が日本国民に保障する基本的人権は、人類の多年にわたる自由獲得の努力の成果であつて、これらの権利は、過去幾多の試錬に堪へ、現在及び将来の国民に対し、侵すことのできない永久の権利として信託されたものである。」とある。この「将来の国民」という表現の意味を考えるならば、主権者となる子どもの位置が明確となり、その主権者の形成のための「不断の努力」として学校教育における生活指導の意義が明確となる。

日本国憲法の定める権利や義務のなかでは、先ほど引用した第十二条の権利の濫用の禁止や「公共の福祉」というキーワードが重要である。第十三条では、生活に関する自由や権利が包括的に論じられていて、「すべて国民は、個人として尊重される。生命、自由及び幸福追求に対する国民の権利については、公共の福祉に反しない限り、立法その他の国政のうえで、最大の尊重を必要とする。」として、個人の尊重と幸福追求について、**公共の福祉**という前提のもとで「最大の尊重」を規定している。個人と集団、自己と他者をめぐる問題は論じ尽くせないが、この難問を調整するための子どもたちの経験として学校教育の場における生活指導が、将来の主権者のための不可欠の機会となることはいうまでもない。

こうした課題は、現在の学校教育では**主権者教育**と呼ばれる。こうした教育は、将来の主権者になるため小学校や中学校の教育から重要であるし、第14章で論じるように、十八歳成人や十八歳選挙権が現実となる高等学校教育では、学校の政治的中立性も含めて、大きな課題となっている。

教育基本法と生活指導

日本国憲法の理想を具体化するために、翌年に公布されたのが、**教育基本法**（昭和二十二年三月三十一日法律第二十五号）である。その前文で、戦前の教育の反省に立って、一人ひとりが大切であるという**個人の尊厳**を提示した。この教育基本法は二〇〇六（平成一八）年に全部改正され、公布された。前文では、引き続き個人の尊厳を明記して、「日本国憲法の精神にのっとり、我が国の未来を切り拓く教育の基本を確立し、その振興を図るため、この法律を制定する。」と記されており、日本国憲法の示した主権者としての国民の形成という考え方に基づいて教育法令が成り立っていることは不動である。

これについては、『道徳科教育講義』や『新しい教育通義』でも教育基本法の内容や全部改正の経緯などを論じているので重複は避けるが、改めて日本国憲法に関する規定を考えた視点から読み直すと、新たな発見が多い。第一条と第二条をそのまま引用する。

教育基本法（平成十八年十二月二十二日法律第百二十号）

（教育の目的）

第一条

教育は、人格の完成を目指し、平和で民主的な国家及び社会の形成者として必要な資質を備えた心身ともに健康な国民の育成を期して行われなければならない。

（教育の目標）

第二条

教育は、その目的を実現するため、学問の自由を尊重しつつ、次に掲げる目標を達成するよう行われるものとする。

一　幅広い知識と教養を身に付け、真理を求める態度を養い、豊かな情操と道徳心を培うとともに、健やかな身体を養うこと。
二　個人の価値を尊重して、その能力を伸ばし、創造性を培い、自主及び自律の精神を養うとともに、職業及び生活との関連を重視し、勤労を重んずる態度を養うこと。
三　正義と責任、男女の平等、自他の敬愛と協力を重んずるとともに、公共の精神に基づき、主体的に社会の形成に参画し、その発展に寄与する態度を養うこと。
四　生命を尊び、自然を大切にし、環境の保全に寄与する態度を養うこと。
五　伝統と文化を尊重し、それらをはぐくんできた我が国と郷土を愛するとともに、他国を尊重し、国際社会の平和と発展に寄与する態度を養うこと。

現代の感覚では、第一条に旧法からある「**人格の完成**」や「**国家及び社会の形成者**」という文言も、いささか押しつけがましく聞こえるかもしれない。しかし、この人格や形成者という概念が、戦前の反省に立って戦後改革のなかで日本国憲法が打ち立てた権利や義務の主体としての自由な個人や、日本国の主権者としての国民であると理解すると、二一世紀でも新鮮な言葉として理解できる。

第二条は、教育基本法が学校教育だけではなく家庭や社会のすべての教育を包括したものであると考えると、全五号にわたって列記した教育の目標は旧法第二条と比べると書き込みすぎであると思える。しかし、学校教育の目標としては読解可能である。生活指導や進路指導の観点からは、第二号で「職業と生活の関連」が述べられ、「勤労を重んずる態度」という表現は、先に見た憲法第二十七条の勤労の権利と義務と呼応するものである。また第三号の「公共の精神」も全部改正をめぐって論争された用語であるが、これも憲法上の「公共の福祉」とあわせて個人の権利や自由を他者の権利や自由と調和させながら社会に生かして、主権者として成長していく教育の目標として理解することができる。このことは、教育基本法では第五条第二項でも、義務教育の目的として改めて規定されている。

このように日本国憲法と教育基本法を通して、生活指導や進路指導は、まさに社会と教育の中心に据えられたものであることが明確となる。こうした規定は、**学校教育法**（昭和二十二年三月三十一日法律第二十六号）においても、各学校種別ごとに再び規定されているが、これについては『新しい教育通義』を参照されたい。

第三節　学習指導要領のなかの生活指導

学習指導要領は、文部科学大臣が行う告示であって、狭義の法令ではない。しかし、学校教育法や学校教育法施行規則によって学校教育の基準を示すものとされており、**法的拘束力**のある文書である。学校で用いる教科用図書や、毎日の実践も、この学習指導要領に基づいていることになる。学習指導要領は、戦後日本ではほぼ十年ごとに発表されており、一般に学習指導要領の**改定**（本文を改めて定めること）や**改訂**（書籍として改めること）と呼ばれるが、法令に準じる文書としては**改正**であり、十年ごとのものは**全部改正**と呼ぶ。

学習指導要領の総則から

学習指導要領は、学校種別（校種）ごとに告示されるが、生活指導については、この学習指導要領の**総則**に記載されている。ここでは小学校、中学校、高等学校の告示を、まとめて提示した。読解がしやすいように、「小学校の文言〔中学校：異なる文言〕」という書き方で、異同を示した。今回の全部改正では、幼稚園、小学校、中学校の学習指導要領を二〇一七（平成二九）年三月、高等学校学習指導要領を二〇一八（平成三〇）年三月に告示した。

小学校学習指導要領（平成二十九年三月三十一日文部科学省告示第六十三号）第1章　総則
中学校学習指導要領（平成二十九年三月三十一日文部科学省告示第六十四号）第1章　総則
高等学校学習指導要領（平成三十年三月三十日文部科学省告示第六十八号）第1章　総則

第4　児童〔中学校・高等学校：生徒〕の発達の支援

1　児童〔中学校・高等学校：生徒〕の発達を支える指導の充実

教育課程の編成及び実施に当たっては、次の事項に配慮するものとする。

(1)　学習や生活の基盤として、教師と児童〔中学校・高等学校：生徒〕との信頼関係及び児童〔中学校・高等学校：生徒〕相互のよりよい人間関係を育てるため、日頃から学級経営〔高等学校：ホームルーム経営〕の充実を図ること。また、主に集団の場面で必要な指導や援助を行うガイダンスと、個々の児童〔中学校・高等学校：生徒〕の多様な実態を踏まえ、一人一人が抱える課題に個別に対応した指導を行うカウンセリングの双方により、児童〔中学校・高等学校：生徒〕の発達を支援すること。

あわせて、小学校の低学年、中学年、高学年の学年の時期の特長を生かした指導の工夫を行うこと。〔中学校・高等学校：なし〕

ここでは小学校と中学校と高等学校の三つの文書を照合しているので、学習者は、小学校では児童、中学校と高等学校では生徒と呼ばれている。以下の引用も含めたタイトルは、「第4　児童の発達の支援」とあるが、学校の教育活動を広く支援と呼んでいることが重要である。**支援**は、どちらかというと教師が学習者を目立たずサポートするイメージだが、次に「1　児童の発達を支える指導の充実」として、教師が学習者の目の前で積極的に行う**指導**についての記述が始まる。

「学習や生活の基盤として」で始まる文言は、**学習指導**と**生活指導**の両方を論じていることがわかる。これは、教師と児童の**信頼関係**、児童・生徒相互の**人間関係**を基盤に置いている。その実際的な場としては、小学校や中学校の学級のマネジメントを意味する**学級経営**、さらに選択授業が多く定常的な学級がない高等学校での**ホームルーム経営**の充実が強調されている。さらに学習指導要領の用語の定義として、**集団指導**つまり「主に集団の場面で必要な指導や援助を行う」ものを**ガイダンス**と呼び、**個別指導**つまり「個々の児童の多様な実態を踏まえ、一人一人が抱える課題に個別に対応した指導を行う」ものを**カウンセリング**と呼んでいる。ガイダンスは、学級やホームルームの場で学習指導や生活指導として行うものと考えてよい。またカウンセリングは、児童や生徒への一対一のスタイルで**教育相談**の形で行う学習指導や生活指導だとみてよい。実際には、この集団指導と個別指導は、内容が重なることが多いし、また、重ねることによって効果を発揮する。

なお、小学校の規定では、発達による心身の変化の大きい六年間を踏まえて、低学年（一～二学年）、中学年（三～四学年）、高学年（五～六学年）に区分した視点を強調している。

（2）　児童〔中学校・高等学校：生徒〕が、自己の存在感を実感しながら、よりよい人間関係を形成し、有意義で充実した学校生活を送る中で、現在及び将来における自己実現を図っていくことができるよう、児童〔中学校・高等学校：生徒〕理解を深め、学習指導と関連付けながら、生徒《（ママ）》指導の充実を図ること。

「自己の存在感を実感し」とは、教育基本法の言う「個人の尊厳」に通じるもので、教育実践の用語としては、自分が大切であり、大切にされているという、**自己肯定感**と置き換えてよい。自己肯定感が現実的な意味を持つのは、教師や友人たちとの現在の学校生活と、その将来における経験と展望のなかである。このことを、学習指導と生活指導の両方で強調するのであるが、文部科学省の用語としては、生活指導ではなく、小学校児童も含めて「生徒指導」と呼ぶので注意されたい。

続く（3）と高等学校のみの（4）は、キャリア教育の規定で、第2章で論じる。

（4）〔高等学校：（5）〕児童〔中学校・高等学校：生徒〕が、基礎的・基本的な知識及び技能の習得も含め、学習内容を確実に身に付けることができるよう、児童〔中学校・高等学校：生徒〕や学校の実態に応じ、個別学習やグループ別学習、繰り返し学習、学習内容の習熟の程度に応じた学習、児童〔中学校・高等学校：生徒〕の興味・関心等に応じた課題学習、補充的な学習や発展的な学習などの学習活動を取り入れることや、教師間の協力による指導体制を確保することなど、指導方法や指導体制の工夫改善により、個に応じた指導の充実を図ること。その際、第3〔高等学校：第3款〕の1の（3）に示す情報手段や教材・教具の活用を図ること。

この規定は学習指導に関するものであるが、学級経営に関するものとして、生活指導とも不即不離の関係にある。すでに見てきたアクティブ・ラーニングの方法論は、学習指導論であるとともに、生活指導論なのである。列記されている学習の形態は、児童・生徒が一人ひとりじっくりと取り組む**個別学習**、対話的な学びのために不可欠となる**グループ別学習**、基礎・基本となる知識及び技能の獲得に効率的な反復学習である**繰り返し学習**、学級編成またはクラス内のグループ編成などにも関連する「学習内容の習熟の程度に応じた学習」つまり**習熟度別学習**、総合的な学習の時間のみならず各教科・科目でも深い学びとして導入される「児童・生徒の興味・関心等に応じた」ものとしての**課題学習**、さらに一般的な用語であるが**補充的な学習**や**発展的な学習**などの学習活動を列記している。また、**個に応じた指導**の充実とは、後に述べる学習の遅れや障害などに特別な配慮を行って補充的な学習やフォローを提供していく指導も、現在の学習内容にとどまらず一層発展的な学習などの深い学びを指導していくことも、含むと考えてよい。

こうした多様な形態の学習を保障するのが、今日のアクティブ・ラーニングの時代の学校である。これを指導するのは、とても一人の教師ではできない。ここにチームとしての学校の役割が強調されることになり、教師間の協力による**指導体制**を確保することが強調されている。なお、「情報手段や教材・教具の活用を図ること。」とは、教科書や副読本はもちろん、教室の機器・備品や情報機器の整備を意味している。

〔高等学校：（6）学習の遅れがちな生徒などについては、各教科・科目等の選択、その内容の取扱いなどについて必要な配慮を行い、生徒の実態に応じ、例えば義務教育段階の学習内容の確実な定着を図るための指導を適宜取り入れるなど、指導内容や指導方法を工夫すること。〕

これは高等学校のみの規定である。高等学校では、関心・意欲・態度の多様化が進み、「学習の遅れがちな生徒」の存在を正面から把握する必要がある。ここでは、学力の定着が遅れた生徒への学習指導の課題として、中学校の復習を位置づけることなどを明示している。こうした課題は、学習指導のみならず、退学者が発生しやすい高等学校教育の生活指導の課題でもある。

つづいて、「2　特別な配慮を必要とする児童〔中学校・高等学校：生徒〕への指導」が記述されている。これについては、障害や海外生活や不登校や学齢超過など、多種多様な事情に対応して学校が積極的に配慮していく**特別な配慮**が強調されたことが、二〇一七（平成二九）年と二〇一八（平成三〇）年の学習指導要領の特徴である。この課題については、第13章で詳しく記すのでここでは省略する。また障害のある児童・生徒の対応については、高橋陽一編『特別支援教育とアート』（武蔵野美術大学出版局、二〇一八年）に制度と実践例を概説したので、参考にされたい。

生徒指導提要とは

学習指導要領は、学校教育の基準を示すものとして現場の教育で**法的拘束力**を持っているが、このほか、文部科学省が公式に解釈を示すものが多くある。こうしたものは**有権解釈**と呼ばれ、学習指導要領を説明した、**学習指導要領解説**という冊子はその典型例である。このほか、文部科学省から通知や現場のマニュアルとして提示される文書は多い。生活指導については、二〇一〇（平成二二）年に発表された『**生徒指導提要**』がまとまったA四判二三八頁の浩瀚《こうかん》なマニュアルであり、近年の文部科学省の解釈を示している。その目次を図表3に示した。

同書の大きな特徴は、従来は中等教育段階であったものが、「小学校段階から高等学校段階まで」の網羅的な基

図表３　文部科学省『生徒指導提要』目次より

第１章 生徒指導の意義と原理

第１節 生徒指導の意義と課題　第２節 教育課程における生徒指導の位置付け　第３節 生徒指導の前提となる発達観と指導観　第４節 集団指導・個別指導の方法原理　第５節 学校運営と生徒指導

第２章 教育課程と生徒指導

第１節 教科における生徒指導　第２節 道徳教育における生徒指導　第３節 総合的な学習の時間における生徒指導　第４節 特別活動における生徒指導

第３章 児童生徒の心理と児童生徒理解

第１節 児童生徒理解の基本　第２節 児童期の心理と発達　第３節 青年期の心理と発達　第４節 児童生徒理解の資料とその収集

第４章 学校における生徒指導体制

第１節 生徒指導体制の基本的な考え方　第２節 生徒指導の組織と生徒指導主事の役割　第３節 年間指導計画　第４節 生徒指導のための教員の研修　第５節 資料の保管・活用と指導要録　第６節 全校指導体制の確立　第７節 生徒指導の評価と改善

第５章 教育相談

第１節 教育相談の意義　第２節 教育相談体制の構築　第３節 教育相談の進め方　第４節 スクールカウンセラー、専門機関等との連携

第６章 生徒指導の進め方

Ⅰ 児童生徒全体への指導

第１節 組織的対応と関係機関等との連携　第２節 生徒指導における教職員の役割　第３節 守秘義務と説明責任　第４節 学級担任・ホームルーム担任の指導　第５節 基本的な生活習慣の確立　第６節 校内規律に関する指導の基本　第７節 児童生徒の安全にかかわる問題

Ⅱ 個別の課題を抱える児童生徒への指導

第１節 問題行動の早期発見と効果的な指導　第２節 発達に関する課題と対応　第３節 喫煙、飲酒、薬物乱用　第４節 少年非行　第５節 暴力行為　第６節 いじめ　第７節 インターネット・携帯電話にかかわる課題　第８節 性に関する課題　第９節 命の教育と自殺の防止　第10節 児童虐待への対応　第11節 家出　第12節 不登校　第13節 中途退学

第７章 生徒指導に関する法制度等

第１節 校則　第２節 懲戒と体罰　第３節 出席停止　第４節 青少年の保護育成に関する法令等　第５節 非行少年の処遇

第８章 学校と家庭・地域・関係機関との連携

第１節 地域社会における児童生徒　第２節 学校を中心とした家庭・地域・関係機関等との連携活動　第３節 地域ぐるみで進める健全育成と学校　第４節 社会の形成者としての資質の涵養に向けて

本書として作成されたことである。奥付に「著作権所有文部科学省」とあるように、文部科学省著作である。従来は『手引き』または『手引』というタイトルが多かったが、『提要』というタイトルが目を引く。

この『生徒指導提要』は、文部科学省が様々な学説の学者や実践者を召集して議論したことを前提にしているので、多様な分野や見解を含みこんで、網羅的な内容になっている。現場からの批評では便利さへの評価とともに、どうしても「生徒指導に関する法制度等」など懲罰や取締りが目立つことへの違和感があった。もちろん、いわゆる「校則」が生活指導のためのものであって法的根拠に欠けること、学校教育法第十一条に従って児童や生徒や学生の懲戒は可能であるが体罰は禁止されていることなど、従来からの原則的な解釈は明示されている。この教科書でも、こうした解釈については各章で引用して検討していくことになる。

第四節　チーム学校としての生活指導

中央教育審議会は、二〇一五（平成二七）年一二月二一日に「チームとしての学校のあり方と今後の改善方策について」を答申した。この審議は、新しい学習指導要領と並行して行われ、「社会に開かれた教育課程」の理念や「アクティブ・ラーニング」による授業方法の改善や「カリキュラム・マネジメント」による学校の改善を前提にして、学校そのもののあり方を提起した。そのキーワードが、**チームとしての学校**、略して**チーム学校**である。この前提には、教員の勤務時間が長いというデータと、先進国のなかでも子どもの貧困率が高いなどの厳しい現実があった。こうして、教師と心理や福祉等の専門スタッフであるスクールカウンセラーやスクールソーシャルワーカーも含めた、チームとしての学校の必要性が強調された。

中央教育審議会は、二〇一九（平成三一）年一月二五日に「新しい時代の教育に向けた持続可能な学校指導・運営体制の構築のための学校における働き方改革に関する総合的な方策について」を答申した。OECDが二〇一三（平成二五）年に実施した国際教員指導環境調査などにより、教員の勤務実態が国際的にも授業以外の業務などの時間が多い実態を踏まえて、働き方改革として、授業時間以外の多様な学校の業務や課外活動の見直しを提起している。

このように、学校教育のなかで教師が担う生徒指導体制や、教師や専門家が担う教育相談体制は、現在も改善と改革のなかにある。

図表4　校務分掌組織図の例（中学校）

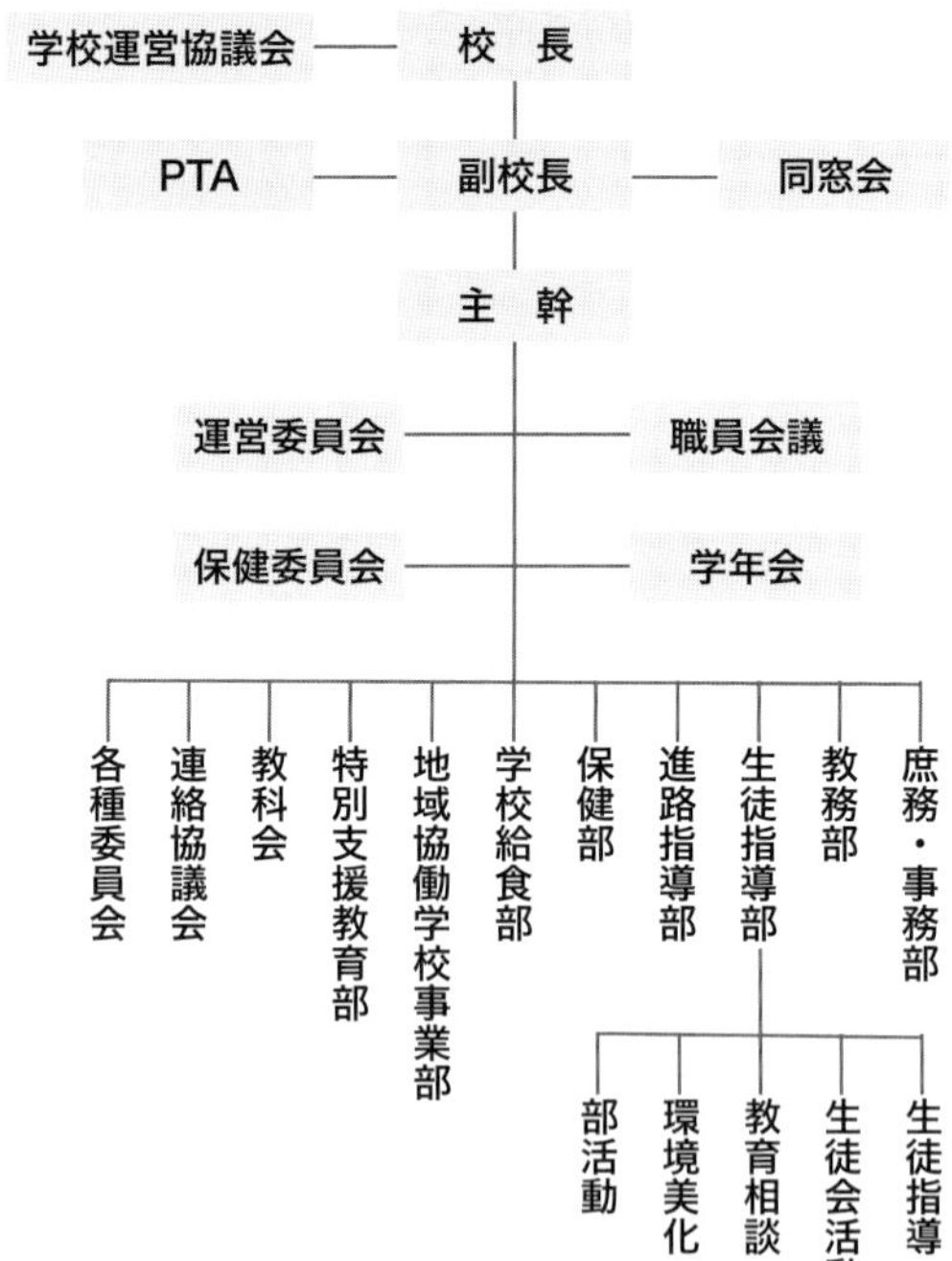

文部科学省『生徒指導提要』教育図書、2010年、79頁より

校務分掌と生徒指導体制

学校の制度のなかで「生徒指導」という

用語が教員の職務のなかで特に注目されたのは、一九七五（昭和五〇）年の学校教育法施行規則に主任制度を規定したときであった。現在の学校教育法施行規則では、第七十条により中学校に**生徒指導主事**を置き、高等学校でも、それに準じる中等教育学校、特別支援学校の中学部と高等部などでも準用して生徒指導主事を置く。学校の教員は、校長のもとで**校務分掌**として学校の仕事を分担する。これを生徒指導主事だけではなく、他の教諭等も担当する。こうして、図表4のように「生徒指導部」または「生活指導部」などが置かれることになる。

このように、学校の教員はチームとしての学校のなかで、校長のもとで一体的に生活指導に取り組むことになる。**生徒指導体制**は、校長と生徒指導主事のもとで、すべての教員が子どもたちの生活指導を取り組む組織を意味する。

生徒指導は、集団指導と個別指導によって実施するが、子どもたちのプライバシーや秘密が前提となる内容は、個別指導がふさわしい。このために**教育相談体制**を整える必要がある。子どもたちと教師が話し合う**カウンセリング**を基本とするが、近年、教師だけではなく、カウンセリングの専門家をチームとして学校のなかに招いていく教育相談の専門的な体制づくりが広がっている。**スクールカウンセラー**は、臨床心理士などの心理学の専門資格を持つ者が任用され、児童・生徒のカウンセリングにあたる。さらに、保護者や教師の相談にもあたる。**スクールソーシャルワーカー**は、社会福祉士（ソーシャルワーカー）などの社会福祉分野の専門資格を持つ者が任用され、問題を抱える児童・生徒や保護者等の相談にあたるとともに、行政や専門機関等の連携にあたって必要な支援を行う。**子どもの貧困**対策では、家庭の経済状況が子どもの生活に反映するため生活保護や修学支援の行政的窓口と連携したり、**児童虐待**などの深刻な問題では**児童相談所**と連携するなど、学校と社会福祉をつなぐ役割を果たしていく。

このように、生活指導の課題と体制は現在も変化し、多様化している。学校で教師が接する児童・生徒は、今の現実に生活し、将来に社会で働いていく子どもたちなのである。この子どもたちに向き合うには、教師が学校はもちろん、日本と地域の社会のあり方を深く理解し、さらに今後を見据えていくことが大切である。

第2章
学校教育における進路指導

高橋 陽一

キーワード

生きる力　進路指導　キャリア教育　職業教育　普通教育　専門教育　職場体験活動　職業選択の自由　勤労の権利　勤労の義務　児童労働の制限　学習指導要領　チーム学校　進路指導主事　校務分掌

要　約

生きる力を培うためにも汎用的なキャリア教育は小学校から大学まで行われるが、就職や進学などの進路の選択が重要となる中学校と高等学校では進路指導の位置づけは高い。勤労や職業の意義を実感する職場体験活動は、小学校の総合的な学習の時間をはじめとして活発に行われているが、小学校と中学校は普通教育であり、高等学校の専門科や大学のような直接に職業教育や資格取得と連結する専門教育とは区別される。また勤労の権利や勤労の義務、児童労働の制限をはじめ、法律などの知識を得ることも重要である。学習指導要領では中学校と高等学校の進路指導は学校の教育活動全体を通じて行うことが明記され、校長や進路指導主事を中心にチーム学校全体が担っていくことになる。

生きる力のための進路指導

生きる力は、子どもたちが現在を生きていく力だけではなく、予測不可能な未来を生き抜いていく力でもある。教師が子どもたちの未来に責任を持てるわけではないとしても、教師の指導は常に子どもたちの将来を意識したものでなくてはならない。そして数歩先を歩む大人を代表して、子どもたちの進路について、必要な指導をしていくことが教師の責務となる。

これは広い視点では、学校教育そのものの意義と言えるし、さらに第1章で見てきた生活指導にも含まれることとも言える。しかし、とりわけ進路についての指導という重い課題を考えるために、本章では、進路指導についての概念や法令などで語られていることを考えていく。

第一節　進路指導という言葉

キャリア教育と職業教育など

生活指導は、現在の生活を見据えつつ、将来の生活を準備するための生きる力を育むものであることは、第1章で何度も説明した。この将来の生活への道筋を準備することを**進路**と置き換えたときには、進路指導という言葉となる。

進路指導は、子どもたちの将来の社会参加を保障するために必要な指導である。それは広く捉えると、生きていくための資質・能力を獲得するための汎用的な教育として**キャリア教育**と言えるし、さらには個別の分野の職業に就くために専門化された教育として**職業教育**とも重なってくる。キャリアは本来、人生の道筋を意味しており、高級官僚を意味するキャリア官僚や職場で有力な女性幹部を意味するキャリア・ウーマンという一般語があるように、高度な職業教育や出世コースを意味する言葉として定着していた。しかし現在の教育政策では、本節の後半で説明するように、キャリア教育と職業教育を、広範なものと専門的なものとして、対比して用いる。

進路指導は、ある学校を卒業してすぐに就職するとは限らず、次の学校段階へと進学することを課題とする**進学指導**の分野にもつながる。中学校を卒業して就職する子どももいるし、高等学校卒業の就職者は少なくない。こうして職業選択や就職のために必要な**職業指導**も大きな課題となる。こうした進学指導や職業指導は、進路指導のなかに含まれると考えてよい。

このように言葉が多いとわかりにくいが、図表1のように学校種別（校種）ごとに整理してみると、みなさんの学校での記憶とも一致するだろう。というのは、戦後の教育では、義務教育は普通教育であるという原則が極めて明瞭だったからである。

日本国憲法（昭和二十一年十一月三日憲法）は、第二十六条第一項で**教育の機会均等**の原則を確認して**教育権**を保障し、第二項で保護者が子どもの学校に行く権利を保障するための義務教育を規定して、「保護する子女に普通教育を受けさせる義務を負ふ」と述べる。ここに登場した**普通教育**とは、誰にでも必要な普通の教育を意味する。普通教育に

図表1　学校種別ごとの進路指導、キャリア教育、職業教育など

<table>
<tr><th>学校種別</th><th>小学校</th><th>中学校</th><th>高等学校</th><th>大学</th></tr>
<tr><td rowspan="2">教育の目的
普通・専門</td><td colspan="4">専門教育（高等学校〜大学）</td></tr>
<tr><td colspan="4">普通教育（教養教育）</td></tr>
<tr><td rowspan="3">教育の概念
主に使用される学校種別</td><td colspan="4">キャリア教育</td></tr>
<tr><td rowspan="2">…</td><td colspan="3">進路指導（職業指導・進学指導を含む）</td></tr>
<tr><td></td><td colspan="2">職業指導・職業教育</td></tr>
</table>

は高度の教養を獲得するためのものも含まれるので、大学や社会人教育を対象とした**教養教育**とも通じる。義務教育としての普通教育は小学校と中学校、それに相当する学校で行われる。

普通の教育というと茫漠とするが、これを**専門教育**と対照するとわかりやすい。高等学校は普通教育も専門教育もある。これは、高等学校に普通科（普通教育を主とする学科）もあり、農業や工業などの専門科（専門教育を主とする学科）もあるので、体験的に理解していると思う。また大学では、学部学科に分かれて学問などの専門を学んでいくことになる。念のために言うと、専門科の高等学校でも普通教育は行われるし、大学教育でも普通教育、とりわけ教養教育は重視される。専門教育は、実際の職業やそれを支える学問を学ぶので、職業教育と重なっている。とくに、その職業に就くための免許や資格が必要な場合は重なりが大きい。その意味では、職業教育は高等学校や大学などから始まると考えられる。ただし、専門教育は、職業教育と全く同じではない。高等学校の専門科卒業後、全く違う分野へ就職したり、進学する若者は多い。

もう一度、図表1をみてほしい。まだ将来のこと、職業のことが「夢」であるうちから、キャリア教育は開始できる。キャリア教育は小学校から始まり、社会科で地域の産業を知り、特別の教科道徳では勤労観や職業観などを学び、総合的な学習の時間を活用した体験学習や見学として、**職場体験活動**も行われる。これに対して、実際に子ども本人や保護者の意見を聞きながら進路指導を行うのは、中学校から本格的に始まる。進学指導も、小学校と中学校が義務教育として必ず教育を受ける権利が保障されているという意味では同様である。

ここまで大づかみに考えたうえで、もう一度現在に至る歴史のなかで、これらの概念を考えてみよう。

一八七二（明治五）年の**学制**の布告書で「学問は身を立《たつ》るの財本」と言い切ったように、日本における近代学校の導入は、進路や職業と関連して理解された。さらに一八九〇（明治二三）年の教育勅語も、「進《すすん》テ公益ヲ広メ世務《せいむ》ヲ開キ」という社会貢献を、天皇に奉仕するための徳目として強調した。義務教育としては小学校教育しか保障されていない段階から、農業などの実業教育が選択科目として位置づけられ、**大正自由教育**では、小学校の段階で進路指導や職業指導が行われていった。

進路指導が本格的に語られるのは、**戦後教育改革**である。進路指導という用語は、以前はアメリカの vocational guidance の訳語としての**職業指導**が一般的であった。一九四七（昭和二二）年の学習指導要領にも「職業指導篇」がある。一九五八（昭和三三）年の告示の学習指導要領では、「進路指導」という用語に変更されるが、その背景には就職希望者への指導と狭く解釈されがちな用語を、将来の職業に向けて進学などを含む多様な指導を意味する用語へと変更したものであった。

ただし、現在も学校教育に関する法令上、これらの用語は併存している。進路指導に関して、教員の免許制度を定めた**教育職員免許法**（昭和二十四年五月三十一日法律第百四十七号）を見てみよう。たとえば、本書を教科書として学ぶ教職課程履修者は、教育職員免許法施行規則（昭和二十九年十月二十七日文部省令第二十六号）の第六条により「生徒指導、教育相談及び進路指導等に関する科目」のうち「生徒指導の理論及び方法」と「進路指導の理論及び方法」に該当するものとして学習することになる。これはまさに「進路指導」という用語である。一方で、同じ施行規則第五条では、農業、工業、商業、水産の教科に関する科目として「職業指導」が規定されており、さらに「職業指導」という免許まで規定されている。もちろんこれは高等学校の専門科における就職者の多さに対応するものであるが、同じ法令のなかに二つの用語が共存しているのである。

ハローワークなど職業安定機関の職業紹介などの根拠となる**職業安定法**（昭和二十二年十一月三十日法律第百四十一号）は、第二十六条から第二十八条で職業安定機関と学校の連携について定めているが、こちらは職業紹介を前提にしたプロセスであるから、「職業指導」の用語で統一されている。

さらに今日の学校教育では、**キャリア教育**という用語が一般的になった。一九九九（平成一一）年一二月の中央教育審議会答申「初等中等教育と高等教育の接続の改善について」は、タイトルのとおり進学を焦点にする答申であるが、ここで「学校教育と職業生活との接続」として「学校と社会及び学校間の円滑な接続を図るためのキャリア教育（望ましい職業観・勤労観及び職業に関する知識や技能を身につけさせるとともに、自己の個性を理解し、主体的に進路を選択する能力・態度を育てる教育）を小学校段階から発達段階に応じて実施する必要がある。」として、キャリア教育の定義とともにその推進がうたわれた。

また、教育基本法全部改正を受けて第一次の「教育振興基本計画」が二〇〇八（平成二〇）年七月に閣議決定されたが、ここでも小学校段階からキャリア教育を推進することが明記された。現在の高等学校学習指導要領でも第五款「教育課程の編成・実施に当たって留意するべき事項」としてキャリア教育が明記されている。

そして二〇一一（平成二三）年一月には、中等教育審議会答申「今後の学校におけるキャリア教育・職業教育のあり方について」が出された。この答申は産業や職業の変化を踏まえて初等教育から高等教育、生涯学習までの課題を提起したものであるが、キャリア教育と職業教育の二つの用語を区別した点に特徴がある。すなわち、「一人一人の社会的・職業的自立に向け、必要な基盤になる能力や態度を育てることを通して、キャリア発達を促す教育」を**キャリア教育**とし、「一定又は特定の職業に従事するために必要な知識、技術、能力や態度を育てる教育」を**職業教育**と定義した。この定義が、現在も用いられている。

この答申の強調点は、学校から社会・職業への移行が円滑に行われていないとして、社会的・職業的自立に向けての課題を提起するところにあり、社会のなかで学校教育が果たす役割が強調される。コミュニケーション能力などの職業人としての基本的能力の獲得、職業意識・職業観の未熟さの克服、進路意識や目的意識の明確化などである。

進路指導の多様な場面

進路指導は、小学校から始まる教育であり、中学校でも、高等学校でも、それぞれの子どもたちの学びの段階と将来に向けての準備を見据えて取り組むことになる。まずは、**教科**における進路指導やキャリア教育は、それぞれの教科・科目が子どもたちの現在にも将来にも生かされる生きる力を獲得するための教育として、大きな意味を持つ。高等学校の専門教育では、職業教育と直結する教科・科目も行われる。どの教科・科目でも共通して評価に用いられる**資質・能力の三つの柱**は、知識及び技能も、思考力・判断力・表現力等も、それぞれがキャリア教育として必要な内容である。そして**学びに向かう力・人間性等**も、子どもたちの社会での活動の前提となっていく。

道徳教育における進路指導も、道徳教育が子どもたちの実際の生活に即した生きる力となるためにも重要である。**学校の教育活動全体を通じて行う道徳教育**としては、小さな社会としての学校のなかで学ぶべきことは多く、小学校や中学校で毎週一時間で行われる**特別の教科である道徳**においても重要な内容となる。「C主として集団や社会に関すること」で扱われる「勤労」がダイレクトにつながるが、それにとどまらず、自分自身や人との関わり合いも含めて、進路や職業をリアルな将来の社会参加として考え議論することが必要である。

小学校や中学校の**総合的な学習の時間**、高等学校の**総合的な探究の時間**における進路指導については、現実の学校教育のなかで多くの時間が活用されている。学校において定める**探究課題**として、学習指導要領で「職業や自己の進路に関する課題」などが記載されてきたので、現在に至るまで多くの実践がある。体験学習として**職場体験活動**に取り組む場合は、地域の企業・団体の協力を得て取り組んでいくことになる。

特別活動は、進路指導の要として位置づけられてきた。小学校や中学校の**学級活動**や高等学校における**ホームルーム活動**と連動した話し合い、**学校行事**としてのキャリア教育など、**集団指導**としての**ガイダンス**と、**個別指導**としての**カウンセリング**を組み合わせながら進めていくことになる。

このように、進路指導は学習指導と結合して、学校の教育活動全体を通じて行われることになる。このとき、主体的・対話的で深い学びを方法論としてだけではなく、学習者の生きる力を育む視点から、子どもたちの主体性を尊重していく必要がある。

第二節　法令のなかの進路指導

勤労の権利と義務

進路指導という観点から、一九四六（昭和二一）年に公布された**日本国憲法**を見てみよう。

第二十二条に定める**職業選択の自由**、つまり「何人も、公共の福祉に反しない限り、居住、移転及び職業選択の自由を有する。」という規定がある。第1章で考えた**公共の福祉**を前提として、どこにいるのも、どんな職業を選ぶのも自由であるという規定である。もちろん、誰もが、どんな職業にでも自由に就けるわけではない。だから、子どもの頃から夢を持ったり、努力したりする。この職業選択の自由を実質化するのが、進路指導だといってよい。

第二十七条第一項は、「すべての国民は、勤労の権利を有し、義務を負ふ。」と規定する。**勤労の義務**はだれもが聞いたことがある言葉であろうが、述語の「権利を有し、義務を負ふ」という表現の重さは、現代社会で改めて考えるべき内容が含まれている。二一世紀に入ってから、教育にも雇用にも訓練にも参加していない状態である**NE**

ET（ニート：Not in Education, Employment or Training）の問題や、高齢化社会を迎えての定年延長など勤労についての話題には事欠かない。その勤労は、親の子どもに対する親権と同様に、権利であり同時に義務であるという規定のなかで日本国憲法で位置づけられる。**勤労の権利**というと抽象的な言葉にも思えるが、どうだろうか。武蔵野美術大学の教職履修者の学生のうち三〇名ほどが、障害者が働く共同作業所に参加体験を始めてから二三年になるが、労働による社会参加がすべての人に権利として開かれる重みが実感できる貴重な機会となっている。

続く第二十七条は第二項で「賃金、就業時間、休息その他の勤労条件に関する基準は、法律で定める。」とする。この規定は、続く第二十八条の「勤労者の団結する権利及び団体交渉その他の団体行動をする権利は、これを保障する。」につながる。労働三法と言われる**労働基準法**（昭和二十二年四月七日法律第四十九号）や、**労働組合法**（昭和二十四年六月一日法律第百七十四号）、**労働関係調整法**（昭和二十一年九月二十七日法律第二十五号）や、都道府県ごとの時給の最低基準を定める**最低賃金法**（昭和三十四年四月十五日法律第百三十七号）などの労働についての法律が、戦後日本で制定された。

さらに、第二十七条第三項では「児童は、これを酷使してはならない。」と、**児童労働の制限**について規定していることも、**子どもの権利**の観点から重要である。このことは**子どもの権利条約**（児童の権利に関する条約、平成六年五月十六日条約第二号）でも規定された国際的なルールでもある。児童労働の制限は、子どもを勤労から遠ざけるためにあるのではなく、それを制限することで未来の主権者である子どもたちの心身の発達を保護するために存在する。

もちろんこうした勤労の権利や義務は、戦後日本の小学校と中学校の社会科において必ず学習されてきた教育内容である。進路指導という分野を、現実に社会で勤労することになる子どもたちの将来について考えるときに、実際の生活に生かす知識及び技能として考えなくてはならない。

さらに今日の社会を見据えたとき、子どもが学校に行き、大人が職業に就くというわかりやすい常識についても、多様な道筋を把握しておく必要がある。**教育基本法**（平成十八年）は、第三条に**生涯学習**を強調して、生涯にわたって、あらゆる機会に、あらゆる場所において学習する権利を保障している。すでに職業を持っているすべての年代の社会人に、学校教育にアクセスする権利を認めている。こうして中学校にも高等学校にも大学にも、働きながら学べる**通信制**や**夜間部**の課程が法律上認められている。この原則をさらに明確にするため、**教育機会確保法**（「義務教育の段階における普通教育に相当する教育の機会の確保等に関する法律」平成二十八年十二月十四日法律第百五号）が制定され、義務教育の年限を超えた者が夜間中学で学んだり、不登校などで法令上の学校に行くことが困難な者の教育の機会を保障したりする原則が確立した。

近年では労働のあり方や慣行が見直され、**働き方改革**と呼ばれる法令や制度の改革が進められている。学校教育で子どもたちに伝える知識としては、現在進行している変化は調べ学習や体験学習の他は伝えにくいものがあるが、予測不可能な時代に生きる子どもたちが将来を生きる力として、こうした多様な変化をつかみ取って生かしていく力を培う必要がある。

第三節　学習指導要領のなかの進路指導

中学校・高等学校の進路指導

学校種別（校種）ごとに告示される**学習指導要領**については、第1章で生活指導に関して読み解いた。そこでは省略したが、同じ学習指導要領の**総則**に、進路指導やキャリア教育の基本となる規定がある。ここでは小学校、中学校、高等学校の告示を、まとめて提示した。読解がしやすいように、「小学校の文言〔中学校：異なる文言〕」という書き方で、異同を示した。今回の全部改正では、幼稚園、小学校、中学校の学習指導要領を二〇一七（平成二九）年三月、高等学校学習指導要領を二〇一八（平成三〇）年三月に告示した。

小学校学習指導要領（平成二十九年三月三十一日文部科学省告示第六十三号）第1章　総則
中学校学習指導要領（平成二十九年三月三十一日文部科学省告示第六十四号）第1章　総則
高等学校学習指導要領（平成三十年三月三十日文部科学省告示第六十八号）第1章　総則
第4　児童〔中学校・高等学校：生徒〕の発達の支援
1　児童〔中学校・高等学校：生徒〕の発達を支える指導の充実
(3)　児童〔中学校・高等学校：生徒〕が、学ぶことと自己の将来とのつながりを見通しながら、社会的・職業的自立に向けて必要な基盤となる資質・能力を身に付けていくことができるよう、特別活動を要としつつ各教科等の特質に応じて、キャリア教育の充実を図ること。〔中学校・高等学校：その中で、生徒が自らの生き方を考え主体的に進路を選択することができるよう、学校の教育活動全体を通じ、組織的かつ計画的な進路指導を行うこと。〕

「社会的・職業的自立に向けて必要な基盤となる資質・能力を身に付けていく」という**キャリア教育**が、小学校から高等学校に至るまで規定されていることがわかる。とりわけ、具体的な進路選択をめぐって、**進路指導**として中学校と高等学校について規定されている。ここで「学校の教育活動全体を通じて」とあることは、特別活動を要としつつ、各教科、道徳、総合的な学習の時間など多くの場面でこの教育が推進されることが強調されている。

〔高等学校：（4）学校の教育活動全体を通じて、個々の生徒の特性等の的確な把握に努め、その伸長を図ること。また、生徒が適切な各教科・科目や類型を選択し学校やホームルームでの生活によりよく適応するとともに、現在及び将来の生き方を考え行動する態度や能力を育成することができるようにすること。〕

こちらは高等学校のみの規定である。生徒の多様な特性を把握して伸ばすことが規定された箇所だが、高等学校教育ではこれが教科・科目の選択とともに、将来の進路の選択に結びつく。高等学校教育の目的や目標に即して、「現在及び将来の生き方」を生徒が自ら考えていくように、教師が指導していくことが必要である。

このほか、進路指導としては、二〇一一（平成二三）年中央教育審議会答申と関連して、多くの報告書やパンフレット類が文部科学省から学校現場に提供されている。特に、二〇一一（平成二三）年には、『小学校キャリア教育の手引き』と『中学校キャリア教育の手引き』と『高等学校キャリア教育の手引き』が刊行されている。

第四節　チーム学校としての進路指導

進路指導主事の役割

進路指導も、第1章で述べた生活指導と同様に、**チームとしての学校**つまり**チーム学校**として学校の教員等が全体として取り組み、学校の教育活動全体を通じて行うことになる。すべての教師が進路指導やキャリア教育の基本を理解して、その学校の子どもたちのニーズと現実に対応したリアルな情報を活用できるレベルまで指導力を高めておく必要がある。

一九七五（昭和五〇）年、学校教育法施行規則が改正され主任制度が規定されたことにより、中学校と高等学校では**進路指導主事**が置かれ、進路指導の連絡調整や指導助言に当たることになる。子どもたちから「進路指導の先生」と呼ばれる進路指導主事は、教諭などが兼ねることになる。進路指導は、校長のもとで**校務分掌**として学校の仕事を分担する進路指導主事だけではなく、他の教諭等も担当し、「進路指導部」または「キャリア教育部」などが置かれることになる。

最近の教育実習では実習生がここで述べた進路指導について、実習するケースが多くなった。特別活動や総合的な学習の時間で、実習生が大学の特色や自分自身の受験体験から学生生活までを語るというケースである。こうした場面では、実習生の指導にあたる教諭だけでなく、校長と進路指導主事を中心にチームとしての学校が全体として進路指導を行っていることを実感してくる。

キャリア教育または進路指導について、学校の教育活動全体を通じて行うために、各学年を通して定める学校の**全体計画**や、各学年の一年間について**年間指導計画**を定めることになる。進路指導は各教科にわたり、また特別活動や総合的な学習の時間など、学校ごとに変化や特色があるので、**社会に開かれた教育課程**の観点や、学校の**カリキュラム・マネジメント**としても、具体的な計画を学校として定める必要がある。

体験活動の受け入れ先の企業・団体、進路の選択を豊かにするための進学先や就職先への訪問などを考えると、チームとしての学校の総力をあげるだけではなく、地域住民や保護者をはじめ、多くの個人や諸機関との連携が不可欠である。

ここまでは、進路指導について不可欠な言葉と制度を説明した。これらの内容と、第5章から第7章で詳論する理念や課題を十分に踏まえて、子どもたちの生きる力を育む教育のあり方を考えてほしい。

第3章
生活指導とは何か

川村　肇

キーワード

生活指導　生徒指導　生活綴方運動　指導　管理　集団　民主主義

要　約

生活指導は、生活綴方運動などから続く歴史を継承し、行為や行動の指導によって民主的人格を形成する営みである。教師による指導も管理も必要なものだが、管理が自己目的化した管理主義という弊害に至らないためにも、子どもたちの人間関係を鍛えていくことが大切である。そのため子どもたちの集団を形成し、リーダーを選んだり話し合ったりすることを通じて、自分たちの力で民主的に行動できるように教えていくのである。形式的な多数決に頼らず、意見を表明して納得しあうことは、将来の社会の担い手に必要な教育である。

第一節　生活指導の原理

「生活指導」という言葉からイメージされるのは、どういったことだろうか。

まず生活指導と聞いても、「生徒指導」のことではないかと思う人も少なくないであろう。実際に生活指導という言葉は、一般には生徒指導と同じ意味の言葉として使用されている。この二つの言葉には、個別の生徒との相談活動などを通じて、生徒を導いて健康的な生活を送るように指導するイメージがあり、他方で、自分たちが決めたのでもない厳しい校則に従わせられる指導のこともイメージされる。

しかし、生活指導の本来の姿は、すぐ後に見るように、子どもたちを未来の社会の形成者、主権者として成長させることを目的とする教育活動である。

生活指導という言葉は、一九二〇年代に生活綴方《つづりかた》運動のなかから生まれてきたもので、日本の教育実践が生み出した数少ない全く独自の概念である。他方、戦後になって文部省（現文部科学省）は、アメリカのガイダンス理論を**生徒指導**という言葉で導入した。しかし文部省自身がそれまで生活指導という言葉を使用していたために、生徒指導と生活指導は混用され始める。生活の規律を確立させる指導が、校則を守らせる指導に矮小化されると、取り締まりによって子どもたちを縛ることが生活指導の名でイメージされることとなった。一九六〇年代以降文部省・文部科学省は、生活指導という言葉を使用することを避けているようだが、今日に至るまで、生活指導という言葉の使われ方のなかに、様々なイメージが存在することになったのは右の事情による（第1章第一節参照）。

生活指導の定義と目的

生活指導を研究・実践してきた民間教育研究団体である全国生活指導研究協議会（以下、全生研）は、生活指導を定義して次のように述べている[*1]。

人間の行為・行動の指導ならびに行為・行動に直接的にかかわる限りにおいての認識や要求を指導することをとおして、民主的人格形成に寄与することを主たる目的とする。つづめていえば、行為、行動の指導によって、民主的人格を形成する教育活動である。

続けて全生研は、人格を「思想と行動との統一されたもの」と定義し、民主的人格を「民主的思想と民主的行動能力とを統一的にもっている人格」であるとしている[*2]。

右の定義で「行為・行動の指導」と言い、子どもの認識や要求への指導を「行為・行動に直接的にかかわる限りにおいて」と限定しているが、それはなぜだろうか。

子どもの認識を直接指導することは簡単である。しかしそれは、教師の思想信条や感情を、子どもたちに押しつけることに通じる。

近代国家においては一般に、思想信条と宗教の自由が認められている。その自由を守ろうとすれば、学校や役所などの公的組織や機関が、特定の思想信条や宗教を支持し、普及させることは許されない[*3]。これを中立性原則というが、子どもの思想信条を犯すことは、この原則に反することになる。

指導の対象を行為・行動に限定する、右のような定義が導き出された背景には、道徳の特設によって、「正義」

や「勇気」などの国家が選定した徳目を、子どもたちに注入する教育方法がとられることに対する批判があった。またそのことを通じて、子どもの内面に直接的に介入することへの批判も強かった。ともに戦前の教育の過ちや失敗の繰り返しだからだ。[*4]

では、行為・行動に着目するのはなぜだろうか。

人は生活するなかで、得た知識を具体的に行動に移すことによって、知識をより確かなものとする。さらに他の知識との総合をも図り、知識間の関係認識を深める。そしてそれが身体化され、思想化される前提をつくりだす。行動の過程では、意志や感情の統制が不可欠であるから、行動することでそれらを統制する力も鍛えられる。以上のような、具体的行動（実践）による知識の総合、意志や感情の統制の身体化は、人格形成に直接大きな影響を持っている。認識形成過程及び人格形成過程において、具体的行動が占める位置が大きいために、行為・行動に着目しているのである。

生活指導と教科外教育領域

生活指導という営みは、日本の学校に独特な営みであり、日本の学校教育の特徴と関連している。その特徴の一つは、諸外国のほとんどが教師の仕事とはしていない教科外教育活動の領域を、学習指導要領のなかに位置づけ、その指導を教師の仕事に取り込んでいるところにある。[*5]

教科教育と**教科外教育**における指導の関連と相違は、陶冶《とうや》と訓育という教育学の基本的概念を用いて、全生研では次のように考えている。

一般に、教育には二つの働きがある。一つは、知識や技能を教授し学習させる働きである。一つは、人格を形成する訓育の働きである。あらゆる教育活動は、この二つの働きを同時的・平行的に持っている。しかしその結びつきかたは、活動の具体的目的や性質によって異なっている。教科の授業は、知識や技能の系統的学習を目的としており、そこでの行動は教師の主導下に学習目的に従属している。従って、訓育は陶冶目的を達成した結果、あるいは陶冶目的の追求過程に随伴して、あらわれてくるという形をとっている。これに対して、教科外諸活動は、行為・行動を組織することを目的とする集団的活動であり、これらの活動をとおして直接的に人格形成の過程に影響を与えることができる。教科外諸活動における陶冶は、行為・行動の目的に従属しており、訓育目的を追求する過程で随伴してあらわれてくるという形をとる。*6

系統学習に立つ教育方法は、知識詰め込み型の授業方法に親和的であり、教師から子どもへの一方的知識伝授の授業を形づくってきたのではないか、という反省もある。子どもの内部の学びに着目することの大切さ、その学びの個別性は確かに強調されなくてはならない。しかし他方で、教師の教科教育活動における指導性を否定すると、子どもたちを放任することになり、「できないのも個性」などという、一九九〇年代に展開されて破綻した「新学力観」と近似する危険もある。

教科外教育活動が**集団組織活動**を中心としていること、学校で生活する子どもたちが、その活動を自ら組織するなかで、生き方を自主的に学んでいくという捉え方は、今日でも十分通用する。

生活指導の歴史

生活指導という概念は、**生活綴方運動**のなかから、日本の教師たちが独自に生み出したものである。*7

生活指導という言葉は、生活綴方教師**峰地光重**《みねちみつしげ》（一八九〇〜一九六八）の著書『文化中心綴方新教授法』（一九二二年）に見られるのが初出だとされている。峰地は、立派な魂がなければ立派な文章は書けない、児童の「生活を指導して、価値ある生活を体験するやうに導かなければならない。生活指導をぬきにしては綴方はあり得ないのである。（中略）それでその生活指導の方法として二つの方面がある。一はよりよき綴方を生むための生活指導であり、二はその綴方の上に表れたる生活を指導して、更によりよき生活に導き入れやうとするものである。」と述べている（同書、六八頁）。生活指導という言葉は、まずは表現指導のための生活指導として誕生したのだった。

峰地とともに**池袋児童の村小学校**（一九二四年開校、三六年廃校）で教鞭をとっていた**小砂丘忠義**《ささおか》（一八九七〜一九三七）は、生活指導のない生活綴方は存在しないとして、生活指導をより重視したうえで、生活を捉える表現技術の獲得のために綴方を教科として位置づけた。

さらに同じく児童の村小学校で教えていた**野村芳兵衛**《よしべえ》（一八九六〜一九八六）は、集団遊びに見られるような子どもたちの自治的な生活と、その教育力に着目した。野村は「協働自治」（協力して働く自治）を教育の目的であり、方法であるとして児童の村小学校の教育方針に掲げる。さらに野村は、生活訓練を積極的に教育のなかに位置づけることを提唱した。

こうした考え方は、一九三〇年代に秋田県を中心とする東北の綴方教師たちに受け継がれ、生活指導のための表現指導へと発展させられる。子どもたちの綴方は、農村恐慌後の東北の貧しい生活をリアルに反映し、呻吟《しんぎん》する親や子どもたちの姿、ひいては社会の現実が厳しく描かれた。教師たちは、学校教育からはみ出して、文章の表現の良し悪しやその能力よりも、子どもたちの文章に表現された生活そのものを問題にせざるを得なくなる。彼らの生活綴方運動を**北方教育運動**という。

戦争中の教育への不当な介入と思想統制によって弾圧された生活綴方運動[*8]は、戦後に復活する。生活綴方は単なる作文の表現指導ではなく、生活をリアルに見つめる目を育成することで、生活を科学するための社会的視野を広げるとともに、書き上げた綴方を学級集団の前で読み上げ、集団的に検討することによって、生き方を考える指導になる。同時に子どもたちの生き方考え方に決定的な影響を与えている社会的現実を重視して、子どもたちの自治集団を鍛えること、すなわち社会的な訓練を行うものとなった。

一九七〇年代初頭に、全生研は次のように指摘している。

民主的諸能力のなかで、こんにちまで大衆に与えられることのなかった能力は、仲間に働きかけたり組織したりする能力、集団の意志を形成し行動を統制する能力、集団の見とおしを立てたり総括したりする能力、総じていえば集団を民主的に管理・運営し、集団のちからを集団の内外に対して行使する能力である。これらの能力を抜きにして自主・自治・連帯を論ずることは空論であり、これらの能力を教育することなしに、民主主義的教育を論ずることは空論である。民主主義教育を仲よしや友情に解消したり、多数決の技術に解消したりすることは、民主主義からその背骨を抜き去ることである。[*9]

この指摘は、今日にも十分当てはまる。むしろ、教科外教育活動領域が時間的にも内容的にも縮小されるなかで、子どもや若者たちの集団組織能力はますますその成長を阻害されているように思われる。

戦後直後の荒れた時期を経験したあと、一九八〇年前後、戦後第二の荒れといわれる学校教育の危機に直面した。そこで全生研が取り組んだ生活指導は、荒れの中心になっている子どもたちを見放すのではなく、また暴力で彼らを押さえつけるのでもなく、荒れている状態を子ども集団自身の問題にしていくなかで、集団内部の力関係を組み替えつつ、子どもたちの自治のある学校づくりを実践した。*10

一九九〇年代中頃からの学級崩壊とも、学校崩壊とも称される荒れは、戦後第三の荒れといわれることがある。生活指導の重要性は今日ますます高まっている。

指導と管理

望ましい指導とはどのような指導をいうのだろうか。

望ましい**指導**とは、指導の対象となる子どもが指導内容を理解し、納得してそれを受け入れるようにすることである。成績や内申書による脅し、暴力その他による押しつけによって屈従させることではない。

教師の意図的な働きかけを通じて、子どもたちは学び成長していく。さらにその教師の指導をも乗り越えて発達する。教育技術としては、教師が意図して間違ったことを述べたり、子どもたちを挑発したりすることがあるが、子どもたちは自らの意見を形成していくことを通じて、教師を越えていくことを志向する。この意味で指導は、目の前の子どもたちを当面どのようにしていくのか、という問題と、当面の問題を越えてその先に成長の見通しをどのように持つのか、という二重の観点から組み立てられる必要がある。それゆえ、教師にとって発達論は不可欠の教養である。

ところで、子どもたちに納得させることを重視する良心的な教師のなかには、子どもを管理的に締めつけることを嫌って、管理そのものを忌避する傾向もある。

学校教育に管理は不必要なのだろうか。

教師は子どもたちへの教育をその保護者から託された専門家であり、管理を放棄してはその職責を果たすことができない。[*11] 他方、学校教育に強まる管理は、第４章第二節で後述する強い指導とも相まって、確かに子どもたちを縛りつけ、その自由を奪っている。その場合の管理はもはや教育の手段ではなく、管理そのものを自己目的化した**管理主義**ともいうべきものである。[*12]

本来の**管理**とは、教育分野に限らず組織を正常な状態に保つために不可欠な営みである。そして子どもたちが自分たちの生活の自治をしていくときには、自らを管理できるようにならなくてはいけない。それが自律ということであり、それを民主的に行えるように指導していくことが教師の役割である。

教師は子どもたちを大枠で管理しながら、その管理権の一部を子どもたち自らが民主的に行使できるように指導していく。

第二節　集団と民主主義

人間と社会

生活指導においては、人間が社会的存在であることを重視する。

ヒトが人間へと進化するにあたってまず決定的な役割をしたのは、二足歩行である。それが可能になったから、人間は直立することができるようになった。直立することで、重い頭を支えることが可能になった。直立姿勢をとることで、喉が押しつぶされずに発声することが可能になるとともに、進化の過程で肺の空気を発声に使えるようになった。前足が自由になり、手になった。そして、これらによって人間は環境を変革しつつ、同時に自らを発達させていった。

人類学が教えるところによると、私たちホモサピエンスの祖先はネアンデルタール人などと比べると、個体としては大変弱い存在だった。その弱い存在であったホモサピエンスが生き残ったのは、集団で助け合い、社会をつくって協力して生きてきたからであるという。集団で労働する必要性からコミュニケーションの道具としての言葉が生まれた。*13 それは思考の道具にもなり、抽象的思考が可能になった。思考の道具を入手することで、眼前にないことを思考の対象に据えることができるようになって、人間に特徴的な計画性も生まれる。手は労働の必要性からより複雑な動きを可能にし、言葉の使用とも相まってますます脳を発達させることになった。人間は環境に働きかけて自ら生きやすいように環境を変えたが、その働きかけによって自らをも発達させてきた。

社会を形成することがなかったら、ヒトは人間になっていなかったであろう。生活指導は、社会の人間に対するこの決定的な力を重視し、社会の様々な法則によって子どもたちを訓練するように指導していくことを意図している。言い換えれば、教師が生活を指導するのではなく、生活そのものが子どもたちを指導するように、子どもたちの自治を方向づけていくのである。

生活指導と集団

教科外教育活動領域は集団組織活動が行われるため、そこで展開される生活指導は、集団と集団活動に注目する。

ここでいう**集団**とは、ある持続的な目的を持って組織される人間の集まりのことである。持続的な目的を持っている点で、単なる人間の集まりである群れとは異なる。

集団は運動体であって、次の諸要素を持っている。

第一に、単一の目的を持っている。

第二に、リーダーが存在する。

第三に、集団の構成員の間には矛盾がある。

集団の構成員の間には矛盾・対立があるため、暴力ではなく、常に民主的な討議によってその対立を統一させる努力を必要とする。また、リーダーは単に力の強い者や成績のよい者というのではなく、集団の民主的リーダーとして集団を代表し、集団を動かすことができるように指導する必要がある。

ところでこの集団という言葉は、今日マイナスのイメージを持ったものとなっているように見受けられる。自由が束縛される、個性が抑圧される、自由な意見が言えないなど、特に個人への抑圧の側面から語られることも多い。いわゆる集団思考によって、「マイナス面の無視」「決めたことの正当性の主張」「外の集団への敵対心」「同調への圧力」「自己主張の抑制」などを過度に行ってしまうことも指摘されている。

それにもかかわらず集団を重視する理由を考えてみよう。

第一に、人格形成にとって、人間と人間との関係は決定的であるといってよい。人間関係は、子どもたちの一対一の関係よりも、集団のなかでより鍛えられる。民主的人格形成のためには民主的な集団組織が必要なのである。

第二に、社会生活をよりよいものにしていくために、集団は不可欠である。子どもたちが集団を好むと好まざるとにかかわらず、子どもたちを未来社会の主人公に育てていくためには、未来社会を切り開く集団を自分自身の手でつくりあげるとともに、それを民主的に管理・運営していく力を、子どもたち自身が身につけなければならない。たとえば労働者はその権利を守るために労働組合という集団を組織し、その争議権が日本国憲法に認められているが、労働組合とその団結がなければ、「リストラ」（馘首《かくしゅ》）や労働条件の切り下げに直接さらされてしまう。

第三に、集団は力を持っている。集団心理にも支えられながら、個々バラバラの群れ状態とは違って、集団は個人の力の総和よりもはるかに大きな力を発揮することができる。その集団の力が内部の個人に向かって働くとき、集団は教育力を持つ。確かにその力は、往々にして集団の外に対して排他的に働いたり、集団の内部の構成員に対して抑圧的に働くことがある。しかしそれは集団の置かれた状況や、集団の質によっても左右される。自ら集団をつくることを学ぶことで、正しい集団の力の発揮の仕方を学ぶ必要がある。

こうした理由から、集団を重視し、集団の力を借りながら、同時にそのことによって、子どもたち個人個人の民主的な人格形成を図っていくのである。

民主的集団は、教師の側からみれば教育の道具であると同時に、子どもたちの側からみれば、自分たちの要求を実現するための手段である。子どもたちは、自覚的か否かにかかわらず、自立への要求（発達要求）をその内部に持っている。生活指導はそこに依拠して実践を進めていく。

民主主義と民主的集団

子どもたちが集団を民主的に作り替え、民主的に運営されるようにしていく力を育成することが、日本国憲法に期待されている民主的国家の担い手をつくる道である。

ところで、民主主義という言葉はごく当然のように用いられているが、改めて民主主義とは何か、考えてみよう。

実は、**民主主義**が制度として成立したのは、世界的にみても第一次世界大戦（一九一四～一九一八）後のことであり、「自由民主主義」という言葉に至っては、それが定着したのは第二次世界大戦（一九三九〜一九四五）後のことである。まだこの言葉が市民権を得てから百年も経っていないことになる。そしてこれは日本だけに限ったことではなく、欧米でも同様であったという。

福田歓一《かんいち》（一九二三〜二〇〇七）によれば、民主主義という言葉は古代ギリシアの都市国家に由来しているが、それは組織のシンボルではなく、支配の形態を意味する言葉に過ぎなかった。*14

民主主義というと、多数決原理や議会政治を思い起こす人も多いのではないだろうか。しかし歴史的にみれば、民主主義は議会制とは全く関係ないものであった。議会制は中世にまでその起源を遡ることができるが、それは貴族政治の道具であった。

民主主義は制度である前に、運動として存在した。「自分たちを統治に参加させよ」という要求を含んだ運動だった。福田は、「民主主義の試金石は、政治社会の底辺からの民衆の政治化から一歩進んで、民衆の自己解放とその能力の不断の再生産に求められざるを得ないであろう」と述べている。議会のなかだけの、いわんや多数決の問題なのではなく、議会の外の、民衆の政治運動の問題として民主主義を捉える必要があるということ、さらに、その担い手である民衆の教育の問題として考える必要があるということである。

民主主義は、治者と被治者が同一であるという政治原理である。身分や経済的地位その他に関係なく、誰であっても統治にかかわることができる。したがって誰であっても、自分の主張を述べることができる自由こそ、民主主義に不可欠である。意見表明の権利は、民主主義の根幹をなすものであると言うことができる。

子どもたちに対しては、意見（opinion）の形成がたとえ不十分であっても、あるいはちょっとした思いつき（view）程度であったとしても、それを言葉で表現することの大切さを教えなくてはならない。*15 特に自分の不利益には黙っていないことを教えなくてらならない。最初は自分のことに関する不利益にしか目が行かないかもしれないが、やがて他人の不利益にも同様に抗議できるように促していくことで、道徳的な成長もはかられる。

子どもが自分の意見を述べたときには、子どもたちを大いに評価し、励ますことが大切である。同質性が高い日本の共同体では、他人の目が気になって意見表明を控えてしまうことが大人でも日常的にあるが、そういう状況では民主主義は育たない。

話し合いでは徹底して議論を尽くすことが重要である。そのうえで、決定期限が迫ったときに多数決という方法がとられる。多数決原理だけを形式的に教えることは、かえって民主主義を破壊する。ファシズムが議会の多数を得て権力を掌握したことを想起しよう。[*16] また、人権侵害につながることなど、決めてはならないことがあることを教えることも大切である。

そして自分の主張が多数派を占めることができるように、一方では他の主張も勘案しながら自分の主張の中身を鍛えること、他方ではそれによって相手を説得していく技術を獲得させていくための指導が必要である。選挙制度の著しい歪みもあって、国民の多数意見が議会内の多数派を得ることは、現実にはこの国の現代政治でも見かけることは少ないが、むしろそれゆえにこそ、生活指導という営みは民主主義の将来にとって、最も重要な政治教育ともなるだろう。[*17]

註

1　全生研は一九六九年、特設道徳に反対する教育研究者、教師たちが生み出した実践・研究組織。生活指導についての見解は様々であるが、ここでは、訓練論的生活指導の立場から記述を進める。城丸章夫「第一章　生活指導とは何か」『城丸章夫著作集　第四巻』青木書店、一九九三年など参照。生活指導の定義は、全生研常任委員会『学級集団づくり入門　第二版』明治図書出版、一九七一年、一八頁（傍点原文）。

2 全生研常任委員会、前掲書、二五頁。

3 法の上では日本国憲法二十条（信教の自由）、八十九条（公の財産の用途制限）及び、教育基本法第十四条（政治教育）、十五条（宗教教育）などに表現されている。この考え方については、レジス・ドゥブレ『娘と話す国家のしくみってなに？』現代企画、二〇〇二年参照。

4 道徳を教科にした今、ますます危惧される。佐貫浩「道徳の教科化による公教育の転換」『季論21』第45号、二〇一九年七月など参照。

5 伊東毅「第8章　諸外国の教科外活動」『未来の教師におくる特別活動論』武蔵野美術大学出版局、二〇一一年参照。

6 全生研常任委員会、前掲書、一八頁。なお、陶冶と訓育の定義及びその関係については、本論とは違った考え方もある。

7 以下、生活指導の歴史に関しては、石川松太郎・浜田陽太郎・寺﨑昌男編著『近代日本教育の記録　上・中・下』、日本放送出版協会、一九七八年、竹内常一『生活指導の理論』明治図書出版、一九六九年など参照。

8 壺井栄『二十四の瞳』新潮文庫、三浦綾子『銃口』小学館、などの文学に活写されている。

9 全生研常任委員会、前掲書、二七頁。

10 能重真作『ブリキの勲章―非行をのりこえた45人の中学生と教師の記録』民衆社、一九七九年など参照。

11 堀尾輝久『人権としての教育』岩波現代文庫、二〇一九年など参照。

12 城丸章夫『管理主義教育』新日本新書、一九八七年参照。

13 コミュニケーションの道具が「内言」を経て思考の道具になりゆく過程は、レフ・セミョノヴィチ・ヴィゴツキーが解明した。ヴィゴツキー『新訳版・思考と言語』新読書社、二〇〇一年、柴田義松『ヴィゴツキー入門』寺子屋新書、子どもの未来社、二〇〇六年など参照。

14 民主主義については、福田歓一『現代政治と民主主義の原理』岩波書店、一九七二年、同『デモクラシーと国民国家』岩波現代文庫、二〇〇九年など参照。また民主政・貴族政・君主政の違いについては、薬師院仁志『ポピュリズム　世界を覆い尽くす「魔物」の正体』新潮新書、二〇一七年など参照。

15 本文に示した英単語は、子どもの権利条約英語正文にある表現。第十二条の意見表明権に使われている「意見」と翻訳されている言葉はopinionではなく、viewである。この本文については、高橋陽一『新しい教育通義』武蔵野美術大学出版局、二〇一八年、九九〜一〇〇頁を参照。

16 石田勇治『ヒトラーとナチ・ドイツ』講談社現代新書、二〇一五年など参照。

17 改正された教育基本法のなかでも、政治的な教養は重視されており、この条文は旧法とほぼ変わっていない（第十四条）。

第4章
生活指導の方法

川村　肇

キーワード

集団づくり　班　リーダー　討議　二重討議方式　子どもの権利条約　生徒指導提要　体罰　有形力の行使　自己肯定感

要　約

生活指導の方法として、民間教育研究運動で重視されてきた集団づくりという方法を紹介する。これは学級のなかにいくつかの班をつくり、班の活動を軸にしながら子どもたちの自治能力を鍛えていく方式である。主として教科外教育の領域で、まずリーダーに指導を行いつつ、班と学級で討議し、集団を民主的に運営していくことを教えていく。こうした生活指導は子どもの権利条約の示すものにも合致している。一方、学校教育法で禁止されている体罰が行われる問題がある。これには有形力の行使は認められるという解釈が『生活指導提要』でも採用されて、非寛容な生活指導が行われるという背景がある。本来は子どもたち一人ひとりの権利が守られ、地域、学校、学級、班のなかで子どもたちの自己肯定感が培われて、成長していくための生活指導が必要である。

第一節　集団づくりの技術

生活指導にはいくつかの方法がある。たとえば教育相談は教育上大切な技術であるし、また歴史ある生活綴方の実践などは、今日でも有効性が高い。本章では社会や集団を教育上重視する立場に立って、「集団づくり」という生活指導の技術について述べていくことにする。**集団づくり**とは、子どもたちの学校生活のなかの、主として教科外教育の場面で、行事づくりなどの場を利用しながら、集団の討議や競い合い、高め合いなどを通じて子どもたちを、民主的人格を持つ存在に鍛えていく教育上の技術である。*1

教育技術としての集団づくりは、集団をつくるだけではなく、その集団を子どもたちが壊していくことを通じて学ぶことを重視する。集団づくりは、子どもたちを民主的人格として成長させることを目的とするのであって、理想的な学級集団をつくることそのものを目的としているのではない。

生活指導は、行為・行動を通じて生き方の指導を行うものだと、第3章第一節で生活指導の定義に述べた。ここでいう集団は、集団の目的に沿って、いわば契約的性格の下に組織されるものである。それゆえ感動を強要するなどの感情的一致や、集団への無私的奉仕、全人格的従属を決して求めてはならない。

何より大切なことは、子どもたちの内的な発達要求に応えること、すなわち子どもたちの要求を実現するためにこそ、集団づくりは存在しているという認識である。教師の都合による管理的な仕事の完遂のために集団づくりはあるのではない。

子どもたちの自治

集団が自分自身の力を十全に発揮するのは、集団がその構成員によって自治的に統制・運営されているときである。教師の力によって集団を外から動かしているときの力はまだ大きくない。

子どもたちの自治を援助して、自治的集団を民主的に作り上げるとともに、その自治集団が学校をつくっていくように指導していくことが、**子どもの権利条約**の世界的水準に立った教育の方針である。ところが現実はそうなっていない。小学校の児童会、中学校や高等学校の生徒会などは、**自治組織**としての機能を停止しているか、または教師の「下請け」として学校管理の末端を担っている。

自治とは、自らの力で自分たちを自律的に管理・統制することを意味している。近代の学校ができる以前には、少なくない地域で子どもは子ども組、若者は若者組あるいは娘宿といった、世代の自治ともいうべき自律的世界を持っていた。このことは、人間の成長の過程において自治ということが、歴史的にも不可欠なものであったことを示している。*2「子どもの喧嘩に親が出るな」という格言は、子ども同士のけんかを通して子どもたちが身につけ得る問題解決能力を、親が出てくることで奪ってしまうことを戒めたものである。

集団づくり――三つの側面

全国生活指導研究協議会は、第3章第二節に述べた集団の三つの要素に対応させて、学級集団づくりを、「班づくり・リーダーづくり・討議づくり」の三つの側面から実践してきている。

班づくりの側面

学級内にはその当初から、様々な私的な集まりがすでに存在している。そこに、公的な集団として教師の主導のもとに、単一の目的を持つ集団として**班**を組織することから始まる。最初の段階では教師が主導して班をつくるが、常に子どもたちの意見を確かめつつ行う。ここでいう班は、単なる学校生活上の必要性から組織される役割分担のための管理や係活動を目的としたグループではなく、集団というものを教えるために組織されるものである。公的な組織であるため、私的な人間関係におけるトラブルが、公的な組織の目的との関連であぶり出され、公的な問題の俎上《そじょう》に載せられることになって、人間関係の組み替えを行いやすい。立派な班をつくることが目的ではない。

なお、班のメンバーをくじ引きで決める学級も多い。誰と同じ班になるかということは、子どもたちの最大の関心の一つのはずだが、子どもたちは、決めるという行為に伴う責任を回避したいがために、くじ引きなどの方法に流れてしまう。けれども、最大の関心事であることすら運命として受け入れてしまう受動的な生きかたは、社会の主体的な担い手にふさわしいだろうか。子どもたちと一緒に考えたい。

教師は、班同士の競争を組織する。競争社会のなかで行われる競争であるから、ますます子どもたちが競争にとらわれてしまう危険性もある。そこに十分注意しながら、切磋琢磨の競い合いによって発揮される力に依拠する。一方では競い合いの素晴らしさを教えるとともに、他方では競争を戯画化し、それを一種の遊びとしてともに楽しむことで、子どもたちに競争を客観化かつ相対化する力をつけていく。

近年、少子化の影響で、子どもたちは幼少期に集団で遊ぶことが少なくなっている。そのため、以前には当たり前であったような集団活動を苦手とする子どもも少なくない。そういう現状に対応し、班という公的な組織とは別に、学級内クラブや仲良しサークルあるいは「ユニット」など、公的性格と私的性格をあわせ持つ、いわば中間的な性格のグループを形成する実践が注目されてきている。[*3] そういう学級では、子どもたちは、好きなもの同士の安心感を得て、公的組織の厳しさに鍛えられ成長していく。

リーダーづくりの側面

子どもたちの自治活動が子どもたちの生活を指導するように仕向けていくのだから、教室における教師の指導は集団の外にある。子どもたちが教師を教師と認め、その指導を受け入れてはじめて、指導は集団内部のものに転化する。このとき、教師の指導を内側から受け止める子どもが**リーダー**である。したがって、リーダーを単に成績のよい者や、教師にすり寄る者から選ぶより、むしろ成績などが悪くても集団内部に対して影響力のある者を選び、その肯定的な側面を伸ばしながら、リーダーを中心にして集団を結束させ、集団の目標に対して統一的な行動を組織させていくことが大切である。リーダーの否定的な側面については、リーダー本人にも集団にもそれを気づかせながら、リーダー自身と集団が、それを乗り越えられるように指導していく。他方、リーダーが決定的に不適格である場合にはリーダーをリコールし、元のリーダーに十分気を配りつつ、別のメンバーが代わってリーダーとして行動できるようになるまで集団を成長させていく。

学級委員や班長などのリーダーの会議を重視し、彼らが集団の現状を把握し、目的に向かって適切な指導ができるように援助する。多忙ななかでも、昼休みや放課後などを使って、短時間ではあっても定期的に会議を開くことが当たり前になるように指導する。

なお、ここでも注意すべきは立派なリーダーを育成することが目的ではないということである。リーダーの素晴らしさとその怖さ（たとえば独裁など）を含めて、リーダーとは何か、集団を守り、指導し、代表するとはどういうことかを学ばせていくことが要である。

討議づくりの側面

「討論づくり」と言わず、「討議づくり」と言うのには理由がある。ここでいう**討議**は単なる話し合いではなく、決定を伴うものをいう。討議は決定を伴うので、提案本文、提案主体、提案趣旨とその理由などを含む原案を必要とする。原案やたたき台のない話し合いは、緊張感に欠け、時間の浪費になる。

決定することはきわめて重要である。決定は全体を拘束する力を持つから、決定されることは全員が実行可能であるものでなければならないし、討議のうえで全員が一致し得るものが提案される必要がある。また人権を侵すようなことは、どんな理由があっても決定してはならない。そのため、最初の段階では、子どもと集団の分析を前提として、教師が原案を提出し、司会をして手本を示していく。

決定がきちんと守られているかということを、集団は自己管理できなくてはならない。それを中心的に担うのが日替わりの**日直**である。日直は与えられた期限のなかで管理権を行使して、決定が遵守されているかどうかを点検する。そしてそれが守られていないときには学級全体に問題提起をし、討議に付す。

討議を円滑に進める技術に**二重討議方式**がある。これは、学級全体で討議を行う前に、班などの小集団で討議を行い、その過程と結果を全体討議に反映させるといった方法である。いきなり大きな集団の前で発言するよりも、意見や質問を出しやすい。採決にあたっては、その内容や集団の状況に応じて、個人ではなく、小集団に一票を持たせる工夫もある。

討議や討論のときに特に重視すべきなのは、周りの子とは違って映る子どもの意見である。トラブルメーカー、あるいはそのように見える子どもの願いやつぶやきを大切にして、そこから「ノーマル」なものを再検討する機会をつくりだす。表面的な優しさや友情は、皮相的人間関係をつくりだしはするが、トラブルを協力して乗り越えるような力強く、深い人間関係を築くことは難しい。そうした人間関係を築くためには、お互いの価値観を根底から揺るがするような問題提起を含む討議や討論を、子どもたちに経験させたいものである。そうして改めて子どもたちは、お互いに出会い直し、諸価値が共存する世界をつくっていくことができる。

集団づくりが子どもたちの要求を実現するためのものであることは前述したが、子どもたちは要求を要求として認識しているわけではない。要求の最初の形は、わがままや自分勝手も含まれた欲求の形をとって現れる。それを集団の構成員の一致した要求に高めていくのに不可欠なのが討議である。子どもたちの置かれている条件は子どもによって異なるが、学校内の欲求では一致することが多い。この客観的条件が欲求の統一を可能にし、集団の要求へと昇華する。

子どもが担う行事づくり

子どもたちが楽しみにしている運動会や合唱コンクール、文化祭などの行事を、子どもたちの手で計画・実行させることを行事づくりという。慣例に従って教師主導で行えば楽だが、子どもたちの成長を考えれば、子どもたち自身でその中身と運営方法を考えるべきだ。子どもたちがいきなり全体で話し合うことは困難だから、実行委員を募り、そこで十分討議させることから始める。その際、リーダーとなる子ども（たち）に原案を作成させ、提案させるのである。そこで提出される様々な異論を闘わせ、子どもたちの要求の最大限を引き出していくことは、子どもたち自身が学校の主人公になりゆく過程でもある。社会科見学や修学旅行も同様に、子どもたちの意見を尊重して、子どもたち自身が自律的に運営できるようにすることができる。学校行事は減らされてはいるものの、学級レクリエーションなどの形をとって学級で計画することは、教師の裁量でできることも多い。

民主集中制

集団が単一の目的を持つ運動体である以上、民主的な討議を経たのであれば、その目的のために決定に従って一致した行動が要請される。このことは集団遊びのなかで誰でも体験することである。ルールが気に食わないからといって、ルールに従わなければ、遊びそのものが成り立たない。ルールに従って遊ぶからこそ楽しいのだ。決定したルールに不都合が出てきたり、気に入らなかったりする場合には、ルールの改正を提案して、その提案への支持を多数から得ればよい。

右のことは、①皆で十分討論する、②皆で決める、③決めたことは実行する、という三つの原則から成り立っている。これを**民主集中制**という。この①は、特に重視されなくてはならない。表面的な同意は単なる同調や協調にすぎず、民主的な決定ではない。そのためにも前述した「不利益には黙っていない」ことを、まずもって子どもたちに教えることが求められる（第3章）。

民主的共同体では①は行われているが、②や③については曖昧である。集団は、①と②を行い、発展していけば③を実行できるようになる。学級集団をつくるということは、班づくり・リーダーづくり・討議づくりを通じて、③までができるように集団を鍛えることである。これは一回ではできないから、何回も繰り返すことが必要になる。そしてそのことを通じて、民主的人格を持った人間へと一人ひとりを成長させることを目指す。

この見地からすると、たとえば校則を子どもたちが討議して改廃していくことは、自らの生活ルールを自らが決めていくことであり、子どもたちが自律していくうえで非常に重要な取り組みである。自分たちの手で民主的に規律をつくってそれに従うことは個人への抑圧ではなく、かえって個人の力を十全に発揮させる条件をつくる。

集団の民主的訓練にとって、民主集中制は不可欠の原則である。

集団の発展とその見通し

集団はその指導によって発展していく。それに伴い、集団に対する指導も集団の行く先を見通しながら発展させる必要がある。

たとえば班長というリーダーを選ぶにも、班員を決める様々な方法を意識しつつ、教師による指名から学級推薦や立候補などへと移行していき、より子どもたちの意見が交わされ、それを反映させる方法へと進んでいく道筋を考えておく必要がある。

ただし、その道筋は固定したものではなく、学級や学校、子どもたちのおかれている条件など、様々な要因によって変わり得ることを意識して、柔軟に対応しなくてはならない。一つの経験の絶対化は危険である。

第二節　今日の生活指導の課題

体罰について

学校や学級内には様々な問題が発生する。こうした問題の一つに、いじめや、「学級崩壊」「学校崩壊」と言われる事態があり、多くの教師や学校、親たちを悩ませている。
荒れている状況下では、体罰を用いても押さえつける必要があると考える人も少なくない。教師の権威を体罰に求める意見もあるようだ。

体罰は教育上、有効なのだろうか。

体罰は学校教育法第十一条に「校長及び教員は、教育上必要があると認めるときは、文部科学大臣の定めるところにより、児童、生徒及び学生に懲戒を加えることができる。ただし、体罰を加えることはできない」とされている通り明確に禁じられている。しかし右の条文には罰則規定もなく、学校と家庭に横行しているのが現状である。多少の体罰は言ってもわからないときには必要だと考えたり、部活の体罰は同列に論じるべきではないと考えたりする人も少なくない[*4]。

しかし体罰は身体に対して直接侵害を加える著しい人権侵害行為であって、問題を平和的に解決することを基調とする日本国憲法や、子どもの権利条約の精神に反している。人権尊重意識をこそ学校は育てなくてはならないのに、体罰はそれを教師が真っ向から否定する行為である。実は体罰は、明治の最初から教育法令によって一貫して禁じられてきた[*5]。近代教育は身体にではなく、理性に訴えかけるものである。心理学の研究からも体罰の弊害は指摘されているし、子どもの脳を萎縮させるという研究結果もある[*6]。体罰は往々にして教師への信頼を失わせる。

このように指摘すると、体罰といってもささいな体罰に騒ぎ立てる親がいるから問題が大きくなるのだ、体罰が悪いといってもその定義によるのだ、と言うように考える人もいる[*7]。

体罰の定義については、一九四八年の法務庁の回答「児童懲戒権の限界について」で、「（1）身体に対する侵害を内容とする懲戒―なぐる・けるの類―がこれに該当することはいうまでもないが、さらに（2）被罰者に肉体的苦痛を与えるような懲戒もまたこれに該当する。たとえば端坐・直立等、特定の姿勢を長時間にわたって保持させるというような懲戒は体罰の一種と解せられなければならない」とされている。さらに「しかし、特定の場合が右の（2）の意味の『体罰』に該当するかどうかは、機械的に判定することはできない。たとえば、同じ時間直立させるにしても、教室内の場合と炎天下または寒風中の場合とでは被罰者の身体に対する影響が全くちがうからである。それ故に、当該児童の年齢・健康・場所的及び時間的環境等、種々の条件を考え合わせて肉体的苦痛の有無を判定しなければならない」と言う。右の（1）を**有形力の行使**と言う。

すなわち、程度の問題になるのは有形力の行使ではなく、右の（2）で述べられている被罰者が苦痛を感じるか否かであって、有形力の行使はすべて体罰に該当する。

体罰を行使しないまでも、近年、荒れに対して暴力や暴言によってそれを押さえつけよう、あるいは排除しようとする傾向もある。その否定的側面の一切を許さない「**ゼロ・トレランス**」という非寛容や厳罰主義こそ、子どもたちを正す道だとする風潮も新自由主義の一側面として強くなっている。「**強い指導**」とも呼ばれているものである。

しかし、一九八〇年代の荒れのときの経験からも、暴力に対して暴力で立ち向かえば、より強い暴力が支配することになることは明らかである。[*8] 強面《こわもて》の「指導」で威圧し、「異端」を排除することで表面的な平安を保てたとしても、問題行動を克服して、共同して新しい社会をつくっていくべき子どもたちの間に分断をもたらし、回復不能な亀裂を入れてしまうことになる。排除された子どもたちの力を引き出すこともできなくなる。

学校は子どもの人権が守られ、子どもの権利を行使できる場であることを、子どもたちに示さなければならない。体罰を肯定して学校教育法を意図的に踏みにじる人には教師になる資格はない。

荒れに対してどう指導するか

体罰を用いないで、荒れに対してどのように指導したらよいのだろうか。荒れに対しての指導の要点を考えてみることにしよう。

第一は、親との共同、地域との共同を作り出すことである。子どもの荒れは、社会の問題の反映でもある。とすれば、問題を子どもや学校にとどめておいて解決するはずはないし、再発を止めることはできない。

教師が教師面をして親に説教をすることがまま見受けられる。これでは親の共感を得ることはできない。同じ問題に悩む一人の大人として、その悩みを語り合うといったスタンスのとりかたが望ましい。また、学校にクレームをつけたり、要求を突きつける保護者を「モンスター・ペアレンツ」などと一括して蔑視したり忌避したりする風潮がある。しかしそうした親たちも、実は弱い立場に置かれたストレスを背景にしている場合が少なくないことを認識すべきだ。[*9]

第二に、前述したように、荒れている子どもの現状を受け入れたうえで、一人の人間として尊重することである。そのために、まずその要求をつかむ必要がある。学習に対する要求は、学校が学びの場であるだけに特に大切である。また、自分がかけがえのない存在であることを教えることで、改めて人間らしい感情や理性を取り戻す例も多い。これを**自己肯定感**の回復と呼ぶことができる。

第三に、子ども集団のなかで、身体接触を含む多様な触れ合いを組織することである。小学生の場合などでは、学級で「馬跳び」をやっただけでいじめなどがなくなった事例も報告されている。今日の子どもたちは、遊び場の減少、遊び道具の変化に少子化傾向も加わって、お互いの接触が少なくなっている。そのため、本来遊びのなかから学びとるべきことが学びとられていないことが多い。

第四に、学校のなかの管理主義的なもの、抑圧的なものを再点検していくこととあわせて実践を進めることである。学校で常識とされていることが、学校の外では常識ではない、ということも少なくない。たとえば清掃は子どもたちの仕事になっているが、清掃を子どもたちにやらせている学校は、西欧ではほとんど存在しない。日本でも大学以上では清掃職員が担当する。清掃に限らず、どうしてそうなっているのか、本当にそうしなければならないのか、ということを正面から問うてみよう。

『生徒指導提要』の問題点と子どもの参加

文部科学省は二〇一〇年、**『生徒指導提要』**という冊子を作成した。そこでは体罰について「有形力の行使（目にみえる物理的な力）により行われた行為のすべてが体罰に当たるわけではありません」としている。[*10] 有形力の行使全般を禁じないこの見解は二〇〇七年に文部科学省が出した「問題行動を起こす児童生徒に対する指導について」という通知に基づいている。[*11]

国連子どもの権利委員会が二〇一〇年に出した日本政府報告書に対する審査の最終所見では、「すべての身体罰が禁止されるとしなかった一九八一年の東京高等裁判所のあいまいな判決に留意し、懸念する」としたうえで、「（a）家庭および代替的ケア環境を含むすべての状況において、体罰およびあらゆる形態の品位を傷つける子どもの取扱いを法律によって明示的に禁止すること。（b）すべての状況において体罰の禁止を実効的に実施すること」を強く日本政府に勧告している。二〇一九年に採択された「総括所見」でも、右の最終所見を踏襲したうえで「緊急的措置を求める勧告」と位置づけられた。一九八一年の東京高裁判決を一つの拠り所としている文部科学省のこの通知と、それに基づく『生徒指導提要』の体罰に関する記述は、世界的水準からみた場合論外である。
問題点はこれにとどまらない。同書で生徒指導の定義は「一人一人の児童生徒の個性の伸長を図りながら、同時に社会的な資質や能力・態度を育成し、さらに将来において社会的に自己実現ができるような資質・態度を形成していくための指導・援助であり、個々の児童生徒の自己指導能力の育成を目指すもの」だといい、端的には「児童生徒の社会生活における必要な資質や能力をはぐくむ」ものだとしている。[*12]

この定義には、社会的に必要な資質や能力が定義されず、生徒指導の行われる主たる領域の設定がない。そのため、生徒指導と学習指導は連動し、生徒指導が学習指導の観点から行われることで教師の主導権が前面に出ると、子どもたちの自治を否定するような指導が行われることになりかねない。

また『生徒指導提要』には子どもたち参加の観点が弱い。特に校則に関する記述には、「校則の見直しに当たって、児童会・生徒会、学級会などの場を通じて児童生徒に主体的に考えさせる機会を設けた結果として、児童生徒が自主的に校則を守るようになった事例、その取組が児童生徒に自信を与える契機となり、自主的・自発的な行動につながり、学習面や部活動で成果を上げるようになった事例」があると指摘しているにもかかわらず、これ以上に具体的な事例紹介もなく、その方法も示されない。そのうえこれと逆に「校則の内容の見直しは、最終的には教育に責任を負う校長の権限」だということを強調し、子どもたちの参加する取り組みに水を差す記述になっている。[*13]

生活指導を学校づくりへ

学校のなかで理由のない行動が押しつけられているとすれば、その弊害はきわめて大きい。自分のことを自分で決めることができないこと、外から指示されなくては生きていけないことを身体化してしまうからである。これとは逆に自分たちのことは自分たちで考えて決めていくこと、すなわち子どもの生活の自治が確立されなくてはならない。前述した行事づくりもその一環だが、さらに子どもたちの**参加**を得て、学校を子どもたちの要求を軸に作り替えていくことである。そのためにも、多くの小中学校で活動が停滞している児童会・生徒会などの自治活動の意義を、改めて重視しなくてはならない。

学級の問題の本質は、往々にして学級だけの問題にあるのではない。客観的には広く社会全体の問題の反映であり、同時にその社会のなかで、学校をどのようにしていくのかという問題に密接につながっている。

学級集団づくりに取り組むと同時に、学年や学校の運営に子どもたちが自治的に参加し、自らを学校の主体的存在にしていくことは、**主権者教育**の観点から見ても喫緊の課題である。学校づくりの主人公として子どもたちを位置づける子どもの権利条約の趣旨に照らしても、子どもの参加のある学校づくりの進め方を確立していく必要がある。*14

註

1 集団づくりの方法と技術については、全生研常任委員会『学級集団づくり入門 第二版』明治図書出版、一九七一年など参照。実践記録は雑誌『生活指導』明治図書出版（二〇一二年度以降は、高文研）など参照。

2 藤本卓「子どもの意見表明権と世代の自治」『高校生活指導』一三九号、青木書店、一九九九年冬季号参照。

3 関口武『子どもから企画・提案が生まれる学級』高文研、二〇一五年など参照。

4 親権者の体罰を禁じた「児童虐待防止対策の強化を図るための児童福祉法等の一部を改正する法律」（令和元年六月

二十六日法律第四十六号）等については、本書第15章参照。

5 一八七九年の教育令以降、体罰を少しでも容認した法令は皆無である。それ以前には、体罰関連の規定はない。しかし、江戸時代まで日本の人々はほとんど体罰とは無縁の子育てをしてきた。鎖国前に日本に滞在した外国人や、明治維新前後に日本を訪問した外国人は、揃って体罰を用いない日本の教育の姿を描く。江森一郎『体罰の社会史』新曜社、一九八九年、渡辺京二『逝きし世の面影』平凡社ライブラリー、二〇〇五年など参照。

6 岡山超「子どもの発達と体罰」牧柾名・今橋盛勝編『教師の懲戒と体罰―学校教育と子どもの人権』エイデル研究所、一九八二年参照。友田明美『子どもの脳を傷つける親たち』NHK出版、二〇一七年など参照。

7 広田照幸『日本人のしつけは衰退したか―「教育する家族」のゆくえ』講談社現代新書、一九九九年参照。

8 国立教育研究所校内暴力問題研究会『校内暴力を中心とする少年非行克服への提言』学事出版、一九八四年は、管理主義的な生徒指導が荒れの背景にあることを指摘していた。

9 小野田正利『親はモンスターじゃない！―イチャモンはつながるチャンスだ』学事出版、二〇〇八年など参照。

10 文部科学省『生徒指導提要』教育図書、二〇一〇年、一九五頁。『生徒指導提要』は、『学習指導要領』などと同様に、文部科学省のホームページからダウンロードできる。

11 文部科学省初等中等局長発・各都道府県教育委員会教育長など宛「問題行動を起こす児童生徒に対する指導について（通知）」（一八文科初第一〇一九号）、二〇〇七（平成一九）年二月五日。

12 文部科学省、前掲書、前者の引用は五頁、後者の引用は四頁（コラム）。

13 文部科学省、前掲書、二〇五頁。

14 開かれた学校づくり、子どもたちの参加については、宮下与兵衛・浦野東洋一『学校を変える生徒たち―三者協議会が根づく長野県辰野高校』かもがわ出版、二〇〇四年、小池由美子『学校評価と四者協議会―草加東高校の開かれた学校づくり』同時代社、二〇一一年などの実践例を参照のこと。主権者教育については、宮下与兵衛『高校生の参加と共同による主権者教育』かもがわ出版、二〇一六年など参照。

第5章
進路指導の歴史

伊東　毅

キーワード

職業指導　職業・家庭　技術・家庭　職業高校　専門高校　進学指導　進路指導　進路指導主事　特別教育活動　特別活動　学級活動　ホームルーム活動　偏差値　業者テスト　輪切り進路指導　フリーター　ニート　キャリア教育

要　約

20世紀初頭、アメリカで学校における職業指導が誕生する。戦後になり、日本の学校でも「職業」や「職業・家庭」といった教科でまずは職業指導が展開される。高校進学率の上昇に伴い、中学校での指導が進学指導に傾斜していく。職業指導という表現が実態と離れてきたため、進学指導をもカバーできる進路指導という表現が用いられるようになる。偏差値を用いた進学指導が一般化するとともに業者テスト問題などが生じ、教育行政は対応に追われることになる。バブルがはじけ、若年層の就業問題が顕在化する。文部科学省はキャリア教育という表現を用い、学校での進路指導に本腰を入れる。

「進路指導」という言葉に代わって「キャリア教育」という言葉が学校で使われだしてから二〇年近く経つ。キャリアという言葉もはじめのうちは、キャリア官僚などを真っ先に想起させしっくりこなかったが、次第に違和感なく使用されるようになってきた。だが、それは以前に使われていた「職業指導」や「進路指導」とどう違うのか。ただ、カタカナを使い、これまでの職業指導・進路指導を単に強調しなおしているだけではないのか。そう感じている方も多いのではないだろうか。職業指導・進路指導・キャリア教育は、それぞれどう違うのか。移り変わりの意味はどこにあるのか。まずは、歴史をたどりながら確認してみよう。

第一節　学校における職業指導の誕生

近代学校における進路指導のはじまりをたどれば、二〇世紀初頭のアメリカのボストン市にその端緒を求めることができる。なぜ、ヨーロッパではなくアメリカなのであろうか。それは次のような理由からである。

それまでヨーロッパは変化の兆しはあれど、まだまだ階級社会であった。どの階級に生まれるかによって将来の職業は決まっていた。すなわち、職業選択の自由がなかった。こうしたなかでは、本人と適職を結び付けるための職業指導や本人の希望をかなえるための進路指導などが必要とされるはずがない。ヨーロッパの階級性を抜け出し、新天地を求めてアメリカにやってきた人たちは、自ら職業を選ぶことができるようになった。この職業選択の自由という基盤があってこそ、職業指導や進路指導が意味をなす。というわけで、まずは「職業指導」という形でアメリカの学校に登場し普及する。

より具体的に記すと次のようになる。当時、アメリカではヨーロッパなどからの移民であふれかえっており、みな職を探して右往左往していた。また、農業、水産業、林業などの第一次産業で働く人口が減少し、工業分野の第二次産業で働く者が激増する産業構造の転換期でもあった。しかし、若者たちの職探しは場当たり的で、せっかく職に就けても離転職が繰り返され、スムーズに定職に就ける者が少なかった。このような状況を目の当たりにした**フランク・パーソンズ**（Frank Parsons、一八五四〜一九〇八）は、合理的な職業指導が展開されれば、若者たちの就職問題は緩和されるに違いないし、それは同時に雇用者にとっても、その職種に適した人材の獲得やコスト面において少なからぬメリットがあるだろうと考えた。

そこで一九〇八（明治四一）年、パーソンズは、ボストン市に世界で最初の職業指導相談機関である職業局（Vocational Bureau）を開設した。より合理的にこの職業指導をするには、この機能を学校に導入することがよいのではないかとパーソンズは考えていた。ところが、その思いを実現させようとした矢先に、彼は亡くなってしまう。彼の思いを継いだボストン市教育局の人たちが、一九〇九（明治四二）年にその職業教育を学校教育に導入しはじめるが、これがアメリカのみならず、今日の日本の学校教育にまで通じる職業指導・進路指導の原型となった。こうした二〇世紀初頭のアメリカにおける職業指導運動（Vocational Guidance Movement、「ガイダンス運動」と略称されることもある）の中心で尽力したパーソンズは、その後「職業指導の創始者」と呼ばれるようになる。

第二節　日本の学校における職業指導と進路指導

戦前の職業指導

日本での職業指導の導入については、一九一五（大正四）年に東京帝国大学教授の入澤宗寿《いりさわむねとし》（一八八五〜一九四五）

が「vocational guidance」を「職業指導」と訳出し、アメリカの職業指導運動を体系的に紹介したことが大きなきっかけとなる。まずは民間で一、二の職業相談が試みられるが、そのあと一九二〇（大正九）年に大阪市立少年職業相談所が設立され、これが日本初の公立の職業指導専門機関となる。学校での先駆的な試みとしては、一九二二（大正一一）年に東京市赤坂高等小学校で行われた職業教育をあげることができる。以来、小学校での実践が散見されるようになる。

文部省も職業指導講習会を開催し、啓蒙活動を開始した。文部省は職業指導を正式に学校教育に導入することを決め、一九二七（昭和二）年に「児童生徒ノ個性尊重及職業指導ニ関スル件[*1]」（昭和二年十一月二十五日文部省訓令第二十号）と題する訓令を出す。この訓令をもって、わが国の学校職業指導の出発点とするのが一般的である。[*2]この訓令では、個性に基づいて職業や上級学校の選択をするように指導することが指示されていた。しかし、その後戦時体制に入っていくと、職業指導は国家主義的色彩を強く帯びるようになる。個性を生かし自ら選択するという視点は後景に退き、国民は能力により国家に徴用されるものという発想のもとで職業指導が展開されることになる。

戦後第一期―職業指導の時代（一九四七〜一九五七[*3]）

個性と自らの選択を尊重する職業指導が戦前も多少はみられたが、戦後、アメリカの影響下で改めてそうした教育が学校に導入されることになる。戦前の進路指導はもっぱら職業指導という言葉を用いて展開されていたが、戦後も同様に**職業指導**という言葉とともに始まる。現在では、私たちは「進路指導」という言葉を聞いても教科をイメージすることはないが、戦後まもなくは、中学校でも「**職業**（農業、商業、水産、工業、家庭）」や「**職業・家庭**」という教科が必修として存在していたし、また、このほかにも選択教科として農業、工業、商業、水産などが一九六九（昭和四四）年の学習指導要領まで置かれていた。現在の進路指導に相当する職業指導は、これらの教科を中心として行われていた。ホームルームにおける指導や個別のカウンセリングはこれを補う形で存在した。また、一九五三（昭和二八）年に、「学校教育法施行規則の一部を改正する省令」（文部省令第二十五号）において、職業指導主事が制度化されるに至った。

戦後第二期—進路指導の時代（一九五八〜二〇〇三）

転機は一九五七（昭和三二）年に訪れる。同年、中央教育審議会が「科学技術教育の振興方策について」[*4]（第一四回答申）という答申を出すが、これに「高等学校および中学校においては、進路指導をいっそう強化すること」という文言が登場する。職業指導という言葉に代わって、はじめて「進路指導」という言葉が使用されることになる。この答申以降、進路指導という言葉が学校教育で常用されるようになり、職業指導という言葉は、主に**職業高校**（現在では、こうした職業教育を施す高校を「**専門高校**」という）などで限定的に使用されることになる。

こうした用語の変更の背景には、進学率の上昇に伴って、特に中学校では**進学指導**が中心となってきたため、職業指導という言葉と実態との間にずれが生じてきたことなどがある。**進路指導**の定義は「生徒の個人資料、進路情報、啓発的経験および相談を通じて、生徒みずから、将来の進路の選択、計画をし、就職または進学して、さらにその後の生活によりよく適応し、進歩する能力を伸長するように、教師が組織的・継続的に援助する過程である」[*5]とされた。一九七一（昭和四六）年には、文部省令により先に触れた職業指導主事が**進路指導主事**となった。

一九五八（昭和三三）年の「学校教育法施行規則の一部を改正する省令」（文部省令第二十五号）により、中学校では「職業・家庭」が廃止され、「**技術・家庭**」が新設されることになった。これに伴い、同年、中学校学習指導要領が改訂され、これまで教科のなかで主に展開されていた職業指導は、進路指導と名称を変えて**特別教育活動**（のちに**特別活動**）の領域で主に担われることになる。学習指導要領上では、中学校では**学級活動**、高校では**ホームルーム活動**であるが、進路指導はこうした学活やロングホームルームの時間などに割り当てられることになる。また一方で、三者面談などで具体的な進学先などについて話し合われるようになり、進学競争が過熱するにしたがって各家庭での重大関心事になってくる。そのためむしろ、こうした進学指導が進路指導の中心として意識されるようになる。

　戦後の混乱期を脱出すると、高校に子どもを進学させることのできる家庭が増えてきた。そこで、高校浪人問題がクローズアップされた。一九六〇年代には、それが高校全入運動となってあらわれ、一九七〇年代前半には高校進学率が九〇％を超える。こうしたなかで、自分の学級から受験失敗者を出したくないという思いから、一九五七（昭和三二）年、中学校教諭の桑《くわ》田《た》昭三《しょうぞう》が、合理的な進学指導のツールとして、統計的手法として用いられる**偏差値**を進学指導に採り入れた。これが、瞬く間に全国に広がり、進路指導に大きな影響力を持つようになる。受験産業もいち早くこの偏差値を導入し、模擬試験とセットにすることで業界は活況を呈する。

　やがて、この業者による模擬試験とこれに付随する偏差値が学校を侵蝕する事態となった。学校を会場にして教員に試験監督を代行させる、いわゆる「**業者テスト**」が蔓延する。私立高校のなかには、この業者テストの点数で合格を確約するところまで出てきた。子も親も教員も業者テストや偏差値に振り回され、将来の職業をじっくり考える余裕をなくしてしまった。偏差値で生徒の学力レベルを区切り、合格可能圏内にある高校を割り当てる指導が実質的な進路指導となり、「**輪切り進路指導**」と揶揄されたりもした。家が農家でそれを継ぐために農業高校を希望する、物をつくる仕事に就きたいので工業高校を希望する、商売をしたり営業職に就きたいので商業高校を希望するといった選択が必ずしもなされない。入学難易度によって、学区のなかで名門校といわれるトップ進学校から順に各校が序列づけられ、生徒たちは偏差値順にそこに割り当てられることになった。

「生徒みずから、将来の進路の選択、計画をし、……」という進路指導の本来のあり方からはずれているという批判は簡単にできよう。しかし、当時の職業のあり方と学校教育の接続様式を考慮に入れれば、こうした指導がなされる必然性もあった。戦後、普通科高校のみならず、商業高校・工業高校・農業高校など多様な職業高校を用意した背景には、様々な専門能力を身につけた者がそれぞれの分野で活躍するであろうという図式が想定されており、いわゆる多元的能力主義に基づいて学校を構成すれば、このことが機能すると考えられていた。もちろん、多様な能力が社会で必要とされることは事実だが、実際にはそうした多様な能力（多元的能力）を学校が育成することを社会は求めなかったのである。

商社にしてもメーカーにしても、体力に余力があり終身雇用が一般的であった一九八〇年代までの企業は、社内教育を通じて仕事のノウハウや技術、その他必要なことを社員に身につけさせていた。学校での専門技術・知識の習得を求めなかったばかりか、学校で余分な色をつけてもらいたくないと思っていた企業も少なくなかった。企業が学校に求めた人材は、一般的学力を有し可塑性が高く、社内教育に耐え成長し得る者、ないしは高い学力を獲得し得ただけの忍耐力を持つ者であった。すなわち、企業一般が学校教育に求めたものは、多元的能力の育成ではなく、こうした一元的能力（一般的学力）の育成であった。したがって、どんな職種であっても、その職種と整合的な内容を習得できる学校で学ぶ者よりも、偏差値ランクの高い学校で学ぶ者の方が就職に有利になったのである。輪切り進路指導はこうした実態に適合していたといえる。結果として、教育政策意図に反して高校の多様化は高校の序列化を推し進めることになってしまった。*6

偏差値という発想自体は、必ずしも否定されるものではなく、その有用性が認められればこそ、大きな影響力を持つに至ったといえる。しかし、業者テストと絡みながら用いられて、ある種の弊害を引き起こしたことも否定できない。業者テストで内定を出す私学もあったことをも加味すると、偏差値の意味の重さは、単なる模擬試験の結果であり、参考資料にすぎないというレベルをはるかに超えていた。にもかかわらず、各校が試験会場となる模擬試験では、学校によって試験日が異なっていたり、試験問題が事前に教師たちの目に触れたりと、かなりずさんな実施方法がとられていた。試験日が異なれば当然、試験内容は日程の遅い学校の生徒に伝わってくるであろうし、自校の生徒を有利にと思う教師たちが事前に模擬試験の試験問題を目にすれば、問題をそのまま教えないまでも類似の問題で練習させたりすることが起こり得ることは容易に想像できる。

こうした問題に対して文部省は、一九九三（平成五）年に「高等学校入学者選抜について[*7]」（文初高第二四三号）と題する文部事務次官通知を出し、業者テストやそれに連動する偏差値の使用を全面禁止する徹底した措置を講じた。

第三節　キャリア教育の登場

戦後第三期—キャリア教育の時代（二〇〇四〜現在）

進路指導におけるもう一つの大きな転機は、二〇〇四（平成一六）年にあったとされる。

昨今よく耳にする「キャリア教育」という言葉が文部（科学）省関連の政策文書にはじめて登場したのが、一九九九（平成一一）年の中央教育審議会答申「初等中等教育と高等教育との接続の改善について[*8]」においてである。答申の記述でこのキャリア教育という言葉が示される直前に「新規学卒者のフリーター志向が広がり、高等学校卒業者では、進学も就職もしていないことが明らかな者の占める割合が約九%に達し、また、新規学卒者の就職後三年以内の離職も、労働省の調査によれば、新規高卒者で約四七%、新規大卒者で約三二%に達している。」という時代認識が示されている。今ではここにある「**フリーター**」に加え、「**ニート**」という表現も多用されるようになったが、職業と若者たちの関係に見過ごすことのできない大きな変化があらわれ、その対策としてキャリア教育が登場するという図式である。

キャリア教育が「望ましい職業観・勤労観及び職業に関する知識や技能を身に付けさせるとともに、自己の個性を理解し、主体的に進路を選択する能力・態度を育てる教育」と定義されたこの答申を契機に、文部（科学）省は精力的にキャリア教育政策を推進する（その後、二〇一一（平成二三）年の中央教育審議会「今後の学校におけるキャリア教育・職業教育の在り方について（答申）」で「一人一人の社会的・職業的自立に向け、必要な基盤となる能力や態度を育てることを通して、キャリア発達を促す教育」と定義しなおされている）。二〇〇〇（平成一二）年に「キャリア体験等進路指導改善事業」開始。二〇〇一（平成一三）年に「キャリア教育実践モデル地域指定事業」開始。二〇〇三（平成一五）年に「キャリア教育総合計画」策定。そして、二〇〇四（平成一六）年に、それまでのキャリア教育政策を総括するような形で「キャリア教育の推進に関する総合的調査研究協力者会議」が最終報告を提出している。これを契機に、キャリア教育が全国展開されていったが、この様相をとらえて「二〇〇四年はキャリア教育元年」と言われるようになった。

右にキャリア教育の定義をみたが、前節でみた進路指導の定義も生徒の主体性が強調されており、大差ないように思われる。では、なぜ「キャリア教育」という用語をわざわざあてがい、これを際立たせるような形で精力的に政策展開していく必要があったのか。

この問いに答えるには、反対に、二〇世紀の間はいろいろな試みがあったとしても、なぜ進路指導が目立つ形で展開されてこなかったのかということを考えてみればよい。それは、先に触れたように日本の企業に余力があり、企業内で必要とされる実務能力や技術の養成は企業内教育で行うという慣行が機能していたからである。したがって、学校は一元的能力主義に支配され、結果として実際に職場で必要とされる能力や技術、そして態度を躍起になって身につけさせる必要はなかった。売り手市場が続くなかでは、輪切り進路指導であっても、それ相応の職が学校歴に合わせて用意されていた。こうした状況下では、進学指導はともかく、職への指導としての進路指導が形骸化してしまったのも仕方のないことではあった。

ところが、二〇世紀末、一九九〇年代にいわゆるバブルがはじけ、日本経済が暗転する。企業に余力がなくなり、企業内教育で人材を育成するなどと悠長なことを言ってはいられなくなった。それなりの実質的な能力・技術を有する者を雇い、すぐに活躍してもらわなければ経営に支障が生じる。「即戦力を求む！」というフレーズがいたるところで見られるようになったのも、こうした事情と関係している。しかも、この間の景気の後退は、企業内教育を切り詰めれば足りるといった程度では全くすまなかった。「リストラ」という言葉は小学生でも知るところとなり、大幅な人員整理が不可避となる企業がいくつも出てくる。同時に、日本型雇用といわれた年功序列の終身雇用が大きく崩れてしまう。新卒採用も極力減らし、正社員を最低限に抑え、不足分をコストの安い派遣社員やアルバイトで補うことになる。その結果、正規雇用に至らない若者たちで巷があふれかえることとなった。

こうした事態に直面して、文部科学省が若年雇用対策としての進路指導に本腰を入れはじめたのである。それこそが、キャリア教育に他ならない。文部科学省が若者の就職ということを具体的に視野に入れて進路指導政策を打ち出したのは、はじめてではなかろうか。文部科学省は、同時期、厚生労働省、経済産業省と協力し、そこに経済財政政策担当大臣（正確には「内閣府特命担当大臣（経済財政政策担当）」）も加わる形で若者自立・挑戦戦略会議を立ち上げ、「若者自立・挑戦プラン」[*9]をつくり、発表するなどもした。そして、同会議は、これを推進・具体化するための方策を次々と打ち出していったのである。縦割り行政などとよく批判されるが、省庁の壁を乗り越えて政策展開しようとする文部科学省の姿勢は、同省のキャリア教育への力の入れ具合をよく示している。

生徒を中心に据えた進路指導を

進路指導の理念は、確かに、その定義を見ると生徒個人を中心に据えた教育的な働きかけということになっている。しかし、偏差値輪切り指導などと揶揄された極端な「出口指導」のイメージが拡大するにつけ、進路指導の名のもとで教師が偏差値を用いて生徒を機械的に割り振っているように映る。学校はあたかも、単なる人材配分機関であるかのようである。生徒の意向はどこまで反映されているのであろうか。はたして、今世紀になって学校に登場してきた「キャリア教育」は生徒個人にどれだけ重きを置いたものになっているだろうか。「第7章　キャリア教育の理念・実態・課題」で詳しく論じているので、併せてお読みいただきたい。

註

1　同訓令は文部科学省のホームページでも参照することができる。http://www.mext.go.jp/b_menu/hakusho/html/others/detail/1317978.htm（二〇一九年八月二三日閲覧）。

2　吉田辰雄・篠翰『進路指導・キャリア教育の理論と実践』日本文化科学社、二〇〇七年、一二頁。

3　前掲書、一五～一九頁。本節の戦後の進路指導上の時代区分については、吉田辰雄の見解に従っている。

4　同答申は文部科学省のホームページでも参照することができる。http://www.mext.go.jp/b_menu/shingi/old_chukyo/old_chukyo_index/toushin/1309464.htm（二〇一九年八月二三日閲覧）。

5　文部省『中学校・高等学校進路指導の手引―中学校学級担任編』日本職業指導協会、一九六一年、一頁。

6　こうした学校と企業との接続の問題については、乾彰夫『日本の教育と企業社会』大月書店、一九九〇年に詳しい。

7　同通知は文部科学省のホームページでも参照することができる。http://www.mext.go.jp/a_menu/shotou/kaikaku/04120702/001.htm（二〇一九年八月二三日閲覧）。

8　同答申は文部科学省のホームページでも参照することができる。http://www.mext.go.jp/b_menu/shingi/chuuou/toushin/991201.htm（二〇一九年八月二三日閲覧）。

9　同プランは文部科学省のホームページでも参照することができる。http://www.mext.go.jp/a_menu/ikusei/wakamono/index.htm（二〇一九年八月二三日閲覧）。

第6章
進路指導の理論

伊東　毅

キーワード

特性—因子理論　マッチング理論　職業適性検査　人格理論　発達理論　意思決定理論　ライフ・キャリアの虹　キャリア・アンカー　ハプンスタンス・アプローチ

要　約

進路指導理論のオーソドックスなものとしてはマッチング理論がある。個人の持つ適性とそれを必要とする職業を結びつけようとする特性—因子理論や、人柄・性格などのようなその人の人格とそれに適した職業とを結びつけようとする人格理論などがこれに含まれる。人が職業を選択していく過程を分析・記述した発達理論といわれるものもある。キャリア教育導入時に文部科学省が多用したスーパーのライフ・キャリアの虹などがこれと関係している。その他にもキャリア・アンカーやハプンスタンス・アプローチなどを紹介しており、アクティブ・ラーニングとしても活用してほしい。自分を見つめ直したり、将来のキャリアを考えるきっかけになるかもしれない。

具体的な指導場面で進路指導に関する諸理論がどれだけ教師たちに意識されてきたかということでいえば、あまり意識されてこなかったというのが実情ではなかろうか。特に、職業教育を施す専門高校などで教師の世話で就職させるといった場面では（こうしたことが職業指導・進路指導の中心と考える者も少なくない）、進路指導理論といったものが介在する余地がない。しかし、第5章で進路指導の始まりをみたように、職業指導の創始者と呼ばれるパーソンズは、人と職業とを合理的につなごうとして実践を開始したのである。そこには、のちの進路指導に大きく影響を与える特性―因子理論が厳として存在した。ここでは、こうした進路指導に関する理論をいくつか取り上げ、紹介してみたい。実際にアクティブ・ラーニングとして授業で使えるものも取り上げようと思うので、ぜひ活用してみてほしい。

第一節　マッチング理論

特性―因子理論

まず、**特性―因子理論**であるが、個人の持つ適性や興味といったものを一方で把握し、また一方でそれぞれの職業が求める能力や資質といったものを確認したうえで、個人に適する職業を勧めるというものである。たとえば、この生徒は手先が器用だ。美容師には手先の器用さが必要とされる。したがって、この生徒には美容師になることを勧めよう。また、こちらの生徒は計算が得意だ。経理の仕事をするには正確で素早い計算が必要とされる。したがって、こちらの生徒には経理の仕事に就くことを勧めよう……、といった具合にである。

このように個人と職業を合致（マッチ）させようとするところから、特性―因子理論は**マッチング理論**などとも呼ばれる。特性―因子理論を唱える者には、パーソンズの他にエドムント・グリフィス・ウィリアムソン（Edmund Griffith Williamson、一九〇〇～一九七九）やジョージ・エドムント・マイヤーズ（George Edmund Myers、一八九二～一九五二）らがいる。マッチングという発想から、**職業適性検査**などが開発され、活用されることになる。

人格理論

同じく、個人と職業をマッチングさせるものであるが、手先が器用であるとか、計算が得意であるといった個人の具体的な特徴で判断するのではなく、人柄や性格などのようなその人の人格とそれに適した職業とを結びつける**人格理論**といわれるものもある。人格理論を唱える者は、アン・ロー（Ann Roe、一九〇四～一九九一）、エドワード・S・ボールディン（Edward S. Bordin、一九一三～一九九二）など複数いるが、ここではジョン・ルイス・ホランド（John Lewis Holland、一九一九～二〇〇八）の理論を見てみよう。

結論部分を端的に示すものとして図表1を見てほしい。五列からなる表の中程三列の項目が興味、能力、人柄となっているが、そこに書かれている特徴を参照し、左端の列にあるタイプのどれに自分が相当するかをまず判断する。自分がどのタイプであるかを見極めたら、真横にスライドし、右端の列の職業例欄を見る。すると、そこに自分に適する職種が記載されているというものである。

たとえば、筆者はおしゃべりで人と話をするのが好きで、また、実は表に出さないようにしているが、権威主義的なところがあって他人をコントロールしたいという欲求をもっている。表の興味・能力・人柄欄を参照し、自分のタイプを判断すると、筆者の場合は、社会型か企業型、どちらかといえば企業型だといえよう。すると筆者に適している職種はというと、企業型の職業例欄には、管理職・政治家・企業経営者・重役・セールスマン・弁護士など、とある。管理職や重役といった役職は希望してなれるものではないから、可能性のある職種はセールスマンということになろうか。

続いて、ホランドの六角形モデル（図表2）を見てほしい。自分のタイプが企業型だとしたら、企業型に含まれる職種に就くことができればそれに越したことはないが、そうはいかないときがある。その場合、どうすればよいのか。そこで参照してほしいのが、このホランドの六角形モデルである。最適とはいわないまでも、自分のタイプに近いほど相性がよいとされ、反対に遠いほど相性が悪く、不適

図表1　人格型の特徴

タイプ	興味	能力	人柄	職業例
現実型（realistic type）	機械や物を対象とする実際的な活動や仕事を好む	機械を操作したり、物をつくる能力に恵まれている	現実的でねばり強く、ひかえ目で落ちついている	電気技師、運転手、農業従事者、工員など
研究型（investigative type）	研究や調査などの研究的・探索的仕事を好む	論理的思考力や数理的能力に恵まれている	分析的で独立心が強く、知的できちょう面で内向的である	物理学者、人類学者、生物学者、化学者など研究者一般、医師
芸術型（artistic type）	音楽、美術、文芸などを対象とする芸術的領域の仕事を好む	音楽、美術、文芸関係の能力をもち、想像力に恵まれている	繊細で感受性に富み、規則・習慣よりも独創性を重視する	音楽家、俳優・歌手、映画監督、作家、画家など
社会型（social type）	人と直接接触したり、人に奉仕したりする仕事を好む	対人接触的・社交的能力をもち、洞察力に富む	協力的で責任感があって、社交的で思いやりがある	福祉担当者、カウンセラー、セラピスト、教師など
企業型（enterprising type）	新しい事業を企画したり、組織を運営したりする仕事を好む	指導力、説得力、表現力に恵まれている	野心的・支配的であり、話好きの自信家で社交的である	管理職、政治家、企業経営者、重役、セールスマン、弁護士など
慣習型（conventional type）	定型的で規則に従って行う活動や反復的な仕事を好む	書記的・事務処理的能力に恵まれている	協調的で自制心が強く、きちょう面でねばり強い	事務員、税理士、銀行家、秘書など

有本章／近藤大生編『現代の職業と教育―職業指導論』福村出版、1991 年、34 頁より

合を起こす可能性が高くなるという。

　先に見たように、筆者は企業型であった。セールスマンが適職なのであるが、セールスマンにならないとしたら、六角形の企業型の両脇にある社会型または慣習型にある職種であればまだ相性は悪くない。すなわち、社会型に属する教師であったり、慣習型に属する事務員であったりすれば、筆者が就く職種としては悪くはないのである。

　ところが、対角線上の先にある研究型に属する職種に就いてしまったりすると不適合を起こし、仕事において充実した人生を歩むことが難しくなってしまう。ちなみに、筆者は今大学教授として働いているが、大学の教員は教育者であると同時に研究者でもある。企業型の人間は研究型の職種と最も相性が悪いとすると、筆者は最も自分に適さない仕事に就いてしまっていることになる。ホランドの人格理論で自己分析してみると、少し複雑な気持ちになってしまう。

　なお、こうしたものを学級活動やホームルーム活動の時間で実施するときは、表や図の見方を教えて生徒自身にやらせてみるというスタンスで臨んでほしい。教師が、生徒の将来の職業

図表２　ホランドの六角形モデル

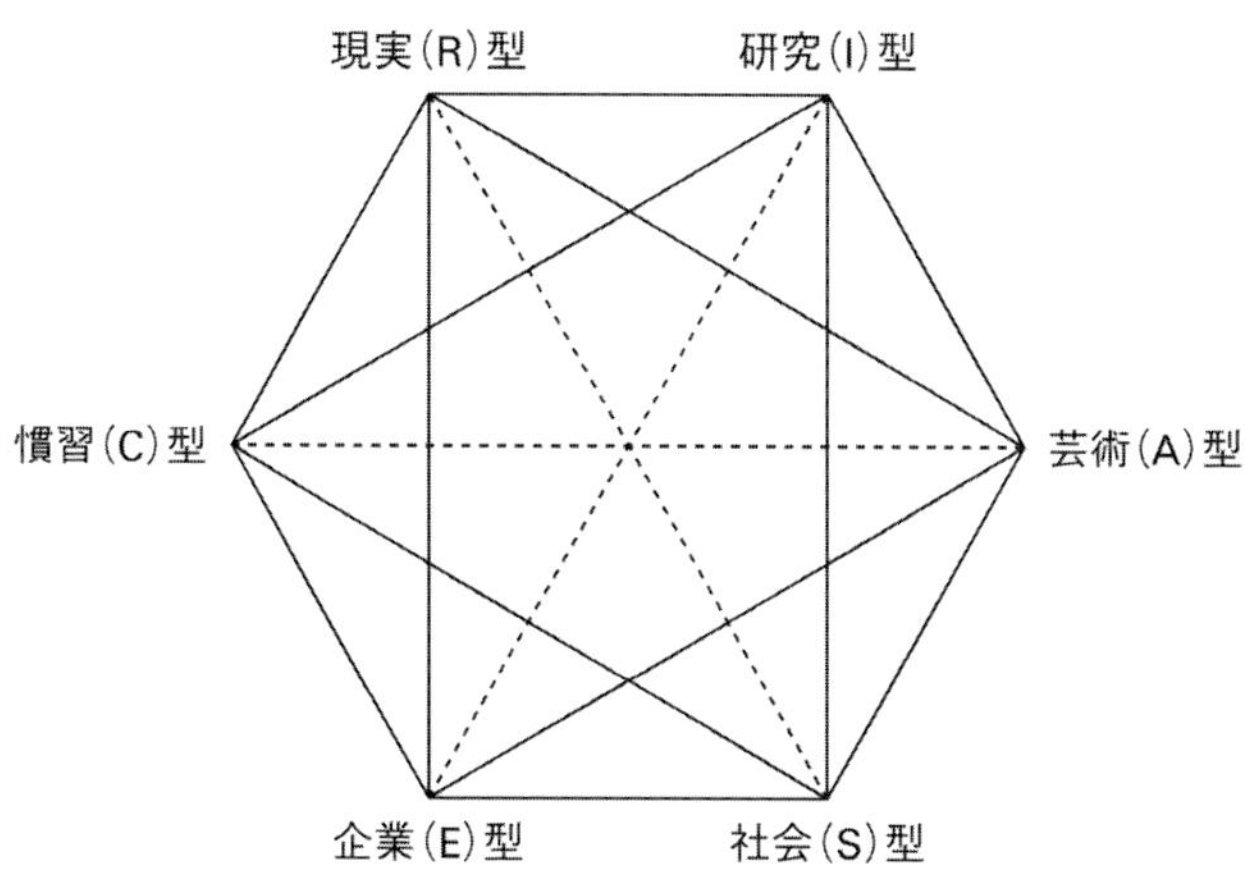

有本章／近藤大生編『現代の職業と教育―職業指導論』福村出版、1991 年、35 頁より

を指示するような場面はつくらないほうがよい。「こういう興味深い理論もあり、紹介するから、ぜひ各自でやってみてください。参考までにということなので、自分の希望と違うことが書いてあったとしても、あまり気にしないように」とでも付け加えたうえで始めるくらいが望ましい。

第二節　発達理論

何か特定の職種を勧めることにつながる進路指導の具体的実践には必ずしも接続するものではないが、人が職業を選択していく過程を分析・記述した発達理論といわれるものもある。**発達理論**では、エリ・ギンズバーグ（Eli Ginzberg、一九一一～二〇〇二）、ドナルド・エドウィン・スーパー（Donald Edwin Super、一九一〇～一九九四）、ジョン・オーア・クライツ（John Orr Crites、一九二八～二〇〇七）らが有名であるが、スーパーやクライツの理論は、ギンズバーグの理論を発展させたものであり、ここでは元になるギンズバーグの理論を紹介する。

ギンズバーグは、人が将来の職業を思い描き、そして実際に職に就いていく過程には三つの段階があるという。第一段階が一一歳未満の空想期（fantasy period）、第二段階が一一歳～一八歳頃の暫定期（tentative period）、第三段階が一八歳頃～二四歳頃の現実期（realistic period）である。空想期に「大人になったら何になるの？」と聞かれると、可能性など無視して憧れの職業を答える。暫定期になると、さすがに「お姫様になる！」というような夢想は姿を消すが、それでも現実との調整ははじまったばかりであり、この期に実際に職を得る者は限られているため、深刻な葛藤を経験する者は少ない。現実期には実際に就職活動をし、職に就くことになる。したがって、この期には自分の希望と現実との折り合いをつけなくてはならない。深刻な葛藤を経験する者も少なくないだろう。ギンズバーグは、最後は「職業選択は、個人的要因（興味・能力・価値観）と現実的要因（雇用機会）との妥協（compromise）で終結する」[*1]とまとめている。

興味深いことに、ギンズバーグは、職業選択の過程は非可逆的であると言っている。これは各段階を逆行するような形で進路選択がなされることはない。すなわち、進路選択において、人は徐々に現実的な判断が下せるようになるのであり、いつまでも夢を見ていたり、ましてや、その結果として現実から乖離してしまうことはない、ということである。

さて、果たしておよそ現実期に美大で学ぶ皆さんは、発達理論に接していかなる感想を持っただろうか。特にファインアートを学ぶ皆さんは現実と折り合いをつけるべく、どのように葛藤しているのであろうか。美術に携わりながら生きるという進路選択のなかに、「教員」という現実的な選択肢を見出している方も多いのではないか。その一方で、全員に推奨できることではないが、あえて発達理論に逆らい、ますます夢を膨らませる者が出てくるくらいでないと、この分野が魅力的にならないのではないかと無責任に思ったりもする。ただ、他大学のキャンパスがリクルートスーツを着た学生たちで活況を呈する就職活動の季節に、わが武蔵野美術大学のキャンパスにあまりにも穏やかな時間が流れているのを不安に思うときがしばしばあるのも事実である。

ギンズバーグの理論の紹介は以上であるが、発達理論ということでいえば、キャリア教育の推進時にしきりに文部科学省関係の資料で使われるようになったのが、本節冒頭で紹介した人物のなかの一人であるスーパーが作成した**ライフ・キャリアの虹**（Life Career Rainbow）である。図表3として掲載したので見てほしい。

親の子どもとして生きていく自分、学校に通う児童・生徒・学生として生きていく自分、余暇を楽しむ自分、選挙権を持ち市民として社会に参画していく自分、労働者として企業等で職務を果たし生活の糧を得ていく自分、結婚するなどして家庭を築き夫・妻・父・母などの役割を引き受けながら生きていく自分、その他の様々な役割を含め、人生には多様な側面があることをこの図は示している。文部科学省は、「キャリア」という概念を持ち出す際、職業を中心としながらも、それだけではない人生の歩み方全般を示す概念であることを繰り返し強調した。このスーパーのライフ・キャリアの虹はまさにキャリア概念の多様性を視覚化するのに適していたのだろう。

第三節　その他の理論

キャリア・アンカー

「キャリア・アンカー」という概念をつくりだし、議論を展開したのはアメリカの心理学者エドガー・ヘンリー・シャイン（Edgar Henry Schein、一九二八〜）である。キャリア・アンカーのアンカーとは、船の錨のことで、船が波にさらわれないよう、海底に固定する役目を果たす。船が波に揺られるのは鎖の長さの分だけである。ある人が人生を歩むとき、世

図表3　ライフ・キャリアの虹

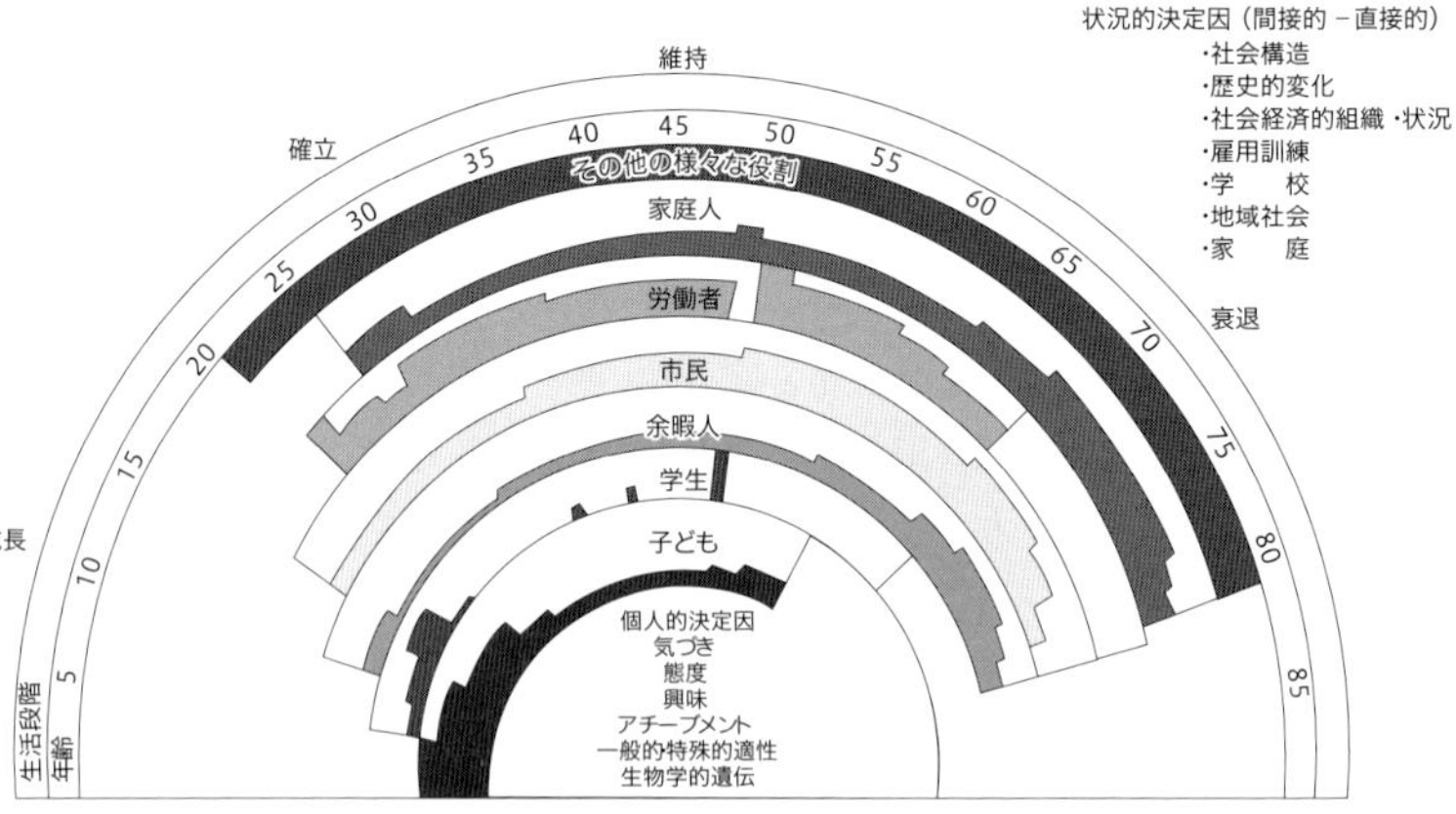

— ある男のライフ・キャリア —

「22 歳で大学を卒業し、すぐに就職。26 歳で結婚して、27 歳で 1 児の父親となる。47 歳の時に 1 年間社外研修。57 歳で両親を失い、67 歳で退職。78 歳の時妻を失い 81 歳で生涯を終えた。」D.E. スーパーはこのようなライフ・キャリアを概念図化した。

文部省『中学校・高等学校進路指導資料第 1 分冊』1992 年より

間の荒波にもまれようとも、つなぎ止めてくれる拠りどころ、すなわち、その人が大切にしているもの、譲れないもの、変わらぬ性質を示す概念が、**キャリア・アンカー**である。自らのキャリア・アンカーを判定するシートを図表4として提示するので、試してみてほしい。そして、自分の特徴を押さえたうえで、それを大切にしながら自分を生かせる生き方というものを考えてほしい。*[2]

ハプンスタンス・アプローチ

「**ハプンスタンス・アプローチ**」（直訳すれば「偶然の出来事を活用するやり方」）とは、ジョン・クランボルツ（John D. Krumboltz、一九二八～二〇一九）が提唱した理論である。何とも奇妙な名前の理論であるが、意思決定理論の分野で活躍してきたクランボルツが後年たどり着いた理論である。**意思決定理論**とは、本人の適性というよりも、どんな仕事をしたいかという意思を尊重し、その目標を達成するためには何をすればよいのかということを中心に議論を進めるものである。

だが、計画通りに事が進み、目標にたどり着くことができる者は少ない。実際には、たまたま所属する学校の掲示板にのちに就職することになる会社の求人広告が貼ってあったとか、たまたま出会った人がのちに就職することになる会社の人で、その人に仲介してもらって就職したなどのように、偶然に左右されて勤め先が決定されていくことが多い。であるなら、好ましい偶然を起こしやすくすることが重要なのではないかと、発想の転換を図ったのである。好ましい偶然を引き起こすためのポイントをクランボルツは九つ掲げている。*[3]

1．将来何になるか、決める必要はない。

図表4　キャリア・アンカー判定シート

作業①：左頁のキャリア・アンカー質問表の40の問に対して、次の基準で点数をつけ、表の点数欄に記入してください。

6点 いつも強く思う／**5点** いつも思う／**4点** よく思う／**3点** たまに思う／**2点** わずかに思う／**1点** 全然思わない

作業②：最も高い点数（たいてい6点）をつけたものの中から、これこそまさにと思うものを3つ選び、この3つだけにさらに4点を加え、この加点した点数を元の点数と置き換えてください。たいてい、その3つは10点になります。

作業③：得点を下の集計表に転記してください。各マスにある数字は質問の番号です。各列の点数をタテに足して、その列の合計を出してください。それを5で割って、各列の平均点を出してください。

〈集計表〉

カテゴリー	TF	GM	AU	SE	EC	SV	CH	LS
質問項目	1	2	3	4	5	6	7	8
	9	10	11	12	13	14	15	16
	17	18	19	20	21	22	23	24
	25	26	27	28	29	30	31	32
	33	34	35	36	37	38	39	40
合計								
	÷5	÷5	÷5	÷5	÷5	÷5	÷5	÷5
平均点								

TF　専門・職能別コンピタンス（専門分野で能力を身につけ、活躍することに幸せを感じる）
GM　全般管理コンピタンス（組織全体を権限を持って統率する責任ある地位に就くことに幸せを感じる）
AU　自立・独立（組織や規則に縛られず、自分のやり方で進めることに幸せを感じる）
SE　保障・安定（社会的・経済的安定を求め、一つの会社で安心して仕事をしていくことに幸せを感じる）
EC　起業家的創造性（リスクを恐れず、新しいものを創り出していくことに幸せを感じる）
SV　奉仕・社会貢献（社会的に意義のあること、人の役に立つことをしているときに幸せを感じる）
CH　純粋な挑戦（困難なことにチャレンジしたり、手ごわい競争相手に挑んだりすることに幸せを感じる）
LS　生活様式（仕事とのバランスがとれ、私生活が充実したときに幸せを感じる）

Edgar H. Schein, *Career Anchors*, Jossey-Bass/Pfeiffer, 1993, pp. 6-10をもとに著者作成

番号	質問項目	点数
1	専門家としての知識や能力を頼られるような分野に進みたい。	
2	組織をマネジメントすることによって成果をあげたときに大きな喜びを感じる。	
3	自分のやり方や自分のペースで仕事を進めることができる仕事に就きたい。	
4	自由よりも安定や将来の保障が大切だ。	
5	自分で事業を起こすことができそうなアイデアをいつも探している。	
6	社会に貢献できていると感じることが人生にとって大切だ。	
7	困難な課題を解決することに喜びを感じることができるような仕事に就きたい。	
8	家族と何かを楽しむことが犠牲になるようであれば、その組織をやめた方がましだ。	
9	専門的技能を大いに高めれば、人生は順調にいくと思う。	
10	組織を率いて大勢の人に影響する意思決定をするような立場に就きたい。	
11	仕事の内容や手順や日程を自分の自由にできるとき、大きな充実感を感じる。	
12	安定した職務保障もなしに仕事に配属されるくらいなら、その組織を離れるだろう。	
13	他人の経営する組織で管理職として高い地位に就くよりも、むしろ自分で起業したい。	
14	人々のために自分の才能を役立てることができたときに、充実感を大いに感じる。	
15	非常に難しい課題に直面し、それを克服できたときこそ人生がうまくいくように感じる。	
16	家族がらみで望んでいることと、仕事から要請されることとが両立できる生き方をめざす。	
17	全体を管理するマネージャーとして偉くなるよりも、専門職の分野で偉くなる方が魅力的。	
18	組織全体を管理するマネージャーとして働くことこそが自分を満足させる。	
19	完全な自律や自由を獲得したときにこそ、人生がうまくいきそうだと感じる。	
20	将来が安定していて安心感のもてる会社で仕事がしたい。	
21	自分自身のアイデアと努力だけで何かを創りあげたときに、最も大きな充実感を感じる。	
22	管理職として高い地位につくよりも、自分の技能を生かして世の中に貢献する方が大切だ。	
23	解決不可能と思われる問題を解決したり、難局面を打開したとき、大きな充実感を感じる。	
24	自分の要望、家族の要望、仕事の要請にバランスよく対応できるとき、人生がうまくいく。	
25	自分の専門領域から外されるくらいなら、その組織をやめる。	
26	自分の専門領域内で昇進するよりは、総合的な管理職になる方が魅力的だ。	
27	将来が保障される安心感よりも、規則や規制に縛られず、やりたいように仕事をしたい。	
28	収入面、雇用面でしっかりと保障されていると感じるときに、大きな充実感を感じる。	
29	自分の生み出した製品やアイデアが採用され、軌道に乗った時こそ人生がうまくいく。	
30	人類や社会に本当の貢献ができるような生き方をしたい。	
31	自分の問題解決能力、競争に打ち勝つ能力を十分生かせるチャレンジングな機会が欲しい。	
32	マネージャーとして高い地位に就くよりも、個人の生活と仕事のバランスを大切にしたい。	
33	自分独自の技能や才能を仕事で活用できたときに、大きな充実感を感じる。	
34	総合管理職になるコースを外れるような仕事をさせられるくらいなら、その組織をやめる。	
35	自律して自由に行動できないような仕事に就くくらいなら、その組織をやめる。	
36	将来が保障され安心感をもって仕事に取り組めるような生き方をめざす。	
37	自分自身で事業を起こし、それを軌道に乗せることをめざす。	
38	他の人々の役に立たないような仕事をさせられるのであれば、その組織をやめる。	
39	解決困難な問題に挑戦できることは、管理職として高い地位につくよりも魅力的だ。	
40	自分や家族の生活にあまりマイナスの影響が出ないような仕事に就きたい。	

2. 想定外の出来事があなたのキャリアに影響を及ぼすことは避けられない。
3. 現実は、あなたが考える以上の選択肢を提供しているかもしれない。
4. いろいろな活動に参加して、好きなこと・嫌いなことを発見する。
5. 間違いを犯し、失敗を経験しよう。
6. 想定外の幸運な出来事をつくりだそう。
7. どんな経験も学びへの道。
8. 仕事以外でも満足感を得られる活動に携わる。
9. 内面的な障害を克服するために、新しい考えや経験にオープンであり続ける。

たとえば、「アナウンサーになりたい」という目標があるとする（クランボルツは目標を持ってはいけないと言っているわけではない）。そのために、所属大学の就職課主催のマスコミに関する説明会が秋に行われるから参加しよう。アナウンスに関わる文献を検索して主要なものを読もう。大学三年生になったら民間テレビ局のアナウンススクールに通おう……。通常はこのような計画をし、目標に向かってステップを踏んでいく。

これらを否定するわけではないが、ハプンスタンス・アプローチはもっとアクティブに動くことを推奨する。テレビ局のアルバイトがあれば積極的に行ってみたり、テレビ局の近くの店でアルバイトをしてみたりするなどである。家でいろいろと合理的な道筋を考え、その時期を待っているよりは、何かしら偶然の出会いが生じやすいこうした行動をとることを推奨するのである。テレビ局の近くの店であれば、テレビ局の人が来るかもしれない。そして、その人と会話する機会ができ、知り合いになれるかもしれない。さらに、就職に有用な情報をもらえたり、有利になるコネクションができたりするかもしれない……。

もちろん、残念ながらこのような偶然は起こらないかもしれない。とはいえ、そのバイト先の仕事に興味を感じ、新たな方向に積極的に進もうという意欲が生じてくるかもしれない（この理論は、一つの目標に固執しすぎないことも重視する）。このように、好ましい偶然（チャンス）を自ら引き寄せるアプローチが重要なのである。

進路指導理論探求の勧め

進路指導の理論としては、本章であげた特性―因子理論、人格理論、発達理論のほか、ピーター・マイケル・ブラウ（Peter Michael Blau、一九一八～二〇〇二）、ウイリアム・ハミルトン・シーウェル（William Hamilton Sewell、一九〇九～二〇〇一）らの状況理論、アルバート・バンデューラ（Albert Bandura、一九二五～）の社会的学習理論などがある。関心のある人は、調べるなどして勉強してほしい。[*4]

註

1　有本章・近藤大生編『現代の職業と教育―職業指導編』福村出版、一九九一年、三八～三九頁。

2　以下に掲載する〈キャリア・アンカー質問表〉などは、次の文献を参考に多少のアレンジを加えて作成した。エドガー H. シャイン・金井壽宏訳『キャリア・アンカー―自分のほんとうの価値を発見しよう』白桃書房、二〇〇三年。

3　J. D. クランボルツ・A. S. レヴィン著・花田光世・大木紀子・宮地夕紀子訳『その幸運は偶然ではないんです！』

ダイヤモンド社、二〇〇五年、二三一〜二三三頁。

4　諸理論を網羅する参考文献としては、吉田辰雄編集代表『21世紀の進路指導事典』ブレーン出版、二〇〇一年がある。本章の記述も多くを同書によっている。

第7章
キャリア教育の理念・実態・課題

伊東　毅

キーワード

キャリア教育　ニート　中央教育審議会　国立教育政策研究所　進路指導　小学校学習指導要領　出口指導　四領域八能力　基礎的・汎用的能力　課題対応能力　自己管理能力　職場体験　インターンシップ　教育課程　キャリア・パスポート　労働基準法

要　約

バブル崩壊後、若年層の雇用問題が顕在化する。ニートをめぐる議論なども活発になる。文部科学省はキャリア教育という言葉を使って進路指導の立て直しを図る。それまでの進路指導との違いとして、就学前や小学校まで拡張した実践であることが強調されるとともに、出口指導のイメージを払拭し、職業を中心にしながらもその他を含むトータルな人生を考えさせる実践であることが強調される。当初「四領域八能力」といわれていたものが「基礎的・汎用的能力」とされ、キャリア教育も段階的発展を遂げる。職場体験やインターンシップは定着してきたが、新たな取り組みも期待されるところである。キャリア・パスポートなどの具体的な取り組みが模索されている。

高度経済成長を経て「一億総中流」などと言われ、豊かな日本が永続するかのような感覚をかつて多くの者が持っていた。ところが、一九九〇年代にバブルがはじけると、状況が一変する。学校を卒業しても定職に就けない若者がたくさん出てきた。フリーター、そしてニートという言葉がメディアで大きく取り上げられるようになる。文部科学省も対応を迫られることになった。こうしたところに登場したのが「キャリア教育」である。

第一節　ニート論からキャリア教育へ

「ニート」をめぐる議論

第5章で触れたように、**文部科学省**が主導する「**キャリア教育**」が全国的に具体化しだすのは二〇〇四年前後である。ほぼ同時期、「**ニート**」という言葉が登場し、世間を騒がせた。ご存知のように、これは「Not in Education, Employment or Training」の頭文字をとってイギリスでつくられた「NEET」という言葉からきている。

「キャリア教育」とこの「ニート」は深い関係にある。単純化していえば、「学校で勉強しているわけでもなく、職に就く努力もしていない若者、すなわちニートが社会問題化している。キャリア教育を大々的に展開して、若者のニート化を防ごう」というものである。文部科学省は、表面的にはキャリア教育はフリーターやニート対策ではないといっている。[*1] だが、キャリア教育を議論する**中央教育審議会**では、フリーター対策（まだこの時は「ニート」という言葉が浸透していなかったが、これに相当する文章表現は存在した）が念頭にあったことは、第5章第三節で触れた一九九九（平成一一）年答申の記述から明らかである。

キャリア教育が日本の学校で展開されようとしていた時、ニートが議論の対象として大きく意識されていたことは間違いない。こうしたニートをめぐる議論の中心に、この概念を日本に大きく広めた玄田有史《げんだゆうじ》がいた。彼が二〇〇四年に出版した『ニート―フリーターでもなく失業者でもなく』(幻冬舎)が契機となり「ニート」という言葉が広がった。

これに対して、本田由紀《ほんだゆき》・内藤朝雄《ないとうあさお》・後藤和智《ごとうかずとも》の三氏が『「ニート」って言うな！』というタイトルの刺激的な本を出版した。[*2]玄田を批判して出された本でもある。ニート問題が「安定した就業機会の不足」に起因していることを三氏はともに強調する。一九九〇年代のバブルの崩壊がこうした状況を生み出したのであって、若者の職業に対する消極的な態度をクローズアップして騒ぎ立てることを強く非難する。

だが興味深いことに、教育をめぐっては同書の共著者である本田と内藤の見解が分かれる。本田は、キャリア教育を態度の問題に矮小化することに反対しつつも、普通科高校を縮小もしくはできればなくして専門学科とし、そこで獲得した専門性をコアに進路選択をしていくことが望ましいと提案する。一方、内藤は、ニート問題を通じて青少年ネガティブ・キャンペーンを展開することで、本来労働問題として解決するべき問題を学校教育に持ち込むことに断固反対する。

しかし、「ニートって言うな！」と叫びながら雇用状況の改善を訴えた本田や内藤らの主張は、少なくとも学校教育のなかでは結果として大きな影響力を持たなかった。本田らが批判した玄田のほうが教育行政と深く関わり、キャリア教育が展開されていくことになる。[*3]その一つが、キャリア教育実践で最も普及した中学校での五日以上の職場体験であった。

キャリア教育登場までの行政の動き

今世紀に入って文部科学省が「キャリア教育」という言葉を使って、それまでの進路指導のリニューアルを積極的に展開しているが、その主な経緯を追うと次のようになる。

一九九九（平成一一）年一二月に、中央教育審議会答申「初等中等教育と高等教育との接続の改善について」が出され、このなかで中央教育審議会答申レベルの文書ではじめて「キャリア教育」という表現が登場する。これを受ける形で二〇〇二（平成一四）年一一月に、キャリア教育を進める具体案を示す「児童生徒の職業観・勤労観を育む教育の推進について（調査研究報告）」が**国立教育政策研究所**から出され、それをたたき台としてキャリア教育導入についての議論を大々的に進める「キャリア教育に関する総合的調査研究者会議」が二〇〇二（平成一四）年一一月に文部科学省のなかにつくられた。そして、同会議が報告書を二〇〇四（平成一六）年一月に提出し、キャリア教育が本格スタートとなる。そのため二〇〇四（平成一六）年が「キャリア教育元年」と呼ばれるようになる。

右は、文部科学省が政策展開する典型的な手順であるので、頭に入れておいていただけると、今後の教育政策を追うときにも役に立つと思われる。すなわち、文部科学省は、このように三つのステップ（①中教審でキーワード提示、②国研でたたき台作成、③文部科学省内に専門会議をつくって報告書提出）を踏んでスタートする。安倍晋三総理大臣の下では、この前段階に「教育再生実行会議」というステップを踏んで方向付けをすることが多い。

第二節　キャリア教育の理念

進路指導とキャリア教育の違い

ところで、それまで使われていた「**進路指導**」という言葉ではなぜだめだったのであろうか。文部科学省の説明では次の二つのことが強調される。①小学校から、いやさらに就学前から「進路指導」を実践しようとしたが、「進路指導」という言葉は、**小学校学習指導要領**にはなく、キャリア教育という言葉を新たに使いたい。中学校・高等学校限定の概念であった。小学校や就学前までカバーするために、キャリア教育という言葉を新たに使いたい。②「進路指導」という言葉は手垢にまみれており、目先の進学・就職をどうするかという「**出口指導**」を想起させてしまう。このイメージを払拭するためにキャリア教育という言葉を新たに使いたい。[*4]

ここには、既存の進路指導とは区別されたキャリア教育の理念が端的に示されている。それは、就学前から始まり、小学校・中学校・高等学校・大学と貫いて展開される教育であること、そして、目先の進学や就職に矮小化されない人生全般を視野に入れた包括的な概念であることが強調されている。

その説明はわからないわけではない。しかし、文部科学省は教育基本法改正後、それまで以上に文化伝統を強調するのであるから、わざわざ外来語を使わなくても「進路指導」という言葉の適応校種を広げればよいだけではないか。「出口指導」をイメージさせるという手垢がついているのだとしたら、それを拭い去る努力をすればよいだけではないか。他にも、アクティブ・ラーニングやチーム学校などのカタカナ表現が数多く登場するが、それでいいのだろうか。筆者はこのように考えるが、皆さんはどう思うであろうか。

キャリア教育第一期から第二期へ

キャリア教育が始まった当初は、そこで育成することが期待される能力を「**四領域八能力**」といっていた。それを示すと次のようになる。
①人間関係形成能力：自他の理解能力／コミュニケーション能力
②情報活用能力：情報収集・探索能力／職業理解能力
③将来設計能力：役割把握・認識能力／計画実行能力
④意思決定能力：選択能力／課題解決能力

これを文部科学省は、二〇一一（平成二三）年に「基礎的・汎用的能力」と改める。第一期と第二期を分けるメルクマールはここにある。きっかけは、それまでのキャリア教育を振り返り、その充実を図るための議論をまとめた中央教育審議会答申「今後の学校におけるキャリア教育・職業教育の在り方について」（二〇一一〔平成二三〕年一月三一日）にある。「基礎的・汎用的能力」も四つの区分をもってここに示されているが、それは次のようになっている。

①人間関係形成・社会形成能力
②自己理解・自己管理能力
③課題対応能力
④キャリアプランニング能力

文部科学省がこのキャリア教育の転換期に使用した図表1を見てほしい。この「**基礎的・汎用的能力**」は「四領域八能力」をリメイクしたものなので、大きく重複する。それでは違いはどこにあるのであろうか。文部科学省自体による解説[*5]では、ポイントが二つ示されている。一つは「課題対応能力」について、もう一つは「自己管理能力」についてである。

まずは、「**課題対応能力**」についてだが、「四領域八能力」であったときには「課題解決能力」という非常に似通った表現の能力が提示されていた。この「課題解決能力」では、生き方や進路といった大きな方向性を見出す能力に力点が置かれていた。それは、キャリア教育を導入する際、職業のみでなく、人生全般に関わる教育であることが強調されたことが大きく影響したものと思われる。これを、具体的な仕事を遂行するうえでの解決能力に力点を移そうという意図から、表記上の微妙な変更ではあるが「課題対応能力」としたというわけである。

もう一つの「**自己管理能力**」については、「四領域八能力」では全く焦点化されていなかった能力であるという。したがって、ここが「基礎的・汎用的能力」の大きな特徴であるといえる。文部科学省の解説では「例えば忍耐力やストレスマネジメントなども重視するものである*6」ということである。

さて、この二つの主な変更点であるが、筆者には共通点があるように思われる。「課題解決能力」であれば、問題を克服していくという能動的なニュアンスが感じ取れるが、「課題対応能力」であれば、課題は動かしがたい前提であり、これになんとか「対

図表1　4領域8能力と基礎的・汎用的能力の対応関係

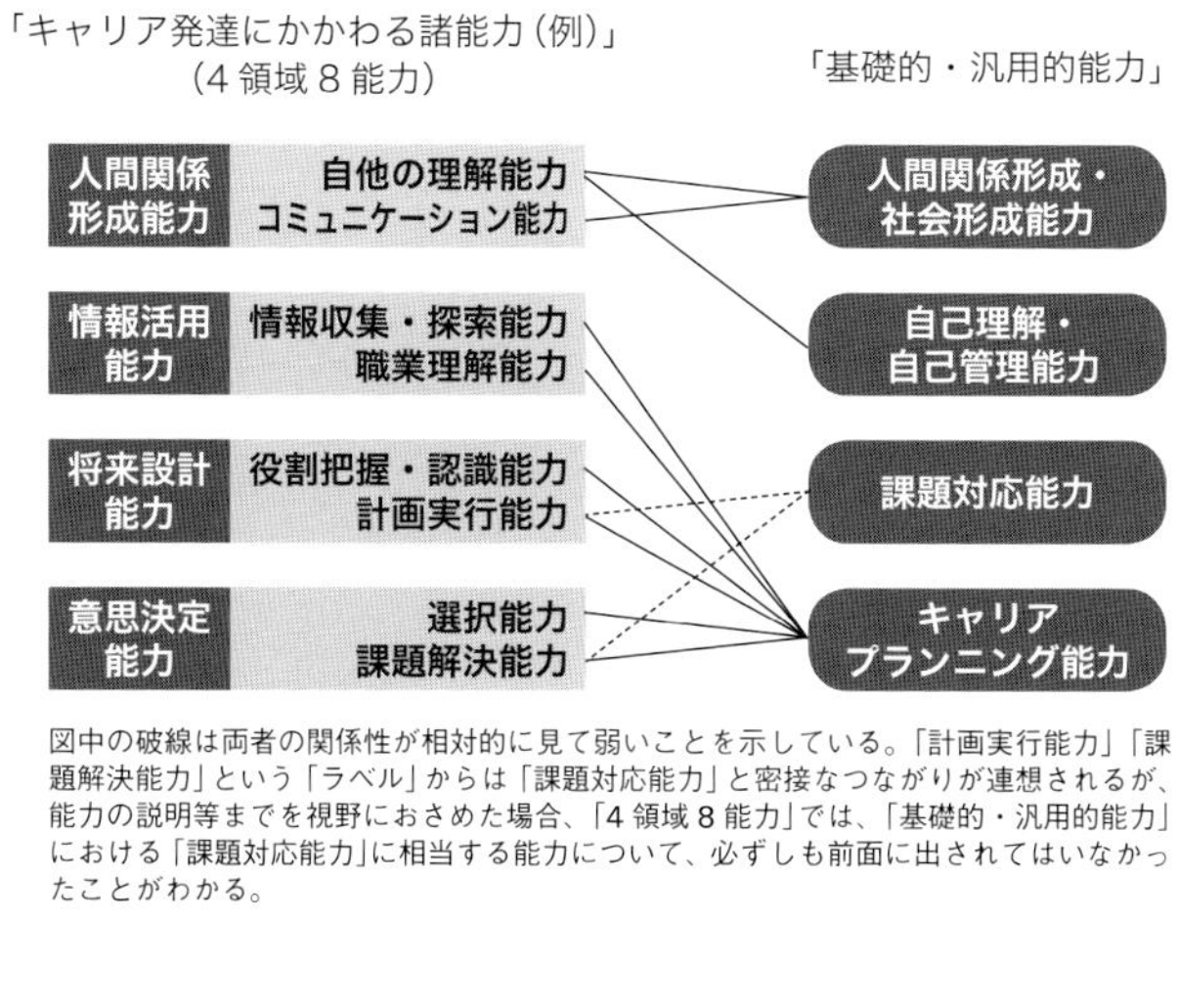

図中の破線は両者の関係性が相対的に見て弱いことを示している。「計画実行能力」「課題解決能力」という「ラベル」からは「課題対応能力」と密接なつながりが連想されるが、能力の説明等までを視野におさめた場合、「4領域8能力」では、「基礎的・汎用的能力」における「課題対応能力」に相当する能力について、必ずしも前面に出されてはいなかったことがわかる。

応」していこうという受動的なニュアンスを感じる。「自己管理能力」のほうは文部科学省の解説に「忍耐力」とか「ストレスマネジメント」とあるように、自分が耐えることによって環境に合わせていくというニュアンスが強調されているように感じる。

このように見てくると、「課題対応能力」と「自己管理能力」はともに今ある環境を是として受け入れ、自分をそれに合わせることによって事を進めていくという適応主義的色彩の強いものであることがわかる。より適応主義的な様相が強まったところが、「四領域八能力」から「基礎的・汎用的能力」への変更のポイントと見ることができるのではないだろうか。

第三節　具体的なキャリア教育の取り組み

職場体験とインターンシップ

キャリア教育元年の二〇〇四（平成一六）年の翌年二〇〇五（平成一七）年度から、文部科学省では、中学生を中心に五日間以上の**職場体験**とその支援体制を整備するための「キャリア・スタート・ウィーク」を全国一三八地域で実施した。

それまでも職場体験は多くの中学校で行われていたが、多くは一〜三日であり、この文部科学省のリードで実施校及び実施日数が大きく増えることになった。二〇一七（平成二九）年度現在では、公立中学校の実施率が九八・六％となっており、特殊な事情がない限りは公立中学校に通う生徒はこの職場体験を経験することになる。ただ、実施日数ということでいえば、五日の実施期間を確保することは難しいらしく、五日の実施を行えている公立中学校は一二・〇％にとどまっている。

一方、高等学校や大学では、同種の活動を**インターンシップ**と呼ぶことが一般的である。中学校の職場体験と高等学校や大学でのインターンシップとの大きな違いは、義務教育段階である中学校では「総合的な学習の時間」を活用して、正式な**教育課程**にのせて実施することが圧倒的に多く、原則として全員参加となっているのに対して、高等学校や大学でのインターンシップは教育課程に位置づけられないで実施されることが半数以上を占め、しかも全員参加ではなく希望者参加である場合が圧倒的に多い。

このことは内容にも影響してくる。中学校のように全員参加であれば、生徒の希望職種に合わせるなどという悠長なことは言っていられない。学校が用意できたところへ生徒たちを半ば強制的に送り込まざるを得ない。ところが、高等学校や大学のように希望者のみということで限られた人数の参加者であれば、本人とその希望職種とをつなぐことは何とか可能になる。希望職種であればモチベーションも高まることから、高等学校や大学のインターンシップのほうが、本人により多くの肯定的な影響を与えることになるだろう。ただ、このインターンシップはやる気のある積極的な生徒・学生にとっては大きなメリットをもたらすが、参加を希望しない者は置いてきぼりにされる。かといって、全員参加にすると、それぞれの参加者に希望職種を用意することが極めて難しくなる。悩ましいところでもある。

キャリア・パスポート

二〇一七（平成二九）年・二〇一八（平成三〇）年の学習指導要領の改訂に向けた中央教育審議会答申「幼稚園、小学校、中学校、高等学校及び特別支援学校の学習指導要領等の改善及び必要な方策等について」（二〇一六（平成

図表２　キャリア・パスポートの様式（一部分）の例

中学１年生　学期を振り返ろう

記入日　　　年　　月　　日

○今学期を振り返って

学期初めに身につけようと思ったことについて、自分の気持ちに一番近いところに○をつけよう	あてはまる	やや あてはまる	あまり あてはまらない	あてはまらない
学習面で 身につけようと思ったことが身についたと思う				
生活面で 身につけようと思ったことが身についたと思う				
家庭や地域で 身につけようと思ったことが身についたと思う				
その他（習い事・資格取得など）で 身につけようと思ったことが身についたと思う				

○各項目の振り返りと、今後、挑戦・行動しようと思うこと

学習面で	今後は
生活面で	今後は
家庭や地域で	今後は
その他（習い事・資格取得など）で	今後は

今学期を振り返って、新しく発見したこと、気付いたこと！

先生からのメッセージ	保護者などからのメッセージ

二八〕年一二月二一日）において、「**キャリア・パスポート**」（仮称）の活用が提案されている。これは「小学校から高等学校までの特別活動をはじめとしたキャリア教育に関わる活動について、学びの過程を記述し振り返ることができるポートフォリオとしての機能を持つ教材」と説明されている。

この提案に基づき、文部科学省がキャリア・パスポートの例示資料案を示したり（図表2）、国立教育政策研究所がパンフレットをつくったりするなど、かなり力を入れた取り組みになっている。特別活動の時間（学活やロングホームルームの時間）に児童・生徒がキャリア・パスポートを作成し、一定の期間ごとに更新していく、といった感じで全国に普及していくと思われる。

各校の実践例

文部科学省は、文部科学大臣表彰などを設け、キャリア教育を推進している。文部科学省「第一二回キャリア教育優良教育委員会、学校及びＰＴＡ団体等文部科学大臣表彰」[*7]（二〇一九〔平成三一〕年一月一八日）などに具体的な実践例が紹介されているので見てほしい。大学教員や社会で活躍している人を学校に招き、講演会を開催して話を聞いたり（たとえば、奈良県立橿原高等学校の実践など）、インターンシップ経験や大学のオープンキャンパス見学の報告会を開催したり（たとえば、宮城県松島高等学校の実践など）、高大接続プログラムをつくり大学教員の出前授業を受講したり、また大学のゼミに参加させてもらったり（たとえば、香川県立志度高等学校の実践など）、といったような多彩な実践例を見ることができる。

第四節　キャリア教育の課題

文部科学省がよくあげるキャリア教育の課題の一つに「職場体験活動の実施をもってキャリア教育を行ったものとみなしたりする傾向が指摘される」[*8]というものがある。確かにその通りなのであろうが、学校で何かを行うときには、実際には実施に際しての範例が必要になる。課題を指摘するのならば、何を加えればよいのか新しい範例を示してこそ、現場を動かす力になる。キャリア・パスポートは、そういう意味ではわかりやすい範例の提示の一つであった。改善を望むのであれば、こういう具体的な提案（強制ではなく提案）をしていく必要がある。具体的な提案であれば、有効かそうでないかの判断もしやすい。だが、筆者は、「キャリア教育は職場体験だけじゃないよ」と批判するよりは、形骸化した職場体験を生徒の関心を引く魅力的なものにするにはどうすればよいのか、そのリニューアルの工夫にまずは努力すべきだと思う。

文部科学省はキャリア教育を語る際、「社会的・職業的自立に向けて」[*9]というような言い方を多用するが、「社会的自立に向けて」の具体的な教育が必ずしも学校現場で共有されていない。たとえば、神奈川県の公立高等学校で実施されてきたシチズンシップ教育などはこうしたことと親和性があると思われるが、これも全国のどの高等学校でも取り組むべき実践として共有されるところまでは至っていない。社会的自立へ向けた教育ということの具体的な内容と方法の提示が求められる。

教師と保護者の意識の違いを指摘する者もいる。[*10]保護者は将来を見据えた指導を期待しているのに、教員はなかなか偏差値輪切り指導のような出口指導から脱却できないというのである。しかしながら、本人や保護者がもっとも求めているのが、実は出口指導ではないのかと筆者は思っている。出口指導を曖昧にすれば、本人や保護者が混乱してしまう。出口指導をどのように将来を見据えた指導と両立させることができるのか、具体的に議論していく必要がある。そもそも、将来を見据えた指導とは具体的にはどのようなものなのか。学校現場で展開できる内容と方法が示されなくてはならない。

あと一つ、なぜ、労働法規をキャリア教育として積極的に学ばせないのか、疑問に思う。法治国家であるこの国で、法令を学び、理解し、遵守し、不都合があればそれを変える努力をすることを学ばせることは、基本中の基本である。しかし、このことがほとんど強調されていない。まるで為政者や経営者にとって都合の悪いことには触れません、といっているかのようである。それではいけない。為政者も経営者も働く者も法令を学び、理解し、遵守し、不都合があればそれを変える努力をするというスタンスを大切にしなくてはならない。

参考までに、こうしたことの具体例として、社会科教師である田中祐児《たなかゆうじ》の高等学校での実践を紹介しておく。*11

田中は、企業の比較分析の授業をするという。労働時間については、変形労働時間制、交代制、残業、休日、有給休暇などの確認をする。賃金については、基本給、諸手当、昇給、賞与、税金、社会保険料などの確認。電卓を用意させて、各社のボーナス込みの年収を年間所定内労働時間数で割り算して平均時給を計算し比較させる。年収が多くてもブラックとか、年収がそれほどでもないけれど実は好待遇などが端的にわかるそうである。こうして企業を見る力をつけさせる。

労働基準法の授業ももちろんある。深夜労働の割増賃金や年次有給休暇など、高校生の関心を持ちそうなところを選んで扱うという。すると、生徒は自分たちの経験と絡めて「残業が夜一〇時を過ぎると五割以上の割増賃金がつくっていうけど、バイトも?」「有給休暇ってバイトにも適用されるの?」と身を乗り出して聞いてくるそうだ。

実際、授業後、ある男子生徒が「オレ、思い切って有給休暇のことを店長にいったら、いいよって、すぐ休みがとれたんです。お金が出るんです。ローキホーってすごいっすね」と自慢げに語ってくれたという。労働法規を学ぶことは、キャリア教育を生きる力に変える具体的な方法といってよいのではないだろうか。積極的に導入されることを期待する。

求められる具体的な提案

「キャリア教育」という概念が持つ豊かさ（単純な職業教育に還元されない部分）を再度文部科学省は強調しようとしている。その豊かさを実践に移すには相当のエネルギーがいる。わかりやすい具体的な提案はそのエネルギーを軽減する。学校に丸投げではなくて、ぜひとも具体的な提案をしてほしい。だが、いずれにしても、新しい提案は教師の負担を増大させる。二〇一九年六月に公表されたOECDの教員の勤務時間調査（図表3：これは中学教員のもの

図表3　教員の労働時間（単位：時間）

		1週間の仕事時間	授業時間	課外活動の指導時間
1	日本	56.0	18.0	7.5
2	カザフスタン	48.8	15.1	3.1
3	アルバータ（カナダ）	47.0	27.2	2.7
4	イングランド（英国）	46.9	20.1	1.7
5	米国	46.2	28.1	3.0
	⋮			
44	イタリア	30.0	16.8	1.0
45	ブラジル	29.8	22.3	2.1
46	ブエノスアイレス（アルゼンチン）	29.0	16.8	1.2
47	サウジアラビア	28.7	20.7	2.6
48	ジョージア	25.3	18.3	2.1
	参加国平均	38.3	20.3	1.9

「OECD 調査〈中学教員の仕事時間の長短上位五カ国・地域〉」『産経新聞電子版』2019 年 6 月 19 日

であるが、小学校教員も日本がダントツで仕事時間が多い）は、これ以上日本の教員に負担をかけてはならないことを明確に示している。さあ、こうしたなかでどんな工夫ができるか。キャリア教育が実りの多いものになるかどうかは、教員だけではなく、教育行政の努力にも大きくかかっている。

註

1　文部科学省は「高等学校キャリア教育の手引き」（二〇一一年一一月）（http://www.mext.go.jp/a_menu/shotou/career/1312816.htm、二〇一九年六月二五日閲覧）のなかでキャリア教育に関するQ＆Aをつくり、「キャリア教育は、フリーターやニートを減らすためのものですか？」という問いを立て、これに対して「キャリア教育は、全ての生徒が、激しく変化する経済・社会情勢にあっても、働く意義を見いだし、自ら責任を果たし自他の権利を守りながら、自分を社会に生かし、自立して生きていくために必要な能力や態度を育てる教育活動です。キャリア教育はフリーターやニートを減らすための「対策」ではありません。」と答えている。

2　本田由紀・内藤朝雄・後藤和智『「ニート」って言うな！』光文社、二〇〇六年。

3　玄田は中央教育審議会教育課程部会のヒアリングに有職者として登場し（二〇〇五年八月九日）、キャリア教育について自身の見解を披露している。また、文部科学省に置かれた「高等学校におけるキャリア教育の推進に関する調査研究協力者会議」の委員にも指名されている。

4　文部科学省、前掲書、四三〜四四頁参照。

5　文部科学省、前掲書、二二一〜二二三頁参照。

6 文部科学省、前掲書、一三頁。

7 同資料は文部科学省のホームページでも参照することができる。http://www.mext.go.jp/b_menu/houdou/30/12/_icsFiles/afieldfile/2018/12/07/1411496_002.pdf（二〇一九年八月二七日閲覧）。

8 たとえば、同様の表現は文部科学省のホームページでも参照することができる。（http://www.mext.go.jp/b_menu/shingi/chukyo/chukyo10/shiryo/attach/1300202.htm（二〇一九年八月二七日閲覧）。

9 前掲ホームページ参照。

10 たとえば、新潟大学教授の松井賢二などが指摘している。https://www.kantei.go.jp/jp/singi/koyoutaiwa/wakamono/dai3/siryou4.pdf（二〇一九年八月二七日閲覧）。

11 田中祐児「高校生が考える『ワーキング・プア』」歴史教育者協議会編『歴史地理教育』歴史教育者協議会、二〇〇九年六月号、三六～四一頁参照。

第 8 章
不登校とサポート体制づくり

伊東　毅

キーワード

学校恐怖症　登校拒否　学校ぎらい　不登校　スクールカウンセラー　スクールソーシャルワーカー　適応指導教室　教育支援センター　児童生徒理解・教育支援シート　不登校特例校　夜間中学　フリースクール　高等学校卒業程度認定試験　サポート校　通信制高等学校　登校刺激

要　約

1930 年代、子どもが学校に通わなくなる・通えなくなる現象をアメリカの心理学者が「学校恐怖症」と呼んだ。日本ではこの言葉が定着せず、「登校拒否」や「学校ぎらい」といわれ、現在では「不登校」が一般的に使われている。小中学校の不登校は 2001 年度に 13 万人台で一度ピークであったものが、2017 年度に初めて 14 万人台になり過去最高の数値を示した。行政の対応としては、スクールカウンセラーやスクールソーシャルワーカーの導入が試みられ、また、教育支援センター（適応指導教室）の整備も行われてきた。地域的な偏りはあるが、不登校特例校や夜間中学の整備なども進められている。近年の試みとしては、児童生徒理解・教育支援シートの作成と引継ぎなどが提案されている。

不登校の児童・生徒と無縁である教師は、もはやいないのではないか。不登校になると本人はもちろん、親も教師も苦しみ葛藤する。心理学をはじめとする心を扱う科学が注目を浴び、また、スクールカウンセラーとして専門家が学校に配置されるようになった。だから、不登校問題は克服されつつあるかというと、そうであるとはなかなか言えない。とにかく、いろいろと学びながら粘り強く取り組んでいくしかない。

第一節　不登校の呼称と実態

学校恐怖症・登校拒否・学校ぎらい・不登校

子どもが学校に通わなくなる・通えなくなる現象は、一九三〇年代、アメリカで注目されるようになる。アメリカのアデレード・マクファディエン・ジョンソン（Adelaide McFadyen Johnson、一九〇五～一九六〇）が、一九四一年にこれを「**学校恐怖症**」（school phobia）と呼び、話題になった。[*1] 一九七〇年代後半になると、徐々に日本でもこうした現象が増え、注目されはじめる。

ジョンソンは母子分離不安が主因だと考えたが、それでは十分に説明できない症例が少なからず存在することを高木《たかぎ》隆郎《りゅうろう》は指摘し、「**登校拒否**」と呼ぶよう提唱した。[*2] これが日本で普及する。一九八〇年代後半あたりになると「登校拒否」と「不登校」が併記されることが多くなる。一九九〇年代になると、徐々に不登校という言い方が大勢を占めるようになり、登校拒否という表現は身体的、精神的に拒否症状が現れるなどの神経症型に限定的に使われるようになった。

文部省でもそれまで学校基本調査のなかで「**学校ぎらい**」という言葉を用いていたが、一九九八（平成一〇）年に「不登校」に変更している。なお、**文部科学省**の**不登校**の定義は「何らかの心理的、情緒的、身体的、あるいは社会的要因・背景により、児童生徒が登校しないあるいはしたくともできない状況にあること（ただし、病気や経済的理由によるものを除く）」となっており、現在では統計上は「年度間に連続又は断続して三〇日以上欠席した児童生徒」の集計が公表されている。[*3]

不登校はもはや、決して一部の子どもたちの問題ではない。そしておそらく、今後完全に解決される問題でもないだろう。学校は不登校と共生していかなければならず、私たちは、その上手な共生の仕方を見つけていかなくてはならない。本章を、不登校との共生方法を模索するための参考の一つにしてほしい。

不登校の実態

小・中学校に関して一九九〇（平成二）年度までは、年間五〇日以上の欠席が不登校として統計がとられていた。図表1を見ていただくとわかるが、戦後、不登校が一貫して増加傾向にあったというわけではない。文部統計上、把握できるのは一九六六（昭和四一）年度からであるが、そこから一九七五（昭和五〇）年度までは低水準で推移しており、むしろ、微減傾向にあったとさえいってよい。ところが、一九七五（昭和五〇）年を境に、一気に増加傾向に転じる。一九九一（平成三）年度には、不登校の判断基準となる欠席日数を五〇日から三〇日に変更した。変更後の推移を見ると、一貫してみられた増加傾向が、二〇〇一（平成一三）年度に上げ止まりして数値の上昇が止まった。ここがこれまでの最高値で小・中学校合わせて一三万八七二二人であった。多少の起伏はあるものの、そこからしばらくの間は微減傾向にあった。

ところが、二〇一二（平成二四）年度からまた増加傾向に転じる。本稿執筆時、公表されている最新データは二〇一七（平成二九）年度のものであるが、小学生三万五〇三二人、中学生一〇万八九九九人、合計一四万四〇三一人である。これまでのピークであった二〇〇一（平成一三）年度の数値を超え、はじめて十四万人台になった。最多人数を更新しており、現在が最も深刻であるといえる。中学校の不登校の増加傾向もみられるが、小学校の不登校がその数値を近年更新し続けている。この小学校の状況が、二〇一七（平成二九）年度の小・中合計での不登校の数値を過去最高にした大きな要因である。

なお、二〇〇四（平成一六）年度から高等学校のデータも公表されるようになった。最新の二〇一七（平成二九）年度データでは、四万九六四三人となっている。しかし、高等学校は義務教育ではないため、不登校が長期化すると退学になってしまう。したがって、小学校・中学校とは違って実態の把握が難しいことに注意しなくてはならない。高等学校の不登校は、退学と合わせて考える必要がある。

第二節　不登校への対応

図表1　不登校児童・生徒数の推移

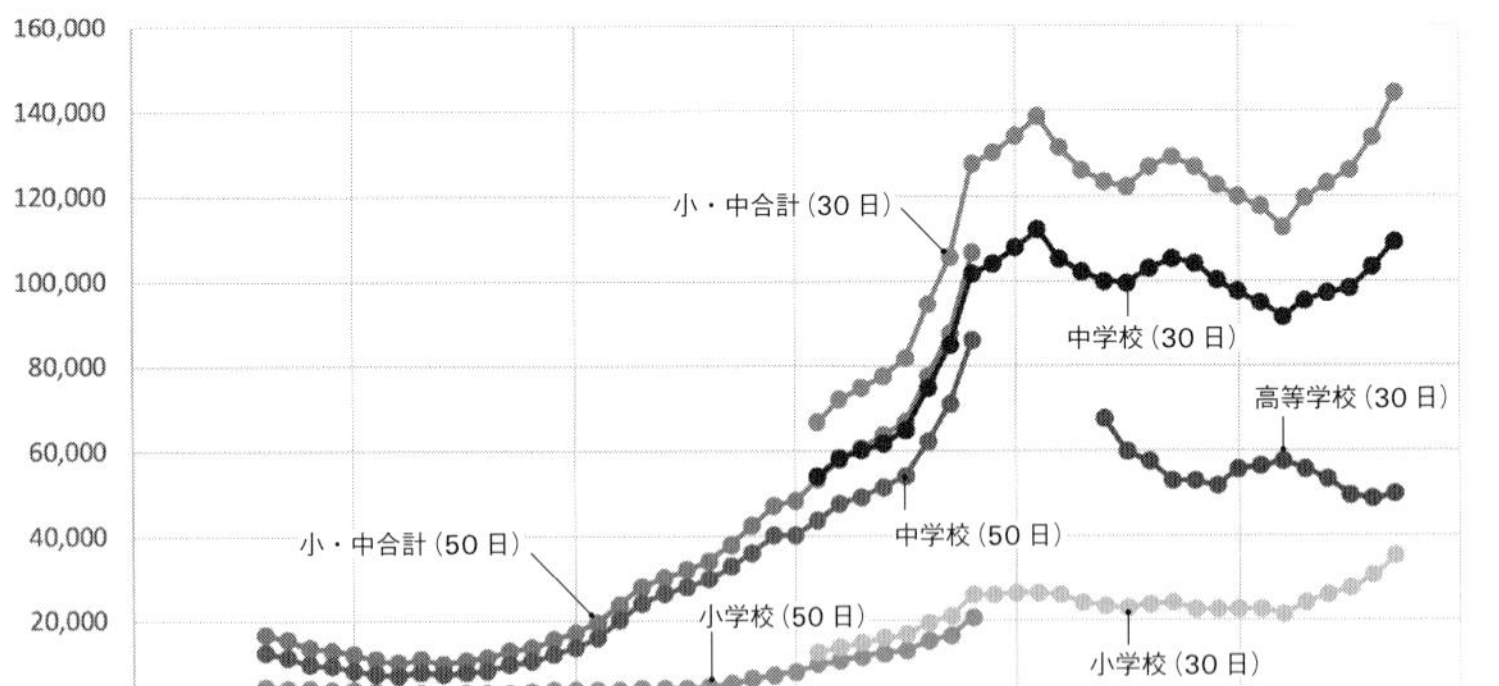

文部科学省「児童生徒の問題行動等生徒指導上の諸問題に関する調査」各年度版をもとに作成。同データは1966〔昭和41〕年度のものから公表されるようになったので、この折れ線グラフも1966年度の数値から示してある。

行政の対応

①スクールカウンセラー

不登校問題については、文部科学省や各自治体の教育委員会が様々な対応を行ってきた。文部科学省は、一九九五（平成七）年度から二〇〇〇（平成一二）年度までの「スクールカウンセラー活用調査研究委託事業」を契機に、全国にスクールカウンセラーを配置し、子どもの不登校や種々の問題行動に対し、臨床心理士などの心理職専門家にサポートさせようとした。**スクールカウンセラー**の主な業務は次の通りである。

A．カウンセリング

生徒のカウンセリングだけではなく、保護者のカウンセリング、教職員のカウンセリングなどもある。

B．コンサルテーション

あるケースについて、その見方、取り扱い方、関わり方などを検討し、適格なコメント、アドバイスなどを教師や教師集団に行う。

C．カンファレンス

ある事例に関して、関係者がそれぞれの立場から現状報告や関わりの現況の報告を行い、情報を共有し、その事例のそれ以後の解決に向けた対処の方向性を話し合う。

D．講話

教職員や保護者、地域へ向けた研修、講話、講演などを行う。

E．アセスメント

心理検査を用いた査定（アセスメント）を行う。

F．危機対応

災害、事件、事故などによって危機的状況が発生したときには、緊急危機対応を行う。大きな震災が起き、家族や友だちが亡くなったときや学校で深刻な事件・事故（いじめ自殺など）が生じた時など迅速に心のケアを行う。

当初はカウンセラー、教師たち双方に戸惑いがあったようであるが、二〇〇七（平成一九）年に校長及び教育委員会を対象に行われた文部科学省調査「教育相談等に関するアンケート」では、「教員とは異なる観点を持つ外部の専門家という位置づけで、効果があると感じている」と答えた小学校長は四七・七％、中学校長は五三・三％、高等学校長は五九・六％とそれなりの評価が示されるようになった。ただ、出校日数が小学校では月二、三回、中学校では週一回、高等学校では月二、三回といった程度で、相談体制の中核的な役割を果たしているわけではない。

②スクールソーシャルワーカー

文部科学省が二〇〇八年度から「スクールソーシャルワーカー活用事業」を開始した。現在、教育相談体制のなかにスクールソーシャルワーカーが入りつつある。スクールソーシャルワーカーは、アメリカやカナダなどにおいて相談体制の一角として一九九〇年代にすでに積極的に活躍していた。ソーシャルワーカーとは、様々な困難を抱える人たちに寄り添い、その人たちを助けることになるであろう関連機関や関連窓口につないでいくことを主な仕事とする福祉専門職である。

このソーシャルワーカーを学校に導入したものが**スクールソーシャルワーカー**である。具体的には、児童相談所・適応指導教室（教育支援センター）・教育委員会・役所の福祉関係窓口・病院・弁護士・警察などに、児童・生徒やその保護者をつないでいくことになる。困難を抱えている人について、まわりから見ている第三者は、児童相談所に相談に行けばいいのにとか、役所の福祉関係窓口に行って申請したら人的・経済的援助をしてもらえるのに、と思うことがしばしばある。しかし、当人は困難で疲弊しており、合理的な判断や行動をとれないことが多い。これを、困難を抱える人の側に立って親身になってフォローしていくのがスクールソーシャルワーカーの任務である。今後は、スクールカウンセラーとスクールソーシャルワーカーの連携が大切になってくる。

③適応指導教室（教育支援センター）

各地の教育委員会も一九九〇年代初頭ごろから適応指導教室を設け、不登校支援を行っている。文部科学省の**適応指導教室**の定義は「不登校児童生徒等に対する指導を行うために教育委員会が、教育センター等学校以外の場所や学校の余裕教室等において、学校生活への復帰を支援するため、児童・生徒の在籍校と連携をとりつつ、個別カウンセリング、集団での指導、教科指導等を組織的、計画的に行う組織として設置したもの」である。

再登校が目標とされていることは、しっかりと押さえておかなければならない。適応指導教室では、学習補助とコミュニケーション活動を中心としたプログラムが一般的である。筆者の勤務する武蔵野美術大学の近くに小平市の適応指導教室があるが、その時間割を参考のために図表2として示しておく。

適応指導教室は、まれに学校内の空き教室に設置される場合もあるが、学校とは別の市区町村施設に設置されることが一般的で、退職教員が対応を担当したり、心理職専門家がサポートしたりしている。より適切な呼び方を望む声があったことから、標準的な呼称として「**教育支援センター**」が用いられるようになった。校長の判断とされているが、一般的には適応指導教室に参加すると出席扱いとなる。[*4] また、二〇〇五（平成一七）年七月六日の文部科学省初等中等教育局長通知「不登校児童生徒が自宅においてIT等を活用した学習活動を行った場合の指導要録上の出欠の取扱い等について」[*5]において、一定の条件を満たせば、校長の判断によりITを使用した自宅学習でも出席扱いとなることが示された。

なお、二〇一五（平成二七）年に文部科学省によって実施された「教育支援センター（適応指導教室）に関する実態調査」によれば、適応指導教室在籍者は小学生三一五四人、中学生一万四九六三人ということなので、小中学生の在籍者は合計で一万八一一七人となる。二〇一五（平成二七）年度の小中学生の不登校は一二万五九九一人なので、適応指導教室利用率は一四・四％である。適応指導教室利用に至る者はごく一部である。適応指導教室を利用した小中学生で、学校に復帰したものは六七四四人（三七・二％）となっている。

④児童生徒理解・教育支援シート

文部科学省は二〇一六（平成二八）年に初等中等教育局長通知を出し、不登校児童・生徒については、組織的・計画的な支援を行うための資料を作成することが望ましいとし、**児童生徒理解・教育支援シート**の参考様式を示している（図表3）。これから全国の学校に大きく広がって行くと思われる。具体

図表２　小平市教育支援室「あゆみ教室」の時間割

時　間　割

	時間＼曜日	月	火	水	木	金
朝の会	９：３０〜９：４０	朝の会				
読書	９：４０〜９：５５	読書	読書	読書	読書	読書
読書・移動	９：５５〜１０：００	移動	移動			
1	１０：００〜１０：４５	体育（屋内）	体育（屋内）	英語	数学	国語
ホットタイム	１０：４５〜１０：５５	ホットタイム				
2	１０：５５〜１１：４０	数学	国語	数学	数学	ふれあい（教科）
清掃	１１：４０〜１１：５０	清掃				
昼休み	１２：００〜１３：００	昼休み				
3	１３：００〜１３：４５	英語	英語	国語	国語	数学
ホットタイム	１３：４５〜１３：５５）	ホットタイム				
4	１３：５５〜１４：４０	国語	社会	体育（屋外）	理科	英語
帰りの会	１４：４５〜１５：００	帰りの会				

※　第一水曜日は、１３：００で終了です。

図表3　児童生徒理解・教育支援シートの例

児童生徒理解・支援シート(共通 シート)

作成日:平成 年1 月 日　　※の事項は障害のある児童生徒、外国人児童生徒等で必要な場合に記入

作成者 H○(記入者名)　　追記者 H○(記入者名)／H○(記入者名)／…

(児童生徒) 名 前	性別	生年月日	国籍等(※)	出生地(※)
(よみがな 0 0		平成 年 月 日		

(保護者等) 名 前	続柄(※)	学校受入年月日(※)	連絡先
(よみがな		平成 年 月 日	

○学年別欠席日数等

追記日	○／○												
年度													
学年	小1	小2	小3	小4	小5	小6	中1	中2	中3	高1	高2	高3	高4
出席しなければならない日数													
出席日数													
別室登校													
遅刻													
早退													
欠席日数													
指導要録上の出席扱い													
①教育支援センター													
②教育委員会所管の機関(①除く。)													
③児童相談所・福祉事務所													
④保健所、精神保健福祉センター													
⑤病院、診療所													
⑥民間団体、民間施設													
⑦その他の機関等													
⑧IT等の活用													

○支援を継続する上での基本的な情報

特記事項(本人の強み、アセスメントの情報、家庭での様子、障害の種類・程度・診断名・障害者手帳の種類・交付年月日(※)、学習歴(※)、日本語力(※)等)

○家族関係

特記事項(生育歴、本人を取り巻く状況(家族の状況も含む。)、作成日以降の変化、家族構成(※)、家庭内使用言語(※)等)

○備考欄

的には、連続欠席七日でシートが作成され、担任が変われば次の担任に、進学などで学校が変われば次の学校に引き継がれていくことが想定されている。

⑤不登校特例校

特区制度が話題になったことがあるが、これを利用して**学習指導要領**などの**教育課程**の基準によらない特別の教育課程の編成・実施を可能とする学校として、「不登校児童生徒を対象とする特別の教育課程を編成して教育を実施する学校」（**不登校特例校**）が登場した。その後、文部科学大臣が指定すれば認可されるようになったが、図表4にあるように、二〇一七（平成二九）年度段階で不登校特例校は全国で一二校ある。

一般の中学校では、各学年年間の総授業時数が一〇一五単位時間であるのに対し、不登校特例校の場合は七〇〇単位時間くらいで運営されている。不登校で悩む子どもたちを、これまでは適応指導教室（教育支援センター）に通わせて出席扱いしようとしていたところを、今度は不登校特例校に通うことによって中学校を卒業してもらおうという試みである。現在、文部科学省が力を入れているサポート体制づくりの一つではあるが、地域的な偏りもあり、多くの子どもたちの選択肢になるというわけにはまだまだいかないのが実情である。

⑥中学校夜間学級（いわゆる夜間中学）

「**中学校夜間学級**（いわゆる**夜間中学**）」とは、市町村が設置する中学校において、夜の時間帯に授業が行われる公立中学校の夜間学級のことをいう。文部科学省はこの夜間中学も不登校のサポート体制の一環として全国展開しようとしている。ただ、これも図表5を見るとわかるように、現在のところ、設置場所に大きな偏りがある。二〇一九（令和元）年現在、夜間中学は九都府県に三三校が設置されている。

このほかにも、文部科学省や教育委員会は、通知やパンフレットなどを通じて不登校問題に取り組む際の指示な

図表4　不登校特例校一覧

学校名	管理機関	所在地	業務の概要
八王子市立高尾山学園小学部・中学部(平成16年4月開校)	八王子市教育委員会	東京都八王子市	不登校児童生徒のための市立小中一貫校。学年を超えた習熟度別ステップ学習や小学校1・2年次における「総合的な学習の時間」の導入、多様な体験活動などを行う。
京都市立洛風中学校(平成16年10月開校)	京都市教育委員会	京都府京都市	不登校生徒のための市立中学校。実社会と直結した実践的な体験活動や京都の特性を活かした文化・芸術・ものづくり活動などを行う。
学科指導教室「ＡＳＵ」(平成16年4月開校)※小・中学校	大和郡山市教育委員会	奈良県大和郡山市	不登校児童生徒の学習の場として、学科指導教室「ASU」を設置し、学年を超えた習熟度別指導、児童生徒の興味・関心に応じた多様な体験活動などを行う。
星槎中学校(平成17年4月開校)	学校法人国際学園	神奈川県横浜市	不登校生徒に対し、個別指導計画を作成し、習熟度別クラス編成や体験学習等の導入を行うとともに、授業時数を増やして指導を行う。
鹿児島城西高等学校普通科（ドリームコース）(平成18年4月開校)	学校法人日章学園	鹿児島県日置市	「産業社会と人間」,「進路研究（自己理解）」等を学校設定科目として設け，不登校状態がそれぞれ異なる個々の生徒に，きめ細かな指導と弾力性を持った教育を提供する。
東京シューレ葛飾中学校(平成19年4月開校)	学校法人東京シューレ学園	東京都葛飾区	道徳及び特別活動の時間を統合した「コミュニケーションタイム」を新設し、話し合い、共に協力しあいながら、自分達のやりたいことを実現していく方法等を学ばせる。
京都市立洛友中学校(平成19年4月開校)	京都市教育委員会	京都府京都市	学齢超過の義務教育未修了者を対象とする二部学級を設置する中学校。二部学級の生徒とのふれあい等を通して，学習意欲向上と集団への適応を目指す。
日本放送協会学園高等学校(平成20年4月開校)	学校法人日本放送協会学園	東京都国立市	「生活実習」や「職業技術科目」等により、実習・体験型の学習による達成経験の積み重ねなどを通じて、生徒の社会性や自立性の育成、活動意欲や学習意欲の向上を促す。
星槎名古屋中学校(平成24年4月開校)	学校法人国際学園	愛知県名古屋市	「基礎学力」及び「社会に適応する能力」向上を目指した特別な教育課程を編成し、指導を行う。また、生徒の興味や関心、適性をふまえた学習意欲を高めるための指導を充実するために特別な教育課程を編成し、指導を行う。
星槎もみじ中学校(平成26年4月開校)	学校法人国際学園	北海道札幌市	「ベーシック」及び「ソーシャルスキルトレーニング」を教育課程に位置付け、個々の生徒の学習の到達度に合わせた指導を行うとともに、人間関係の構築に必要なスキルを重点的に指導することにより、「基礎学力」及び「社会に適応する能力」の向上を目指す。
西濃学園中学校(平成29年4月開校)	学校法人西濃学園	岐阜県揖斐郡	「コラボレイト」を新しく教育課程に位置付け、国語、社会及び総合的な学習の時間を融合した授業を実施する。寮を持つ学校であり、学習及び生活指導を一貫して行う。
調布市立第七中学校はしうち教室(平成30年4月開校)	調布市教育委員会	東京都調布市	体験活動等で考えたこと等を、各教科で身に付けた力を活用し生徒の得意とする手法で独創的に表現する「表現科」や、不登校による未学習部分を補うため、一人一人の状況に合わせ学習を行う「個別学習」の時間を新しく教育課程として位置付ける。

どを出している。これらは、文部科学省のホームページで確認することができるので、閲覧願いたい。

民間の対応

不登校に関しては、民間の努力が大いに評価されなくてはならない。たとえば**フリースクール**は、多くの子どもたちを救ってきた。不登校関係の文部科学省関連会議の報告書等では、必ずしも再登校が目標ではないと言いつつも、行政の設置する適応指導教室（教育支援センター）の目標はあくまでも再登校であり、本人が再登校に向かう姿勢を見せているかどうかが、校長が出席認定をする際の大きな基準となっている。

フリースクールはそういった縛りを越えて、多様な方法で子どもたちが社会へとつながっていくためのサポートをしてきた。「登校拒否を考える会」という親・市民の会から一九八五（昭和六〇）

図表5　夜間中学設置状況（令和元年）

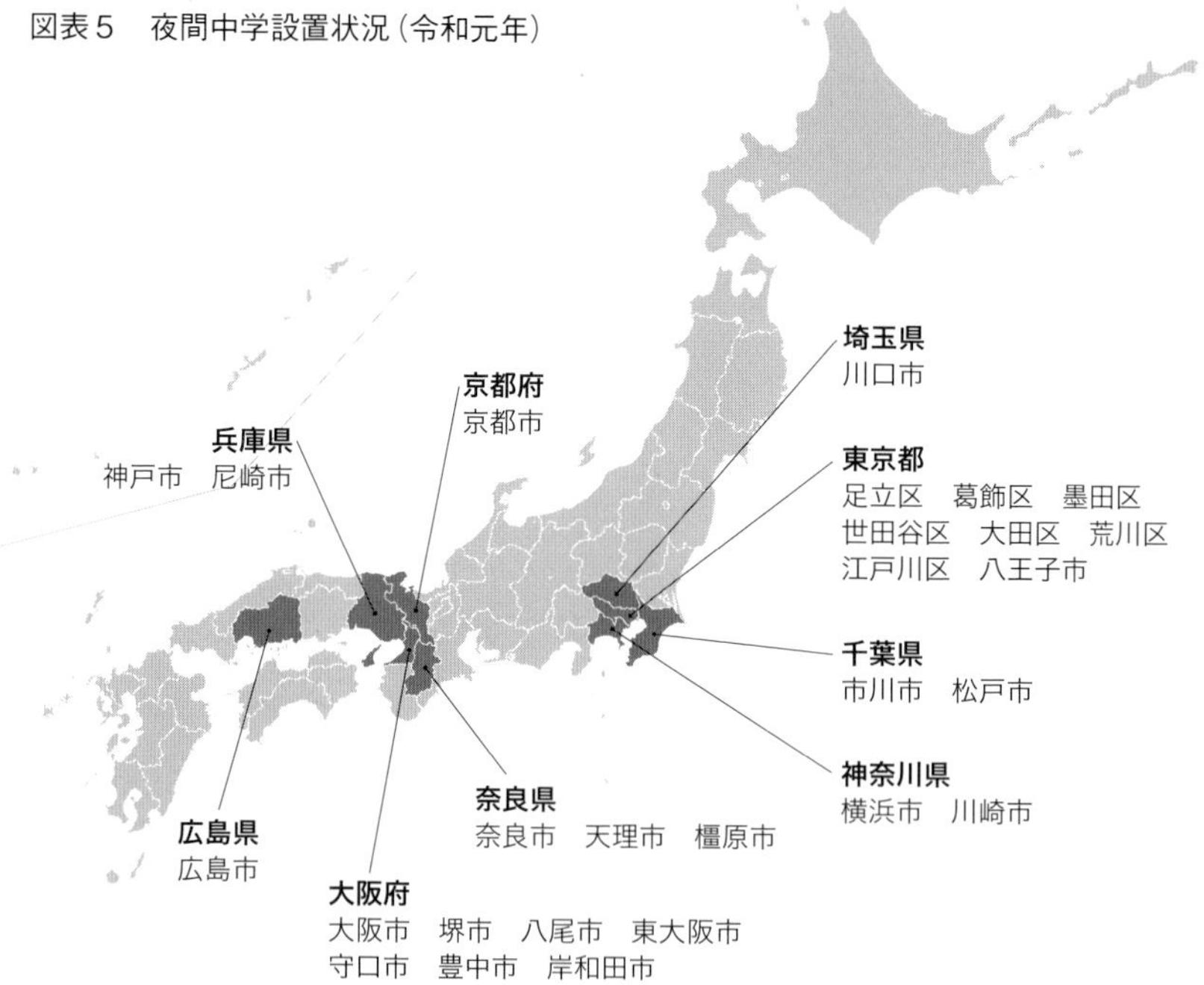

年に誕生した「東京シューレ」[*6]などは、その草分け的な存在である。

東京シューレの子どもたちは、一か月かけてユーラシア大陸を陸路で横断したり（一九九五年）、長野県の高原に二五人泊まれるログハウスを完成させたり（一九九六年）、アラスカ一〇日間の旅を決行したり（二〇一〇年）、工場で指導を受けながら製造した一〇分の一サイズのミニトレインを毎年、保育園や児童館の子どもたちを乗せて走らせたりするなど、学校から世界に飛び出し、人とつながる実践を豊かに展開している。もちろん、教科の学習を望む子どもたちに応えるシステムも持っており、内容や時間についても柔軟な対応を行っている。**高等学校卒業程度認定試験**（大学入学資格検定〔大検〕から二〇〇五年度にシステム変更）を受け、大学進学する者も少なくない。

また、**サポート校**という学校もある。これは、**通信制高等学校**の学習を支援する塾的な施設であり、通信制高等学校に入学してサポート校に通い、高等学校卒業を目指すというものである。

教師の対応

もはや、不登校に出会わない教師は例外だといってよい。教師自身も動揺し、当惑することは避けられない。そうしたなかでストレスを必要以上に抱え込んでしまっては、冷静な対応がますますできなくなってしまう。まずは、職場で早いうちから「〇〇が風邪だって言って、三日も休んでいるんだけど」とか、「この頃、〇〇がよく遅刻してくるんだけど、どう思う?」と話題にするなどして、同僚や学年主任、管理職等に気になることを共有してもらうことがよい。状況が複雑化、深刻化したあとでは、自責の念にかられ、相談しにくくなり、一人で抱え込むという好ましくない状態に陥りやすくなってしまうからである。

かなり前には、とにかく出席させなければということで、学校や教師は不登校の子どもたちを強引に登校させようとしていた時期があったが、その後、**登校刺激**は避けなければならないという認識が一般化すると、一転して対応が消極的になり、なかには必要なコンタクトも敬遠するような極端な例も散見された。

登校刺激を与えるのか、与えないのか、程度はどうするのかといったことなどは、不登校のタイプや時期にもよるので判断が難しい。判断に困ったときは、心理職専門家であるスクールカウンセラーに相談するとよい。心理職専門家には類似事例の蓄積があるので、有益なアドバイスをくれることは間違いないが、「教えを乞う」というスタンスでアドバイスを盲信するのではなく、あくまでも「相談する」というスタンスで肩の力を抜いて話をするのがよい。そして、うまくいかなければ、一緒に試行錯誤しつつ、子どもに根気強く関わっていくというのが基本的なスタンスになる。

子どもが登校しなくなった場合は、通常、担任は家庭訪問を行う。ところが、これも場合によっては子どもの拒否反応を増幅させる場合があり、だからといって、家庭訪問をやめると本人も親も見放されたと感じ、不安をかき立てられる場合もある。不登校に陥ったところから回復していくには、一定のサイクルがあると言われているが、初期段階に特に必要なことは、なるべく当人と話ができる関係を何とか保つことである。

たとえば、本人から切り出されない限りは学校の話はしない。共通の楽しい話題があれば、それについて話すことができたらそれでよしとする。また、教師の存在はどの子どもにとってもプレッシャーになるので、短時間で引き上げるほうがよい。面会ができないような状態であれば家庭訪問は控えるが、親と電話等で連絡をとることは続ける。こうしたことがポイントとなる。

そのうえで、不登校が長期化の様相を呈してきたら、学校のみで対応しようとせず、適応指導教室（教育支援センター）やフリースクールに参加させることを積極的な選択肢としていく必要がある。

森田洋司《もりたようじ》らが中学三年時、不登校であった者が五年後の二〇歳になったとき、どのような状態にあるかを把握するフォローアップ調査を行ったことがある。*7 形態はいろいろあるが、人や職とつながりを持つことがいったんできた者は、人生の軌道修正もでき、過去の不登校経験をむしろ肯定的にとらえることができるようになっていることが少なくないという。

森田らは、不登校は原因も対応も心の問題として取り扱われることが多いが、進路形成をどう図っていくかという視点から具体的な援助をしていくことが、結果として心の問題の解決にもつながることを強調する。こうした見解を踏まえれば、教師は「在籍校に戻す」ということを一つの重要な選択肢としつつも、そうではない多様な社会とのつながりのルートを、不登校経験者の成功例などを参照しながら、不登校で悩む子どもやその親たちに希望をもって示していく必要があるのではないか。

また、不登校への対応においては母親をはじめとする家族の援助も重要であるが、その母親自体が子の不登校を原因の一つとしてうつ病になることも少なくないという。したがって、母親に連絡をとって話を聞くと同時に、家族が相談に行けるような信頼のできるカウンセラーを紹介したり、同じ悩みを持つ人たちで構成される「親の会」にまずは教師も一緒になって参加してみたりするなど、母親が孤立しないように配慮することが求められる。児童相談所も不登校への対応の蓄積があるので、親と一緒に連絡をとってみるとよい。情報を与えるだけでは動けない親もいるので、はじめは教師がともに動くということがポイントである。

一緒に悩む伴走者に

筆者は非常勤も含めると一〇以上の大学の教壇に立ってきた。講義で不登校に触れることがあるが、そういう回のあとなどには少なからぬ学生が個別に話しかけてきてくれる。そして、不登校について思いを語ってくれる。自身の不登校経験に基づいて筆者の講義に共感してくれる者もいれば、反対に疑問を呈してくれたりする者もいる。いずれにしても、少なくない不登校経験者が大学で学ぶようになった。大学に来るまでのルートも時間も人それぞれだ。これからの人生のルートも多様であるに違いない。ひとつのルートにこだわりすぎると行き詰まる。悩んだときには、どんなルートが他にあるのかを考えることは大切だし、一緒に悩んで模索してくれる人がいると心強い。一緒に悩む伴走者として受け入れてもらえるような教師になってほしい。

註

1 Johnson, Adelaide M. et al. : School phobia.Am.J. of Orthopsychiatry, 11(4), 1941, pp.702-711.

2 高木隆郎他「学校恐怖症の典型像（Ⅰ）」日本児童精神医学会『児童精神医学とその近接領域』第六巻第三号、一九六五年、一四六〜一五六頁。

3 毎年報告される各年度の「児童生徒の問題行動等生徒指導上の諸問題に関する調査」結果の「不登校児童生徒数」を示す表の下の注に定義が示されている。

4　出席扱いの要件等については、文部科学省初等中等教育局長通知「不登校への対応の在り方について」（一五文科初第二五五号）、平成一五年五月一六日（http://www.mext.go.jp/b_menu/hakusho/nc/t20030516001/t20030516001.html、二〇一九年八月二六日閲覧）の別記を参照のこと。

5　同通知は文部科学省のホームページでも参照することができる（http://www.mext.go.jp/a_menu/shotou/seitoshidou/04121502/06041201.htm、二〇一九年八月二六日閲覧）。

6　東京シューレについては、東京シューレ編『僕は僕でよかったんだ―学校に行かなかった32人との再会』東京シューレ出版、二〇一二年や、ホームページ（http://www.tokyoshure.jp/、二〇一九年八月二六日閲覧）などを参照願いたい。

7　森田洋司編『不登校―その後　不登校経験者が語る心理と行動の軌跡』教育開発研究所、二〇〇三年。

第9章
文部科学省のいじめ対策

伊東　毅

キーワード

スクールカウンセラー　教育再生会議　教育再生実行会議　いじめの定義　いじめ防止対策推進法　教育基本法　いじめ防止基本方針　スクールソーシャルワーカー　いじめの認知学校数　特別の教科である道徳　副読本　教科書

要　約

1980 年代にいじめが社会問題化して以来、文部省・文部科学省や教育再生会議・教育再生実行会議などから幾度となく提言等がなされてきた。教育再生実行会議の 2013 年の提言の主要ないじめ対策は、いじめに関する法律の制定といじめ予防教育の充実を目的とした道徳の教科化であった。結果として、一方で 2013 年にいじめ防止対策推進法がつくられ、また一方で道徳が教科となり小学校では 2018 年度から、中学校では 2019 年度から「特別の教科である道徳」がスタートした。しかし、いじめやいじめ自殺はその後も頻繁にメディアで報じられている。いじめ防止対策推進法や特別の教科である道徳の効果を検証しながら、実効性のある対策を進めてほしい。

一九八〇年代半ばに「いじめ」がはじめて社会問題化してから四〇年近くたつ。しかし、メディアからいじめの話題が消えたかと思う間もなく、再び子どもの自殺が起こり、社会問題化するということを何度も繰り返してきた。**文部科学省**（かつての文部省も含む）も、そのたびに対応を迫られ、様々な対策を講じてきた。本章では、それらを振り返ってみよう。はたして、それらがどのくらいいじめ問題の克服につながったのであろうか。

章のタイトルは「文部科学省のいじめ対策」としたが、文部科学省での政策展開を方向付ける安倍晋三首相の諮問機関「教育再生会議」や「教育再生実行会議」による提言なども加えて記していきたい。

第一節　これまでの提言等

子どものいじめ自殺が大きく社会問題化すると、首相や文部科学省の近辺から提言等が提示される。これが何度も繰り返されてきた。ここでは、そうしたもののなかから主要なものを七つ取り上げ、論じてみたい。*1

（1）児童生徒の問題行動に関する検討会議（文部省内設置会議）「児童生徒の問題行動に関する検討会議緊急提言―いじめ問題の解決のためのアピール―」（一九八五（昭和六〇）年六月二八日、以降「八五年提言」と略記）

これがいじめ問題についてのはじめての大きな提言である。まだこのころは学校名や氏名が明記されることはほとんどなかったが、一九八五（昭和六〇）年の一月と二月に六件ほどのいじめ自殺が報道された。こうした事態を受け、八五年提言が出されることになる。

この提言は、「一　いじめの問題に関する五つの基本認識」「二　学校において緊急に取り組むべき五つのポイント」

「三　教育委員会において緊急に取り組むべき五つのポイント」「四　家庭において配慮すべき三つのポイント」の四部構成で、教員や保護者に対して、いじめ問題が深刻であることや対応が必要なことを訴えている。まだスクールカウンセラー等が学校に配置される前のものであり、教育相談体制の基礎づくりが提案の中心になっている。いじめの加害者に対する懲戒や適切な対応をしなかった教員に対する処分などについては、全く触れられていない。

（2）いじめ対策緊急会議（文部省内設置会議）「「いじめ対策緊急会議」緊急アピール」（一九九四〔平成六〕年一二月九日、以降「九四年アピール」と略記）

一九九四（平成六）年一一月二七日に愛知県で大河内清輝《おおこうちきよてる》さん（中学二年）が自殺をした。百万円以上の恐喝を含む身体的・精神的に耐えがたい攻撃を受けた末の自殺であった。大河内さんは遺書やメモを残しており、これが報道されたことを契機に、テレビ・新聞が連日大きくこの問題を取り上げた。これを受け、九四年アピールが出されることになる。

九四年アピール自体は短く端的に六項目にまとめられたものであるが、これを受けての文部省の通知「いじめ問題への取組についてのチェックポイント」（一九九四〔平成六〕年一二月一六日）では、相談体制の整備・保護者の悩みにも応える体制づくり・継続的な事後指導・専門機関との連携・教育センターや児童相談所等の相談窓口の児童・生徒や保護者への周知について細かく指示されている。九四年アピールの直後に、学校に心理専門職による**スクールカウンセラー**を導入する試みが始まる。

（3）教育再生会議有識者委員一同「いじめ問題への緊急提言―教育関係者、国民に向けて―」（二〇〇六〔平成

一八〕年一一月二九日、以降「〇六年提言」と略記）

安倍首相は教育を重要課題の一つとして位置づけ、文部科学省のみに委ねるのではなく、自ら**教育再生会議**（第一次安倍内閣）・**教育再生実行会議**（第二次安倍内閣）をつくって教育政策の方向性を議論させた。こうしたなかで特に力点が置かれたのがいじめ対策である。

二〇〇六（平成一八）年一〇月一一日に福岡県で森啓祐《もりけいすけ》さん（中学二年）が自殺した。事実を知りたい両親に対して学校側は消極的であり、設置された第三者委員会も当時は権限が限られており、両親の期待にほとんど応えることができなかった。事件後の学校側の対応がメディアで大きく問題にされた。この事態を受け、教育再生会議が〇六年提言を提出することになる。この提言は、児童・生徒に対する懲戒・教員の処分・学校や教員の評価等、それまでの提言と比べると刺激の強い表現が数多く盛り込まれている。

（4）子どもを守り育てる体制づくりのための有識者会議（文部科学省内設置会議）「いじめ問題などに対する喫緊の提案について」（二〇〇六〔平成一八〕年一二月四日、以降「〇六年提案」と略記）

〇六年提言の五日後に、この〇六年提案が示された。教育再生会議の陰に隠れ、世間の注目をそれほど浴びずにひっそりと出された観がある。「一　子どもが様々な大人に相談できる場面をつくりましょう」「二　学校の中に新たな子どもの居場所をつくりましょう」「三　万が一の場合の初期対応では、専門家が学校をサポートするようにしましょう」「四　実態を把握・分析するとともに、良い取組を共有しましょう」の四項目からなる。

このなかの二と四がこの提案の特徴といえる。二は、地域社会そのものの再生が難しいのであれば、学校のなかにその要素を組み入れようという提案である。もうひとつの四の方は、これが前年（二〇〇五〔平成一七〕年）一一月に与野党から批判を受けたいじめの実態把握に関連する項目であり、これを受けた〇六年提案によりいじめの定義見直しが行われることになる。

これまで文部科学省が使用してきた**いじめの定義**は、「①自分より弱い者に対して一方的に、②身体的・心理的な攻撃を継続的に加え、③相手が深刻な苦痛を感じているもの。起こった場所は学校の内外を問わない。なお、個々の行為がいじめに当るか否かの判断を表面的・形式的に行うことなく、いじめられた児童生徒の立場になって行うこと。」というものである。問題になった箇所は「一方的」「継続的」「深刻」という部分である。「継続的でなかったのでいじめと認識しなかった」などと、報告をしなかったことの理由に同箇所が使われることが多かった。これが国会で大問題になった。結果として、これらの部分を削除し、「当該児童生徒が、一定の人間関係のあるものから、心理的・物理的な攻撃を受けたことにより、精神的な苦痛を感じているもの」という文言に訂正された。

（5）教育再生会議「社会総がかりで教育再生を～公教育再生への第一歩～―第一次報告―」（二〇〇七〔平成一九〕年一月二四日、以降「〇七年報告」と略記）

この報告は七つの提言と四つの緊急対応からなるが、このなかで第二・第六提言がいじめに関係する。いじめ・校内暴力対策として予算・人事・教員定数の面で学校を支援することが説かれている。行政は本来、条件整備が本務なのだから、この点をまず強調したことは積極的に評価したい。加害者への対応については、懲戒等についての具体的な記述がなされている。個別指導・別室等での教育・社会奉仕等の体験活動・出席停止制度の活用、また、児童相談所や警察等の関連機関への連絡等を積極的に検討するよう指示されている。〇六年提言とニュアンスとしては同じといったところである。

（6）子どもを守り育てる体制づくりのための有識者会議（文部科学省内設置会議）「『いじめを早期に発見し、適切に対応できる体制づくり』―ぬくもりのある学校・地域社会をめざして―子どもを守り育てる体制づくりのための有識者会議まとめ（第一次）」（二〇〇七（平成一九）年二月一日、以降「〇七年まとめ」と略記）

これは、「一　教師は、いじめを許さず子どもをしっかり守ろう！」「二　学校は、地域の人材を活用して『ナナメの関係』をつくろう！」「三　教育委員会等は、多様な専門機関・専門家と協力しよう！」「四　保護者は、携帯電話等の活用の仕方を再考しよう！」「五　全ての大人は、自らの責任を見つめ直し、子どもに『生きる』ことの意味を教えよう！」の五つの提案からなる。これだけを見ると、一・三・五あたりはこれまでの文部科学省関係組織の諸提案の繰り返しのようにも見えるが、それらにも若干ニュアンスの違う内容が盛り込まれていたりする。

まず、一であるが、「教師は、生徒会を始めとして、子どもたちが主体的に行ういじめ対策の活動を積極的に支援することが必要である。」等、子どもたちの自治能力に期待を寄せているところがこれまでと多少ニュアンスの異なるところであり、評価したい。また、「いじめを見過ごさないよう、子どもの小さな変化に気づくためには、教師が子どもと向かい合い接する時間を確保することが必要である。このため、学校内での職務分担の見直しや文書事務・調査事務を軽減することが必要である。」とある。これは学校現場でもっとも求められていることの一つであろうが、これまで文部科学省関係組織からの提言としては強調されることが少なかった。

二では、学校内外で子どもが多くの大人と接する機会を増やすことが提案されている。倫理観を子どもたちに授業で教えるといったことよりも、関係づくりに注目した提言を行っているところはよい。大学生を積極活用しようという提案も、失われた異年齢集団の再生という観点からしても賛同したい。ただ、こうしたことをコーディネートする時間を教師・学校がどのように確保するのかということを同時にしっかりと考えなくてはならない。

三で目についた事柄は二つある。一つ目は「……民間の有能な人材をより多く校長に抜擢することも有益である。」というものである。学校の人的組織が大きく変化していくのであろうか。その際、民間出身=有能、教員一筋=無能、といった根拠のない図式が一般化することを恐れる。二つ目は「……文部科学省の若手職員が一定期間学校現場に出て、その実情を知るような機会を設けることを検討することも有益である。」とされていることである。文部科学省自身を対策の対象としたことは評価できる。現場の苦悩を直接経験し、今後の政策に役立ててほしい。

四では携帯電話に限らずテレビ、インターネット等の弊害について論じられている。弊害もあるだろうが、学校や文部科学省の対応に疑問を投げかけることができるのもマスコミである。マスコミのチェック機能を損なうような展開にならないよう留意する必要がある。

五については、筆者も耳が痛い。「子どもに誇れるような生き方を心がけているか?」という項目で締めくくられている。皆さんはいかがだろうか。

(7) 教育再生実行会議「いじめ問題等への対応について(第一次提言)」(二〇一三(平成二五)年二月二六日、以降「一三年提言」と略記)

二〇一一(平成二三)年一〇月一一日、滋賀県大津市で中学二年生のいじめ自殺事件が起き、注目を集めた。蜂の死骸を食べさせられた、自殺の練習をさせられたといったことが報じられるとともに、学校や教育委員会の事前及び事後の対応のまずさが取り上げられた。学校の対応をメディアで大きく批判した尾木直樹《おぎなおき》を加えるなどしてつくられた第三者委員会が調査に当たったが、これがのちの第三者委員会のあり方に影響を与えることになる。

この事件を受け、教育再生実行会議が一三年提言を提出することになる。この提言で強調されたのは、いじめに関する法律をつくることと道徳の教科化の二つである。この提言では相談体制の整備も強調されている。「国及び教育委員会は、学校における日常的な相談窓口として、スクールカウンセラー、スクールソーシャルワーカー等の配置を一層促進するほか、困難な問題の解決に向けて相談できる弁護士や、インターネットを介したいじめに対応するためのＩＣＴ等の専門家、教員や警察官の経験者、地域の人材等、多様な人材による支援体制を構築する。」とあり、こうした大きな提言では、はじめて「スクールカウンセラー」という表現が登場することになる。法制化に向かう段階でこうした表現が出てきたことの意味は大きい。

第二節　いじめ防止対策推進法

一三年提言のあった二〇一三（平成二五）年にさっそく法律が制定された。**いじめ防止対策推進法**である。法律の制定という極めて大胆ないじめ対策を文部科学省が行ったわけであるから、ここで、少し紙数を割いて検討してみたい。とはいえ、すべての条項を検討することはできないので、筆者が気になるところを中心に取り上げたい。

まずは、「定義」について書かれている第二条を見てみよう。

第二条　この法律において「いじめ」とは、児童等に対して、当該児童等が在籍する学校に在籍している等当該児童等と一定の人的関係にある他の児童等が行う心理的又は物理的な影響を与える行為（インターネットを通じて行われるものを含む。）であって、当該行為の対象となった児童等が心身の苦痛を感じているものをいう。

「（インターネットを通じて行われるものを含む。）」という文言が挿入されたものの、二〇〇六（平成一八）年度より使用されているこれまでの文部科学省の定義を踏襲しているといっていい。ただ、筆者個人の見解を言わせてもらえば、二〇〇六年度から使われ、今回の法律にも採用されたこの定義には賛成ではない。いじめに限らず、ケンカでもなんでも子どもたち同士のトラブルがすべて入ってしまう表現である。この定義をまともに受け取って、子どもたちのトラブルすべてに教師が介入していったら、自ら人間関係のトラブルを解決したことのない、免疫力のない大人が増産されてしまうのではないかと心配になってしまう。

次に、「いじめの禁止」について書かれている第四条を見てみよう。

第四条　児童等は、いじめを行ってはならない。

同法が教育行政の各レベルに指示を出す行政法であるとしたならば、教育行政や公務員への指示というベクトルで一貫したほうがきれいである。児童・生徒に対してではなく、教育行政や公務員である教師（私立の教師もこれに準ずる）に対して指示を出すというベクトルで、たとえば「第四条　児童等に、いじめを行わせてはならない。」としたほうがしっくりくるのではないか。

次に、「保護者の責務等」について書かれている第九条を取り上げる。

第九条　保護者は、子の教育について第一義的責任を有するものであって、その保護する児童等がいじめを行うことのないよう、当該児童等に対し、規範意識を養うための指導その他の必要な指導を行うよう努めるものとする。

これも、教育行政や公務員に対する指示ではないので、筆者には多少の違和感がある。良い悪いは別として、教育法規がこれまで自重してきたプライベートな領域である家庭に口を出すようになってきた。二〇〇六（平成一八）年に全部改正された**教育基本法**も、改正前にはなかった「家庭教育」を第十条に置いた。

次に、「財政上の措置等」について書かれている第十条を取り上げる。

第十条　国及び地方公共団体は、いじめの防止等のための対策を推進するために必要な財政上の措置その他の必要な措置を講ずるよう努めるものとする。

第十条の終わりが「努めるものとする」となっている。こうしたものを通常「努力義務」という。すなわち、財政措置が努力義務なのである。文部科学省はあとで触れる「いじめ防止基本方針」を改定して、それまで「心理や福祉の専門家」としていたところを「スクールカウンセラー」「スクールソーシャルワーカー」と明記した。弁護士・警察・人権擁護機関等との連携の必要性も強調した。スペシャリストを配置して、教師を助けようということである。しかし、週一・二回では不十分であると言われているスクールカウンセラーの出校日数を増やしたり、いま導入しつつあるスクールソーシャルワーカーを多くの学校に配置したり、慎重に対応をしなければならないときに弁護士の協力を仰いだりするには、それなりの費用がかかる。この財政上の措置が努力義務となってしまっている。

強制力を持たないものは実現するとは限らない。結果として、スクールカウンセラー、スクールソーシャルワーカー、弁護士の十分な協力を得ることができず、結局、あらゆる改善案が教師の負担となってあらわれる、ということになりかねない。国や地方公共団体の最も期待されるところが条件整備なのであるから、財政上の措置には必死で取り組んでもらいたい。

第十一条・第十二条・第十三条は、国・地方公共団体（このレベルは努力義務）・学校のそれぞれのレベルでいじめ防止基本方針を策定することを命じている。「文部科学大臣は……基本的な方針を定めるものとする。」というように、具体的な内容を他のものに任せてしまうものを委任規定という。委任規定があると国会での審議がなされずに、具体的な内容をその時の政権のなかだけで決めてしまうことになる。最近こういうパターンが多いと思うのは、筆者だけであろうか。全部改正された教育基本法も「教育振興基本計画」という委任規定を持っている。

さて、国に作成が義務付けられている**いじめ防止基本方針**であるが、はじめてつくられたのが同法制定と同じ二〇一三（平成二五）年であった。これが二〇一七（平成二九）年に改定されることになる。改定のポイントは次の通りである。

①道徳が教科になったので、そのことを反映させる。

②「心理や福祉の専門家」としていたところを「スクールカウンセラー」「スクールソーシャルワーカー」と明記。

③「学校いじめ防止プログラム」「早期発見・事案対処のマニュアル」等、要請項目の表記が具体的に。

④重大事態発生時の第三者調査委員会をあらかじめ構成しておくよう要請。
⑤就学前の幼児を抱える保護者に対する取り組みも行うよう指示。
⑥定期的なアンケート調査・個人面談の実施の必要性を強調。
⑦弁護士・警察・人権擁護機関等との連携の必要性を強調。
⑧必要により転校を容易に行えるよう要請。
⑨学校評価・教員評価のいっそうの強調。

次に、「いじめの早期発見のための措置」について書かれている第十六条を取り上げる。

第十六条　学校の設置者及びその設置する学校は、当該学校におけるいじめを早期に発見するため、当該学校に在籍する児童等に対する定期的な調査その他の必要な措置を講ずるものとする。

この第十六条第一項は大きな影響力があった。いじめについてのアンケート調査が学校で行われるようになったからである。以前は、こうしたアンケートは各子どもや子どもたちの人間関係に教師が土足で踏み込むようで、大きな抵抗を感じてやらなかったはずである。現在では、どの学校でも各学期に一回くらいの頻度でこうした調査が行われるようになった。

次に、「インターネットを通じて行われるいじめに対する対策の推進」について書かれている第十九条の第三項を取り上げる。

第十九条　三　インターネットを通じていじめが行われた場合において、当該いじめを受けた児童等又はその保護者は、当該いじめに係る情報の削除を求め、又は発信者情報（特定電気通信役務提供者の損害賠償責任の制限及び発信者情報の開示に関する法律（平成十三年法律第百三十七号）第四条第一項に規定する発信者情報をいう。）の開示を請求しようとするときは、必要に応じ、法務局又は地方法務局の協力を求めることができる。

子どもがネットでいじめを受けたとき、法務局が協力してネットの管理会社に発信者特定をしてもらえるように、とつくられた条項である。これまではネットの管理会社がなかなか個人の依頼を受け付けてくれなかったことを考えれば、実効性のある条項だと思われる。

次に、「学校におけるいじめの防止等の対策のための組織」について書かれている第二十二条を取り上げる。

第二十二条　学校は、当該学校におけるいじめの防止等に関する措置を実効的に行うため、当該学校の複数の教職員、心理、福祉等に関する専門的な知識を有する者その他の関係者により構成されるいじめの防止等の対策のための組織を置くものとする。

これに基づき、各学校のなかに「いじめ対策会議」（名称は学校によって異なる）が設置されたと思われる。形式的な会議にならず、きちんと機能するかどうかは各学校の運用にかかっている。担任が一人で抱え込まないようにする措置でもあるので、その趣旨に沿った展開が期待される。

次に、「学校の設置者による措置」について書かれている第二十四条を取り上げる。

第二十四条　学校の設置者は、前条第二項の規定による報告を受けたときは、必要に応じ、その設置する学校に対し必要な支援を行い、若しくは必要な措置を講ずることを指示し、又は当該報告に係る事案について自ら必要な調査を行うものとする。

筆者はかつて「学校におけるいじめの実態調査とその打開策に関する日加共同研究」（研究代表河内徳子・平成九〜一一年度科研費国際学術研究）に参加したことがある。同研究でカナダのトロント教育委員会の調査を行う機会を得た。トロントでは、教育委員会のなかで**スクールソーシャルワーカー**がスタンバイしていて、学校から深刻ないじめの報告があると、そのスクールソーシャルワーカーが学校に出向いて、被害生徒とその家庭にぴったりと寄り添う。そのスクールソーシャルワーカーが被害者を必要な窓口につないだり、また、そのスクールソーシャルワーカーが加害者やその加害者家族と話をしたりして、直接そのいじめ問題を解決していく。

教師の仕事は授業で教科を教えること、難しいトラブルの解決は教育委員会の仕事、といったようにトロントでは教師に抱え込ませない仕組みができていた。日本では教育委員会と学校がタテの関係だが、トロントではそうした関係だけではなく、役割分担をする協同関係という側面も強く感じることができた。日本の教育委員会も具体的な援助機能を獲得し、しっかりと学校をサポートしてほしい。

次に、重大事態に関して「学校の設置者又はその設置する学校による対処」について書かれている第二十八条を取り上げる。

第二十八条　学校の設置者又はその設置する学校は、次に掲げる場合には、その事態（以下「重大事態」という。）に対処し、及び当該重大事態と同種の事態の発生の防止に資するため、速やかに、当該学校の設置者又はその設置する学校の下に組織を設け、質問票の使用その他の適切な方法により当該重大事態に係る事実関係を明確にするための調査を行うものとする。

重大事態とは、端的に言うと、いじめが原因やきっかけで、①自殺や自殺未遂が生じたときと、②不登校になったとき、を指す。このいじめ防止対策推進法の成立前後で大きく変わったことの一つは、自殺が生じたときの対応である。それまでは、被害者家族の声は届かないことが多かった。この法律が施行されてからは、トラブルはそれなりにあるが、第三者調査委員会が立ち上がり、調査が行われることが一般的になった。

次に、「学校評価における留意事項」について書かれている第三十四条を取り上げる。

第三十四条　学校の評価を行う場合においていじめの防止等のための対策を取り扱うに当たっては、いじめの事実が隠蔽されず、並びにいじめの実態の把握及びいじめに対する措置が適切に行われるよう、いじめの早期発見、いじめの再発を防止するための取組等について適正に評価が行われるようにしなければならない。

第三十四条の内容は、いじめ防止対策推進法ができる前からずっと言われ続けてきた。だが、毎年公表されるいじめの認知件数は、学校がいじめの実態を報告することに関してかなりの問題を抱えていることを示している。あ

図表1　いじめの認知学校数・認知件数（2018年度）

区分		学校総数:A(校)	認知した学校数:B(校)	比率:B/A × 100 (%)	認知件数:C(件)	1校当たりの認知件数:C/A(件)	認知していない学校数:D(校)	比率:D/A × 100 (%)
小学校	国立	72	67	93.1	3,499	48.6	5	6.9
	公立	19,671	16,960	86.2	421,116	21.4	2,471	12.6
	私立	231	118	51.1	1,229	5.3	109	47.2
	計	19,974	17,145	85.8	425,844	21.3	2,585	12.9
中学校	国立	77	74	96.1	942	12.2	3	3.9
	公立	9,532	8,361	87.7	93,921	9.9	1,091	11.4
	私立	796	427	53.6	2,841	3.6	335	42.1
	計	10,405	8,862	85.2	97,704	9.4	1,429	13.7
高等学校	国立	19	10	52.6	72	3.8	9	47.4
	公立	4,117	2,802	68.1	13,134	3.2	1,308	31.8
	私立	1,538	744	48.4	4,503	2.9	782	50.8
	計	5,674	3,556	62.7	17,709	3.1	2,099	37.0
特別支援学校	国立	45	18	40.0	105	2.3	27	60.0
	公立	1,080	467	43.2	2,570	2.4	612	56.7
	私立	14	1	7.1	1	0.1	13	92.9
	計	1,139	486	42.7	2,676	2.3	652	57.2
計	国立	213	169	79.3	4,618	21.7	44	20.7
	公立	34,400	28,590	83.1	530,741	15.4	5,482	15.9
	私立	2,579	1,290	50.0	8,574	3.3	1,239	48.0
	計	37,192	30,049	80.8	543,933	14.6	6,765	18.2

文部科学省「児童生徒の問題行動・不登校等生徒指導上の諸課題に関する調査結果について」2019年10月7日

らゆるトラブルがカウントされ得るいじめの定義となっていることをすでに見た。この定義に従っていじめをカウントしたならば、認知件数は膨大な数になるはずである。

しかし、実際に報告される件数はそうはなっていない。図表1として示した文部科学省公表の二〇一八（平成三〇）年度の**いじめの認知学校数**に関するデータを見てほしい。いじめを「〇件」と報告する学校（認知していない学校）が六七六五校もある。これはどういうことか。いじめを報告させない何らかの力が働いているとしか思えない。どのような問題が背後にあるのか、しっかり分析したうえで、具体的な改善策が示されない限りは、この問題が解決されることがないのではなかろうか。

第三節　道徳の教科化

教育再生実行会議の一三年提言の主要ないじめ対策は、いじめに関する法律の制定といじめ予防教育の充実を目的とした「道徳の教科化」であった。教科であった戦前の「修身」への抵抗などから、これまで道徳は教科とはされないできた。これが一三年提言を契機に一気に教科化へと動き出す。

二〇一五（平成二七）年に学校教育法施行規則が改正され、「道徳」が「**特別の教科である道徳**」になる。そして、小学校では二〇一八（平成三〇）年度から、中学校では二〇一九（平成三一）年度から道徳は教科として実施されるようになった。これまで**副読本**であったテキストが**教科書**に変わった。いじめを題材とした資料が、教科書にこれまで以上に配置されることになった。

道徳が教科になったことがいじめ問題の克服にどれだけ効果があるかは、今後の様子を見ていかなければならないが、教科書に掲載されたいじめ関係資料を見る限りでは、副読本のときと大きな違いがないように思われる。フィクションが多く、現実に引きつけた授業がどれだけ展開できるかは、大きく教師の力にかかっているように思われる。教師の力量も大切だが、教科書の資料自体が現実的な行動を考えさせるリアルな内容に切り替わっていく必要がある。筆者が見た限りでは、いじめ関連資料のなかで実話を用いたものは「一緒に着よう」[*2]の一つしかないのではないかと思われる。子どもたちの現実にしっかりと届く資料が増えていくことを期待する。

検証とともに対策を

筆者は、新聞記事等を資料として、いじめ自殺の整理を試みている。[*3]自殺だけがいじめの状況をはかる指標ではないが、先に見たように認知件数があてにならないとすれば、こうしたものを状況判断の目安にするしかない。一〇年ごとにこの三〇年のいじめ自殺を追ってみると、一九八八～一九九七年度は六二件、一九九八～二〇〇七年度は六九件、二〇〇八～二〇一七年度は八一件となっている。直近の一〇年の状況は深刻で、かなりいじめ自殺は増えている。これを踏まえれば、文部科学省の対策が有効に機能しているとは言えない。どこに問題があるのか。よかれと思って実施した対策が、逆効果になっていたりはしないか。教師や学校を実質的にサポートするものになっているか。こうしたことをしっかりと検証しながら、いじめ対策を改善していってほしい。

註

1　ここで取り上げる七つの提言等は、すべて文部科学省のホームページで参照することができる。提言等のタイトルを入力して検索すると提示されるので、各自で確認してほしい。

2　杉中康平・田沼茂紀ほか『中学道徳2　きみがいちばんひかるとき』光村図書出版、二〇一八年、一三五～一三九頁。

3　伊東毅「政府の「いじめ」対策の検討」教育科学研究会編『なくならない「いじめ」を考える』国土社、二〇〇八年、一六五～一九〇頁、伊東毅「データと動向分析でみるいじめ自殺事件」教育科学研究会編『教育』かもがわ出版、No.848、二七～三四頁などを参照願いたい。

第10章
いじめへの対応と学級活動・生徒会活動

伊東　毅

キーワード

学習指導要領　特別活動　学級活動　アクティブ・ラーニング　構成的グループエンカウンター　ソーシャルスキルトレーニング　ストレスマネジメント　アサーショントレーニング　生徒会活動　いじめ撲滅宣言　ピア・サポート　ピア・カウンセリング

要　約

学級活動ではクラスの問題を生徒自身で解決することが期待されている。だが、いじめが生じてしまった後の学級会での話し合いは非常に難しい。教師の主導権とぶれることのない毅然とした態度が必要になる。緊迫した状況の実践例を紹介するので見てほしい。いじめの予防教育としての学級活動は数多く報告されている。そうしたもののなかから、学校全体で取り組んだ中学校の事例と法律の専門家である弁護士による出前授業を紹介したい。前者では構成的グループエンカウンターの具体例を学ぶことができ、後者では弁護士ならではの実例を用いたリアルな授業に接することができる。また、学校全体を巻き込んで行われる生徒会の取り組みについても触れる。生徒たちの自治能力にも期待したい。

日本におけるいじめ研究の第一人者である森田洋司《もりたようじ》らが行った調査によれば、日本の場合、加害者と被害者との関係は「同じクラスの子」が八〇・〇％となっている。*1 いじめのほとんどが、学級のなかの問題である。ならば、個別指導と合わせて学級の指導はきわめて重要だといえる。学級内の傍観者の指導もここに入る。さあ、教師は学級に対してどのような指導をすればよいのか。

さらにまた、いじめを克服していく力を子どもたち自身にも身につけてほしい。もちろん、必要な介入は教師によってなされなければならないが、すべてを教師の力によって解決してしまうのも問題である。いじめ克服への生徒の自治的な努力が期待される。生徒会のいじめ問題への取り組みにも注目してみよう。

第一節　いじめに取り組む学級活動実践

学習指導要領を確認すると、中学校における**特別活動**の柱は三つある。学級活動（高等学校の場合は「ホームルーム活動」）・生徒会活動・学校行事である。この第一の柱である**学級活動**は、さらに三つに分かれており、（一）学級や学校における生活づくりへの参画、（二）日常の生活や学習への適応と自己の成長及び健康安全、（三）一人一人のキャリア形成と自己実現、とある。

この（一）もさらにア・イ・ウと三項目に分かれている。このアが「学級や学校における生活上の諸問題の解決」である。「学級や学校における生活をよりよくするための課題を見いだし、解決するために話し合い、合意形成を図り、実践すること。」と説明されている。行政文書は通常重要なものから書かれているから、この（一）のアが特別活動の一丁目一番地であり、特別活動の中心とされる。いじめ問題の解決も、もちろんここと関係する。

いじめ問題が生じたら学級で話し合って解決する、ということになる。

しかし、これがきわめて難しい。たとえば、いじめ問題に精力的に取り組んでいる一般財団法人いじめから子供を守ろうネットワーク（代表・井澤一明《いざわかずあき》）は、いじめ解決のため、学校側に絶対させてはいけないこととして「ホームルームで話し合う」ことをあげている。*2

いじめが生じてしまったあとは、学級（ホームルーム）での話し合いは被害者をむしろ危険にさらしてしまうという指摘である。都道府県教育委員会や市区町村教育委員会がいじめ対応の実践例をホームページなどで紹介しているが、実際にいじめが生じてしまったあとの学級活動での取り組みについて取り上げているものは皆無に近い。いじめが生じてしまったあとでは、学級活動は機能しないのであろうか。

教育技術法則化運動グループの実践

いじめが生じてしまったあとの対応として、学級活動と関連した実践例がないわけではない。こうしたことについて、もっとも精力的に実践例を提供しているのが、教育技術法則化運動のグループである。その中心人物である向山洋一《むこうやまよういち》の小学校での実践を見てみよう。有名なのが席替えを発端とした指導である。

席替えのとき、ある女子の机の隣の座席になった男子が、自分の机を少し離した。数名の男子がはやし立てる。その女子が避けられていることを感じた向山は、すぐさま反応する。「○○君、隣の人と机を離してはいけません。くっつけなさい」「○○君、どうして机を離したのですか。理由を聞かせなさい」。このとき、たとえば「何となく」という答えが返ってきたら次のように続ける。「みんな聞いたでしょう。○○君は、何となく机を離したそうです。先生はちがうと思っています。○○君が、何となく机を離したと思う人は手をあげてごらんなさい」「○○

君。みんなは君の言うことがおかしいって。先生もおかしいと思う。どうして机を離したのですか」。この終わりの部分は、クラスの子どもたちを教師サイドにつける手法であり、向山はこれが重要であることを強調する。教師の批判よりも、友だちからの批判や否定的な反応のほうが効き目があるからである。こうしてクラス全体を巻き込みながら、徹底的に加害者を問いただしていく。それでも曖昧にすまそうとする場合は、「事情を君のお父さんやお母さんに説明しなくてはなりません。これは、特別なことなのです。校長先生にも入っていただきましょう。ところで、君のお父さんやお母さん、いつなら学校に来られますか?」というように「詰め」をしっかりとするという。ここまできて我を通そうとする子はいないということである。[*3]

教育技術法則化運動グループの「靴隠し」に対する対応方法なども、向山のいじめ対策の基本を踏襲している。靴隠しの報告があったら、まずクラス全員でその靴をさがす。緊急学級会を開き、靴を隠すという行為についてどう思うか全員に意見を言わせる。加害者が誰かわからないという状態であっても、友だちに批判させるというステップを挟み、子どもたちを教師の側につけるのである。[*4]また、加害者がわかるようないじめ事件であれば、加害者を前に立たせ、他の者全員にその行為をどう思うか発言させる。いじめは許さないという教師の毅然とした態度の下では、いじめ行為をよしとするような発言は出てこない。[*5]そうなると加害者は、クラスメートからダメ出しされることになる。こうしたことは、加害者にとって教師の説教よりもはるかにこたえるらしい。

今、見たように、いじめが生じてしまったあとの対応として学級会を開くときには、子どもたちに自由に発言させることはしていない。教師の強い主導の下に進められ、半ば強引にその加害行為を加害者以外の子どもたちに非難させる。そして、加害者にその加害行為が許されないことを知らしめる。このような進行になるのは、指導の方向が決してずれてはならない緊迫した状況での会だからである。いじめが生じてしまったあとの対応としての学級会は、子どもの自主性を重んじる通常の学級会とは異なる特殊なものであることを押さえておかなくてはならない。

人間関係プログラム

大阪府松原市立第七中学校や島根県松江市第一中学校などで展開されたいじめや不登校を防止するための全校をあげての取り組みに、「人間関係プログラム」と言われるものがある。[*6] 学級活動の時間や総合的な学習の時間を用いて実施される各種の**アクティブ・ラーニング**をふんだんに取り入れたプログラムである。各学級で実施されるものであるが、基本的にはどのクラスでも同じ内容の構成的グループエンカウンターが行われる。**構成的グループエンカウンター**とは、決まった内容を決まった手順で行うように構成されている共同作業のことである。[*7] 内容は**ソーシャルスキルトレーニング**（挨拶やコミュニケーションの仕方など、社会性を高めるためのトレーニング）、**ストレスマネジメント**（ストレス的な状況でも、逆上したりストレスをためたりしないようにする仕方の学習）、**アサーショントレーニング**（上手に自己主張するトレーニング）が中心である。イメージしやくするために、その概要を一例だけ紹介しておく。

一年生配当プログラム最後の第八回目に「アサーションロールプレイング」という授業がある。「宿題を見せて」と言って近づいてくる友だちにどのように対応するか、ということを考える授業である。教員によるコミカルな寸劇が展開される。まずは、「きつく言う子ちゃん」に扮する教員がきつくダメ出しし、言い争いになる。次に「ウジウジする男君」に扮する教員がウジウジしている間に、強引にノートをとられてしまう。次に「関係ないぞう君」に扮する教員が、関係ないといって足早に立ち去ってしまう。最後に、「アサーションちゃん」が出てきて、①相手の頼みごとを繰り返して確認し、②どうして宿題をやってこなかったかを聞き出してその理由に共感し、③でも、君のためにならないからと自分でやることを促し、④最後は、困惑する友だちに、じゃあ一緒にやろうと歩み寄った選択肢を提示する。このようにアサーションとは何かを生徒に示したうえで、いろいろな状況設定のもとに、学んだことを生かしたやりとりの台本づくりを行い、それを演じさせる、というものである。

もちろん、この取り組み自体は子どもたちに人間関係を調節するスキルを学習させるものであるから、いじめという人間関係の問題に間接的に効果があることは想像できる。だが、より注目しなくてはならないことがある。各学級担任や協力する各教科担当教師が、プログラムの実施の仕方を共同で学び、相談しながら具体的なことを詰めていく下準備の段階があるということである。ここで、教員同士のコミュニケーションが促進されることが重要なポイントなのである。

松江市立第一中学校でこのプログラムを統括した教頭の奈良井孝《ならいたかし》は、この実践のメリットとして「教科を越えた教員同士の関わり合いが促進され、学校として新たな取組を進めているという勢いと相まって、弱りかけていた私たちの「同僚性」が加速的に育まれていった」[*8]という評価をしている。いじめ問題では、担任の抱え込みが事態を悪化させることがしばしば指摘されているが、この「人間関係プログラム」は、教員の孤立や問題の抱え込みの防止策として優れていることを奈良井は強調する。

これまでも総合的な学習の時間の準備等で教員間の関係が深まることはあったと思われるが、この人間関係をテーマにする取り組みでは教員同士の話す内容もおのずから人間関係が中心になり、生徒の人間関係などを話題にしやすくなる。こうしたところは注目すべきところだと言える。

弁護士によるいじめ予防教育

いじめ予防教育としての学級活動については、多様な実践例が様々な媒体を通して紹介されているが、ここでは、第二東京弁護士会によるいじめ予防授業を紹介したい。[*9] 人権侵害行為であるいじめを、法律の専門家である弁護士が語ることの意味は大きい。二〇〇三年から始まったという弁護士によるいじめ予防授業の取り組みは、現在では「出前授業（デリバリー法律学習会）」として形を整え、利用しやすいものになっている。実際のいじめ事例を紹介したり、また、LGBT（レズビアン＝女性の同性愛者、ゲイ＝男性の同性愛者、バイセクシュアル＝両性愛者、トランスジェンダー＝心と体の性が一致しない人）のような繊細な事項にも触れるなど、展開される授業が弁護士ならではの特徴を備えている。

たとえば、五年生用の授業で紹介される北海道滝川市のいじめ自殺の事例では、女子児童がどんないじめで苦しんでいたか詳細に語られたり、死後発見された遺書が示されたりと、かなり内容がリアルなものになっている。フィクションで構成された道徳科の教科書資料では学ぶことのできないような内容になっており、筆者はこれを高く評価したい。配慮事項（自殺事件について扱うこともあるので、児童・生徒の家族等に自殺者がいたりして心理的な心配が生じないかなど）を事前に学校側と打ち合わせをするなど、状況や学校のニーズにも柔軟に応えながら展開されているようである。

第二節　いじめに取り組む生徒会活動

いじめ撲滅宣言

生徒会活動におけるいじめ対策としては、多くの中学校で「**いじめ撲滅宣言**」が中心となっている。この表記としては「いじめ撲滅宣言」の他に、「いじめゼロ宣言」「いじめ追放宣言」「ストップいじめ宣言」「ノーいじめ宣言」「反いじめ宣言」などがある。

具体的には、「どんな理由があってもいじめは絶対にしません」「わたしたちは、いじめを絶対に許しません」などのように、いじめをしない、認めないことの宣言。「わたしたちは、いじめを見て見ぬふりをしません」「あなたも勇気を出して注意しよう」といった傍観者に介入を促す宣言。さらには「一人ひとりの個性を認め合います」「それぞれの違いを認め、自分も相手もかけがえのない存在として尊重します」など、相互尊重の大切さを訴える宣言。こうした宣言と内容で構成されることが多い。また、宣言に至る過程を重視する実践も多く、各クラスで作ったスローガンを生徒会役員がまとめながら宣言文をつくるといった、学校全体を大きく巻き込んで展開する場合もある。

いじめ撲滅VTR

現代の若者はメディアを利用して表現することが得意である。前項のようにいじめ撲滅宣言を行う生徒会はたくさんある。だが、これに加えて、採択されたいじめ撲滅宣言等を動画化してアピールする活動も目立ってきた。[*10] 動画を作成することも生徒会活動を活発にし、人間関係を深めることに役に立っているようである。

PTAによるいじめ撲滅宣言

生徒会活動からは少しずれるかもしれないが、生徒会活動と連動するPTAによるいじめ撲滅宣言について触れておきたい。静岡県にある掛川市立西中学校では、同校生徒会の「西中いじめ追放宣言」を受けて、PTAが総会で「西中いじめ追放宣言（保護者版）」を採択した。[*11]「私たち親もいじめを絶対許しません。保護者は、あなたたちをいつも見守っています。そして、家庭と地域と学校と協力して、西中からいじめをなくすよう努めます」という内容である。いじめ問題が生じると、加害者・被害者・加害者の保護者・被害者の保護者そして学校が、それぞれの間に溝をつくってしまって、対立していくことがよくある。このＰＴＡの宣言は、そうした対立を生み出さないように、はじめから一丸となっていじめを追放しようという宣言である。ＰＴＡによるいじめ撲滅宣言は、これまで見ることのなかった注目すべき試みといってよい。

ピア・サポート

ピア・サポートは、欧米で導入された取り組みで、同世代の児童・生徒による援助を通じていじめ問題等を克服していこうという試みである。いじめは、本質的に大人の目の届かないところで行われるものが多いことから、子どもたち自身がいじめ対策に関与することが重要になってくる。また、同世代の子どもたちからの孤立が被害者を追い詰めるとすれば、子どもたちのなかに味方ができれば救われる可能性がある。このような考え方から導入されたものである。

イギリスのシェフィールド大学が実施したいじめ対策プログラム（一九九一～一九九三年）では、**ピア・カウンセリング**（子ども同士のカウンセリング）が行われた。これは、ピア・カウンセラーとなることを希望する子どもたちが、責任の範疇や守秘義務などについて説明・指導を受けたうえで、薬物乱用など手に負えない不測の事態に遭遇した際の教師との連絡の仕方などの訓練を経て、いじめを受けている子どもたちの援助を行うというものである。

日本でも生徒会を母体とするなどして、たとえば神奈川県横浜市の錦台中学校などが、イギリスの様子を学びながら生徒カウンセラーの導入を試みた。[*12] 同じく横浜市の本郷中学校では、いじめについての投書箱が設置され、投書をもとに生徒同士で解決を目指す試みが行われ、これがのちにピア・サポート委員会へと発展していった。*13また、滋賀県大津市の打出中学校では、生徒による電話相談が行われた。校内にサポートを担当する生徒用の電話を置き、空き時間や放課後の一定時間、電話で相談を受けるというものである。*14

こうしたピア・サポートのメリットについては、一定の研究者の研究論文等で取り上げられることがしばしばあるが、実際には同世代の生徒が、いじめを受けている子どもの相談にのったり、カウンセリングを行うことは難しく、活動を持続・発展させることは容易なことではない。現在日本で展開されているピア・サポートは、いじめ対策のような難しい問題を主対象としているというよりは、人間関係づくりに生かすといったもう少し幅の広い活動として展開されている。

有効な学級活動・生徒会活動の共有を

学級活動でも生徒会活動でも、いじめ問題克服のために様々な試みがなされてきた。どの実践が、効果があったのであろうか。多くの学級や学校で共有すべきことは何であるのか。はじめは有効であったものが、形骸化して効果の乏しいものになってはいないか。いじめの議論のなかでは、こうしたことがしっかりと検証されてきたとは言えない。深刻な結果をもたらすこともあり得るので、いじめ問題への取り組みは形だけやっていますということであってはいけない。しっかりと試み、落ち着いて振り返り、本当にいじめ問題の克服につながるものを蓄積し、共有してほしい。

註

1　森田洋司・滝充・秦政春・星野周弘・若井彌一編著『日本のいじめ―予防・対応に生かすデータ集』金子書房、一九九九年、四六頁参照。

2　小田公大「いじめ解決のため、学校側に絶対させてはいけない3つのこと」(https://www.mag2.com/p/news/220946、二〇一九年八月二九日閲覧)。

3　向山洋一『新版いじめの構造を破壊する法則』学芸みらい社、二〇一五年、二五〜三九頁参照。

4　桑原佑樹「クラス全体を味方につけて闘う」河田孝文監修・吉谷亮編著『いじめを許さない学級をつくる　TOSS道徳「心の教育」21』明治図書、二〇〇八年、六一〜六四頁。

5　信藤明秀「中期段階での基本対応（1）―まず守り、次に集団の教育力を生かして追いつめる」前掲書、四三〜四六頁参照。

6　詳しい内容は次の文献で確認できる。参照願いたい。島根県松江市立第一中学校「こころ♡ほっとタイム」研究会・あいあいネットワーク　ｏｆ　ＨＲＳ　深美隆司編著『いじめ・不登校を防止する人間関係プログラム〜アクティブラーニングで学校が劇的に変わる！〜』学事出版、二〇一六年。

7　これと対比的な位置にある非構成的グループエンカウンターとは、大きなテーマは与えられるが、決まった内容や決まった手順があるわけではなく、そのテーマについてグループのメンバー同士で自由に語り合うといった類のものである。たとえば、アルコール依存症の者が集められて、どうすればこの問題を克服できるか話し合うなどといったものが非構成的グループエンカウンターに相当する。

8　島根県松江市立第一中学校「こころ♡ほっとタイム」研究会・あいあいネットワーク of HRS 深美編著、前掲書、一四頁。

9　詳しい内容は次の文献で確認できる。参照願いたい。第二東京弁護士会・子どもの権利に関する委員会・法教育の普及・推進に関する委員会編著『小学生のための弁護士によるいじめ予防授業』清水書院、二〇一七年。

10　たとえば、宮城県では「みやぎ小・中学生 いじめゼロCMコンクール」が二〇一五（平成二七）年度より毎年開催されており、児童・生徒の作成した作品が数多くネット上に配信されている。

11　静岡県掛川市立西中学校PTAによる「いじめ追放宣言」については、その様子を掛川市のホームページで参照することができる。http://www.city.kakegawa.shizuoka.jp/kohokakegawa/kohoplusone/20170304/20170428ijimetuiho.html（二〇一九年八月二九日閲覧）。

12　荒牧重人編「子どもの権利条約」No.30、子どもの権利条約ネットワーク、一九九七年二月一五日、七頁参照。

13　生徒指導国際フォーラム1999〜2001報告書集『「教職員」・「子ども」・「地域」ではじめる学校づくり〜予防教育的な生徒指導の推進のために〜』国立教育政策研究所生徒指導研究センター、二〇〇三年、六六〜七三頁参照。

14　同実践に関しては、筆者も次の文献で紹介したことがある。伊東毅「欧米諸国における『いじめ』対策の進展」、教育科学研究会・村山士郎・久冨善之編『いじめ自殺 6つの事件と子ども・学校のいま』国土社、一九九九年、一七三〜一八六頁。

第 11 章
ジェンダーと学校

渡辺 典子

キーワード

生物学的な性　社会的な性　ジェンダー　性自認　性的指向　性表現　ジェンダーバイアス　性同一性障害　性的マイノリティ　LGBT　SOGI　ジェンダー平等　SDGs　男女共同参画社会基本法　ヒドゥン・カリキュラム

要　約

性と言うときには、生物学的な性、社会的性（ジェンダー）、性自認、性的指向、性表現など多様な意味がある。とくに、社会的な性をめぐっては思い込みや偏見のジェンダーバイアスが生じやすい。また性自認をめぐっては、多数派を前提とした場合、性同一性障害や性的マイノリティという用語もある。また性的マイノリティを表すLGBTやSOGIという用語も広がってきた。こうした多様な用語や認識の広がりは、社会や学校をジェンダー平等とすることを目指す前提となる。国際連合の言う持続可能な開発目標・SDGsにも、日本の男女共同参画社会基本法にも、ジェンダー平等を目指す方向が示されている。しかし学校には男女による区別が意図しないヒドゥン・カリキュラムとして存在している。こうした課題を意識する敏感さが教師に求められ、生活指導の前提となっていく。

ジェンダー（Gender）とは、オス、メスといった生物学的な性に対して、社会的、文化的に複雑かつ精緻につくりあげられた性のことを言う。このジェンダーの視点を持つことで人間の性は多様であることが明らかにされてきており、ジェンダーについて理解を深めることは、相手の個性を尊重した教育を行うために必要なことと言える。

本章では、第一節で、ジェンダーを含めた多様な性を理解する基本的側面と特徴的な動向を整理する。第二節では、ジェンダー平等をめざす学校の現状について確認し、最後にジェンダー平等な働きかけの段階について学んでいこう。

第一節　人間の多様な性とジェンダー

性の五側面

教育実践を考えるうえで、教育対象をどのように理解するのかは、働きかけの方法と密接に関わるため大切なことである。人間の持つ性は多様であり、性はグラデーションとも言われている。ここではその基本的側面を五つに分けて述べる。

一つ目は、**生物学的な性**（Sex）の側面である。オス、メス以外に、性別が明らかでない生殖器を持って生まれるなど、明確にオス、メスと分けられないインターセックスもあり、二〇〇〇人に一人がこの状態にあてはまると言われている。日本の学校教育の中では、男女の体の変化が主要な学習内容となってきたが、その内容では「自分の性的健康を守るための科学的知識、スキル、態度などについて十分学べるようにはなっていない[*1]」。

二つ目は、**社会的な性**（Gender）の側面である。日本の場合は男性か女性となる。後述するように日本は、この社会的性に関する思い込みや偏見つまり**ジェンダーバイアス**がきわめて大きい国となっている。

三つ目は、**性自認**（Gender Identity）の側面である。自分で自分の性をどのように思うかということであり、現在の日本では、性自認に配慮してその人の性別を把握するようになっている。「女性」「男性」と一言で当てはまらない性自認は無数に存在しており、したがってその状態を示す言葉も多く生み出されている。文部科学省の文書に見られる主要な表現は、**性同一性障害**、**性的マイノリティ**であり、生物学的な性と性自認が一致する多数派（マジョリティ）を前提とした表記となっている。[2]

四つ目は**性的指向**（Sexual Orientation）の側面である。異性愛（ヘテロセクシュアル）、同性愛（ホモセクシュアル）、両性愛（バイセクシュアル）、無性愛（ノンセクシュアル）、非性愛（アセクシュアル）の五つがある。これらは、性愛の対象が性自認に対して同性、異性、両性のどの方向に向くかで分けられている。性自認が一言では表現できない場合、何を基準にして異性や同性というのかは難しい。[3] また、無性愛とは他人に対して性愛の感情を持たない場合を指し、非性愛とは感情的に引きつけられるが性的には関心のない状態を指す。

同性愛については、以前は精神疾患とされ治療の対象であったが、一九九〇（平成二）年五月一七日にWHOの精神疾患リストから削除された。以後その日は、「国際反ホモフォビア・トランスフォビア・バイフォビア・デー」となり、ホモフォビア（同性愛嫌悪）やトランスフォビア（性同一性障害やトランスジェンダー嫌悪）、バイフォビア（両性愛嫌悪）を世界からなくそうと、イベントやデモ行進などが行われる日となっている。[4]

五つ目は、**性表現**（Gender Expression）の側面である。服装や言葉遣いなど、他の人に対して自分の性別をどのように表現しているかということである。学校における制服は、男性用と女性用に分けられてきた。近年では、性の多様性に配慮して、公立学校においても性別で着るものを決めるのではなく、ゆるやかに標準服として選択の幅を広げたり、制服の種類を多くして性別によって選べる幅を広げたりする動きが表れてきている。[*5]

性的少数者の全体をどのように把握するかについては、様々な言葉が生み出され使用されてきている。性的少数者の総称としてLGBTと呼ぶことが多いが、これはレズビアン（女性同性愛者）、ゲイ（男性同性愛者）、バイセクシュアル（両性愛者）、トランスジェンダー（出生時に診断された性と自認する性の不一致）の頭文字を合わせた造語で、多様な性的少数者の部分でしかないため、ＬＧＢＴｓ（ｓは、ＬＧＢＴに含まれない性のあり方を総称）、ＬＧＢＴＱ（Ｑは自身の性自認や性的指向が定まっていない、もしくは定めたくない）、ＬＧＢＴＩ（Ｉはインターセックス）などの言葉も使用されている。また、性的指向と性自認の頭文字を合わせてSOGIとの言葉も使われるようになっている。

性は多様であることが、いろいろな言葉の表記に反映していると言えよう。

多様な性をめぐる動向

二〇一四（平成二六）年六月一三日、文部科学省は、心と体の性が一致しない性同一性障害を抱える児童・生徒に関する初めての調査結果を公表した。それによると、学校側に悩みを相談したのは六〇六人（男子二三七人、女子三六六人、無回答三人）で、小学校は九三人、中学校は一一〇人、高校は四〇三人と、年齢が上がるごとに増加していた。そのうち、性同一性障害を公にして生活しているのは一三六人であった。相談した六〇六人のうち、約六割の学校において戸籍上の性別と異なる制服着用やトイレの使用を認めるなど、何らかの配慮をしていたことも明らかにされた。[*6]

文部科学省では、二〇一〇（平成二二）年四月二三日通知「児童生徒が抱える問題に対しての教育相談の徹底について」を出し、心と体の性別が一致せずに悩む性同一性障害の児童・生徒について、教育相談を徹底し本人の心情に十分配慮した対応をするよう求めていたが、この結果を受け、二〇一五（平成二七）年四月三〇日に「性同一性障害に係る児童生徒に対するきめ細かな対応の実施等について」を通知した。「教職員としては、悩みや不安を抱える児童生徒の良き理解者となるよう努めることは当然であり、このような悩みや不安を受け止めることの必要性は、性同一性障害に係る児童生徒だけでなく、『性的マイノリティ』とされる児童生徒全般に共通するものであること」とし、配慮事項の例を掲げた（図表1）。

このような動向を受け、教科書に性的少数者の記載がなされるようになったり、性的マイノリティ当事者を招いて性の多様さを伝える授業などが広がってきた。*7 大学では、二〇一七年四月、国内大学で初めて性的マイノリティ学生とジェンダー・セクシュアリティについて、関心のある学生のためのリソースセンター「早稲田大学GSセンター」がオープンした。これは、「性的マイノリティ学生が安心して過ごせる場所を！」という学生の声により実現したという。*8 このように、多様なあり方にできるだけ配慮し、困っている子どもの困難を減らすとともに、性のあり方が周囲と異なっても孤立せずに成長できる環境づくりをめざす取り組みがどの学校段階で

図表1　学校における性同一性障害に係る児童生徒への対応を行うに当たって参考とされたいこと

項目	学校における支援の事例
服装	・自認する性別の服装・衣服や、体操着の着用を認める。
髪型	・標準より長い髪型を一定の範囲で認める（戸籍上男性）。
更衣室	・保健室・多目的トイレ等の利用を認める。
トイレ	・職員トイレ・多目的トイレの利用を認める。
呼称の工夫	・校内文書（通知表を含む。）を児童生徒が希望する呼称で記す。 ・自認する性別として名簿上扱う。
授業	・体育又は保健体育において別メニューを設定する。
水泳	・上半身が隠れる水着の着用を認める（戸籍上男性）。 ・補習として別日に実施、又はレポート提出で代替する。
運動部の活動	・自認する性別に係る活動への参加を認める。
修学旅行等	・1人部屋の使用を認める。入浴時間をずらす。

文部科学省「性同一性障害に係る児童生徒に対するきめ細かな対応の実施等について」2015年4月30日

も行われている。

第二節　ジェンダー平等をめざす学校

ジェンダー平等とは

ジェンダー平等とは、社会的・文化的につくられた性であるジェンダーに基づく偏見や差別をなくしていくことである。[*9] 学校では、効率的に子どもたちを動かすために、性による区分けが行われてきた。これらの区分けがジェンダーをつくりだし、人権侵害には至らない場合でも、多様な性を持つ子どもたちの居心地の悪さを生み出すことなどが明らかになってきた。そのため、すべての子どもをジェンダーにとらわれることなく、個人として理解し尊重していくことが、これまで以上に強く学校に求められている。

このジェンダー平等の実現は、**ＳＤＧｓ**（「**持続可能な開発目標**」Sustainable Development Goals）の目標でもある（図表2）。ＳＤＧｓとは、世界を変えるための一七の目標と一六九のターゲット（具体目標）で、二〇一五年の国連サミットで採択された二〇三〇年までの国際社会共通の目標である。目標達成のためには、ＳＤＧｓを他人ごとではなく「自分ごと」としてとらえてそれぞれの活動や生活のなかに浸透させることが大切とされている。

以下、ジェンダー平等に関する法的根拠を見ていこう。一九八五（昭和六〇）年、日本は**女子に対するあらゆる形態の差別の撤廃に関する条約**（**女性差別撤廃条約**）を批准した。差別は第一条で「性に基づく区別、排除、制限」と定められ、前文では女性に対する差別を個人の尊厳と権利の平等の原則に反するものと述べる。第五条（ａ）項は、「両性のいずれかの劣等性若しくは優越性の観念又は男女の定型化された役割に基づく偏見及び慣習その他あらゆる慣行の撤廃を実現するため、男女の社会的及び文化的な行動様式を修正すること」と定めている。

この意義を国内法として具体化したものが、一九九九（平成一一）年の**男女共同参画社会基本法**である。「男女が、互いにその人権を尊重しつつ責任も分かち合い、性別にかかわりなく、その個性と能力を十分に発揮することができる」男女共同参画社会の実現のために、「社会における制度又は慣行が男女の社会における活動の選択に対して及ぼす影響をできる限り中立なものとする」（第四条）とする。第二条では社会の現状を変えるために「男女間の格差を改善するため必要な範囲内において、男女のいずれか一方に対し、当該機会を積極的に提供すること」と、積極的改善措置（ポジティブアクション）について規定した。

これらの取り組みの成果は、二つの国際ランキングに見ることができる。一つは、国連開発計画（ＵＮＤＰ）が毎年公表する『人間開発報告書』におけるＧＩＩ（Gender Inequality Index：ジェンダー不平等指数）で、二〇〇九年からＧＥＭ（Gender Empowerment Measure：ジェンダー・エンパワーメント指数）に代わり導入された指標である。

ＧＩＩは、妊産婦死亡率、一五～一九歳の女性一〇〇〇人当たりの出産数、議員の男女比、中等教育以上の男女比、女性の労働市場参加率の

図表２　SDGsのロゴ・アイコン

側面を用いて男女間の不平等を測定するもので、日本は二〇一九年には一六〇か国中、一九位となっている。一方、GEMについては、国会議員、管理職、専門職、技術職に占める女性の割合と、男女の推定所得格差を用いて算出されており、日本は先進国のなかで最低ランクであった。

もう一つは世界経済フォーラム（World Economic Forum：WEF）による『The Global Gender Gap Report』でのジェンダー・ギャップ指数（Gender Gap Index：GGI）である。GGIは、経済的参加と機会、教育水準、健康と生存率、政治的地位の四つの分野での男女格差を指数化したもので、日本は二〇一九年には一五三か国中、一二一位であり、国会議員、政治家・経営管理職、教授・専門職等、社会のリーダーシップを発揮すべき分野における男女差が大きい。*10

ジェンダー不平等な現状は、経済的観点からも日本の大きな課題とされている。*11 二〇一二（平成二四）年、経済協力開発機構（OECD）は、日本における「経済的な機会と成果における根強い男女格差を減らすことは、公平、平等という観点のみならず、日本の長期的な成長を促進するうえでも不可欠」とし、「教育への投資においても学校の成績においても、子どもの性別による違いはない」のに「日本における男女間の賃金格差は、OECD諸国の中で二番目に大きい」のは「男女の役割分担に関する伝統的な考え方」が大きいうえ、「長時間労働により仕事と家庭の両立が特に難しくなっている」ことを指摘している。これらを受けて、男性に長時間労働を強い、男性による有給休暇や育児休暇が取得しにくい職場文化を変えることが提言されている。*12

ジェンダーはどこからつくられるか

教育する側が意図せずに行った行動などから児童・生徒自らが学び取るすべての事柄を指して、「**ヒドゥン・カ**

リキュラム」（潜在的カリキュラム、隠れたカリキュラム）とよぶ。意図的で目にも見える働きかけである「制度的なカリキュラム」に対して使われる言葉である。人間が形成される三要素である素質、環境、教育との関係でみてみると、教育だけでなく環境の中にもヒドゥン・カリキュラムはひそんでいる。社会の雰囲気や身近な人間のありようなどである。このような教育や環境の中から、ジェンダーは後天的につくりあげられている。その具体的な形について、いくつか取り上げてみよう。

乳幼児期は、子どもを取り巻く大人の価値観が乳幼児のジェンダー形成に大きく影響することが知られている。日本社会では「夫は外で働き、妻は家庭を守る」との固定的性別役割分担意識が根強くあることが先述のＯＥＣＤの提言のなかでも指摘されており、大人のそのような価値観は、何気なく使っている言葉や態度を通して子どもに伝えられている。

学校のなかでは、不必要に男女を分けて、異なった存在であることを意識づけていることに見られる。たとえば、朝礼での男女別の並び方、教室での男女別の座席、男女別名簿、教員が子どもたちを呼ぶ際に、女子を「～さん」、男子を「～くん」と分ける、指示を出すときに「男子は～、女子は～」とするなどである。それ以外にも、整理整頓や単純作業の持続に対して、女の子に対する期待度が高く、乱暴な行動や性的な言動に対して、男の子への許容範囲が広いなど、教員の持つ無意識の価値観は子どもたちに伝わりやすい。

学校における制度的なカリキュラムのなかにも隠れたカリキュラムはひそんでいる。体育を取り上げてみていこう。[*13] 体育は、スポーツをはじめとする運動文化の学習とともに、学習者の身体発達を促進する役割を持つものであるが、実際には、そのカリキュラムはスポーツを中心として構成されている。スポーツへの参加の機会は男女ともに等しく与えられても、スポーツ自体「より強く、より早く」を追求する特性を持つために、筋肉量に勝る男性が優位に見える面を持つ。さらに学校でのスポーツテストで評価する体力は、健康の基盤となる体力ではなく、競技力を支える強さを感じさせる体力であり、男女差があるとされる体力要素に集中している。このようなジェンダーバイアスが、体力の男女差を過大に認識させる結果を招いている。

さらに教員のありようにも同様の働きがみられる。学校管

図表3　教員における女性比率

		1985	1995	2005	2015	2018
小学校	教員総数	56.0	61.2	62.7	62.3	62.2
	校長	2.3	9.6	18.2	19.1	19.6
	副校長	-	-	-	28.0	31.5
	教頭	4.3	19.3	21.6	22.3	25.6
中学校	教員総数	33.9	39.2	41.1	42.8	43.3
	校長	0.3	1.9	4.7	6.1	6.7
	副校長	-	-	-	10.0	15.6
	教頭	1.4	5.5	7.8	8.7	12.0
高等学校	教員総数	18.7	23.2	27.6	31.3	32.1
	校長	2.4	2.5	4.7	7.7	8.1
	副校長	-	-	-	8.2	8.3
	教頭	1.2	2.9	5.7	8.0	9.4
高等専門学校	教員総数	0.8	3.0	5.4	9.5	10.7
	校長	-	-	-	-	3.5
	教授	0.3	0.6	1.9	4.1	4.9
	准教授	0.3	1.9	6.1	10.8	12.6
短期大学	教員総数	38.8	39.8	46.6	52.1	52.3
	学長	14.3	11.5	14.2	18.5	22.2
	副学長	13.5	12.0	13.6	27.3	30.7
	教授	24.1	27.4	33.9	39.0	40.6
	准教授	39.0	39.8	47.4	54.8	53.2
大学	教員総数	8.5	10.7	16.7	23.2	24.8
	学長	4.0	4.5	7.6	10.2	11.3
	副学長	1.5	2.5	5.2	9.3	11.7
	教授	4.3	6.1	10.1	15.0	16.9
	准教授	7.1	10.2	17.0	23.3	24.6

文部科学省『学校基本調査』のデータをもとに作成。

理職の女性の比率をみてみよう。図表3からは、小学校、中学校と学校段階が進むにしたがって管理的業務につく女性の割合が下がることがわかる。このことは子どもたちに対して、責任のある地位には男性がつくものという偏見を伝える働きをしている。

ジェンダーの視点で見る学校

ジェンダーの視点で学校のありようを見ると、どのようなことが明らかになってくるのだろうか。

二〇一九年版『男女共同参画白書』は、理工系分野を専攻する女性が少ない要因について初めて詳細に分析した。[*14] 女性の大学・大学院進学率が上昇した一方で、専攻分野には男女の偏りがあり、高等学校卒業時点の進路選択に男女の相違があるという。進路選択までの状況を見ると、「女子は男子よりは国語好きが多いが、小学生女子は国語より理科が好き」であり、OECDが実施した生徒の学習到達度調査で「日本の女子の科学的リテラシーおよび数学的リテラシーの点数は、男子と比べると低いが、諸外国の女子及び男子よりも高い」ことから、理系回避の原因は成績ではなく環境であると結論づけた。

その環境としては、図表3に見られたように、①教育機関の段階が上がるほど女性教員が減少すること、②働くうえでのイメージや進路選択において女子は母親の、男子は父親の影響が大きいこと、③女性研究者は二〇一八(平成三〇)年三月三一日現在、約一五万人(研究者総数に占める割合一六・二%)で、身近なロールモデルが不在である環境が影響していることなどが指摘された。

同白書では、状況改善のために教員自身の気づきが有効とされ、教員が男女共同参画について学び、指導する際に性別役割分担意識にとらわれずに適切な指導を行うことが期待されている。しかし一方で、教員がジェンダーバイアスに気づくことが難しい状況も存在する。ジェンダーバイアスが子どもたちの学ぶ内容に埋め込まれている現状があるためである。

中学校の道徳教科書を分析した橋本紀子によると、すべての教科書に以下のような共通する特徴があるという。*15

①思春期の子どもたちが性的存在であることを認めない。このことは国際標準と大きくかけ離れている。……各社に「異性に対する理解を深める」教材があるが、異性愛の芽生えを扱っているものの、あくまで異性との友情の範囲で収めようとしている。

②女性が仕事を持っていたとしても、家事、育児、老人介護は女性の役割という性別分業前提の描き方で、社会的サポートの視点が欠落している。……個別の家族内での分担や責任が強調され、ジェンダー平等の視点を欠いており、女性差別撤廃条約に違反する内容を含んでいる。

③働くことは勤労奉仕に矮小化され、女性性も動員される。……女性が働く場合の描き方は、無報酬の家事育児担当者がその仕事の延長線上にある仕事を受け持ったのだから、多くは低賃金でもよいというようなジェンダーバイアスが見え隠れするものが多い。

これらの特徴から、中学生用の道徳教科書には、ジェンダーバイアスが存在するだけでなく、性の多様性に対する視点、社会への視点も不十分な状況が見える。このような状況を見抜く目を教員が持たないと、子どもたちに対してジェンダーバイアスを伝えたり、社会に対して目を向けさせないことにつながっていく。教員個人個人がジェンダーの視点を持つことが今まで以上に求められていると言えよう。

ジェンダーにとらわれない働きかけの段階

これまで、ジェンダーの視点を持つことが重要であることを見てきた。ここで、ジェンダーにとらわれない働きかけの段階について整理して述べておこう。

第一段階　自分のとらわれを意識する…ジェンダーバイアスに無自覚な状態は「隠れたカリキュラム」につながり、子どもたちの価値観に大きな影響を与えることになるためである。

第二段階　ジェンダーに敏感な視点で現状を理解する…現状を理解するのは、ジェンダーバイアスがどのような差別につながるのかというメカニズムを分析するためである。社会や人間の変化、歴史との関わりについても学び、子どもの置かれている状況を広い視野で見たり考えたりすることにつなげていく段階である。

第三段階　学びあう仲間をつくる（ネットワーク化）…仲間をつくり必要な情報を交換し合うのは、ジェンダーバイアスをお互いにチェックして教員自身がとらわれから解放されることで、子どもをよりその子らしく理解する視点へとつなげていくためである。[*16]

第四段階　実際に働きかける…ジェンダーバイアスに気づかせる働きかけ、そしてその思い込みを崩し、取り除く働きかけを行うのは、ジェンダー平等な環境づくりをめざすためである。社会における多様なありように気づき、物事に対する柔軟性を持つ人を増やしていく段階である。

私たちの社会は、一人ひとりの小さな積み重ねによってつくられ変わっていく。ジェンダーセンシティブな視点を持ち、いろいろな「とらわれ」からできるだけ自分自身を自由にし、これまでの社会のありようを見直して変えていくことが、子どもをのびのびと成長させ居心地のよい環境をつくりだすことになる。根気強くあきらめずに続けていくことが大切と言えよう。

註

1　現在、性教育は単なる性の生理的側面にとどまらず、性の文化的・社会的側面を含んだ包括的性教育をめざす取り組みが進められている（橋本紀子・田代美江子・関口久志編『ハタチまでに知っておきたい性のこと　第2版』大月書店、二〇一七年参照）。国際的な教育の基準については、ユネスコ編、浅井春夫・艮香織・田代美江子・渡辺大輔訳『国際セクシュアリティ教育ガイダンス―教育・福祉・医療・保健現場で活かすために―』明石書店、二〇一七年参照。

2　性的多数派を指す言葉も生み出されており、多数派を基準とした言い方ばかりではなくなってきた。たとえば、シスジェンダーとは生まれた時に割り当てられた身体的性と性自認に何の違和感もなく生きる人のことを指す。この言葉の反対の意味で使われるのがトランスジェンダーである。トランスジェンダーは性同一性障害をも含む言葉である。なお「性同一性障害」との言葉は、米国での診断基準（DSM‐5）が改定されたことを受け、二〇一四年に日本精神神経学会が「性別違和」と変更している。

3　たとえば、渡辺大輔『性の多様性ってなんだろう？』平凡社、二〇一八年の二五頁では、性自認と体の性と性的指向を組み合わせて二四通りの状態を図示している。

4　日本では自治体レベルで、同性同士のカップルを正式なパートナーとして認めようと条例を定めているところが二〇一九年四月現在で二〇自治体ある（永田龍太郎「渋谷区におけるジェンダーの多様性と平等推進をめぐる現状と課題」『都市研究』第一一〇巻、第五号　二〇一九年五月）。

5　制服の製造や販売を行う菅公学生服株式会社（岡山市）による、全国の女子高校生六〇〇人を対象としたインターネット調査の結果、女子制服でスカートとスラックスのどちらも着用したいという回答が二五・二％であったという。「女子制服のパンツスタイル（スラックス）は、冬場の寒さ対策や性的少数者（LGBT）の子どもへのジェンダーフリーの観点から全国の学校で採用する動きが拡大しています。この動きの特徴は、スカートとスラックスのどちらも『選択制』で選べるということで、スカートとスラックスのどちらを着用するかは制服を着る生徒自身（本人）に委ねられています」とまとめている。（「女子高校生のスラックス制服に関する意識」カンコーホームルーム Vol. 161、二〇一九年六月二五日。https://kanko-gakuseifuku.co.jp/media/homeroom/vol161）。

6　調査は全国の小、中、高、特別支援学校三万七〇〇〇校余・児童生徒数計約一四万人を対象に二〇一三年実施。文部科学省ホームページ参照。

7　二〇一九年の日教組の教研集会では、不登校のトランスジェンダーの生徒Aに対する学校の取り組みが報告された。①Aが不登校中に教員同士で対応を検討、②Aの主治医を講師とした研修実施、③中学生に対しトランスジェンダー当事者を招いた授業実施、④Aをからかう生徒の指導よりAの味方を増やす姿勢を持つなどの対応によりAが再登校し卒業した。そのなかでは、教職員の理解が課題であったという。その取り組みが報告された分科会では、対応経験がシェアされることはとても大切であり、子どもの個別の事情をくみ取った対処が学校に一層求められるとのまとめがなされた（竹内瑞穂「外国人や性的少数者、手探りの対応」『内外教育』二〇一九年三月五日）。

8　「GS」とは、「Gender and Sexuality」のこと。センターの目的の一つに、アライ（支援者）を増やすことが掲げられている。https://www.waseda.jp/inst/weekly/feature/2017/04/24/24844/（二〇一九年九月一日閲覧）。

9　あらゆる分野でのジェンダー平等を達成するための手段として、すべての政策、施策及び事業について、ジェンダーの視点を取り込むジェンダー主流化が導入されてからの経緯は、内閣府男女共同参画局『共同参画』に連載の大崎麻子「ジェンダー主流化20年」二〇一八年五月～二〇一九年三・四月参照。

10 本報告書で、男女格差が大きいのは、学校教育の段階で男女の役割に対する固定的な価値観を与えている可能性があるためとされ、子どもたちに影響を与える教員の意識改革が喫緊の課題と指摘された。それを受けて、文部科学省が二〇一九年度から、中学と高校の現場におけるジェンダー・ギャップに関する初めての実態調査を行うことが報道された（「学校の男女格差を調査―教員研修プログラム開発へ―」『日本教育新聞』二〇一九年一月二一日、1面）。

11 ＯＥＣＤ「男女格差の是正」『日本再生のための政策　ＯＥＣＤの提言』二〇一二年四月。http://www.oecd.org/general/50190707.pdf。

12 男女に賃金格差があることを理解する運動に取り組んでいるのがＢＰＷ（Business and Professional Women）International である。男性が一二月三一日まで働いて得る一年分の賃金と同額を女性が手にする日を「イコール・ペイ・デイ」とし、男女の格差を「見える化」する。二〇一八年一月一日からの日本のイコール・ペイ・デイは二〇一九年五月一三日で格差は最小となったが、それでもなお男性の四分の三以下である。http://www.bpw-japan.jp/japanese/epd.html（※二〇一九年より計算式が変更）。

13 「第四章　ジェンダーを生産する体育・スポーツ―教育」飯田貴子・井谷惠子編著『スポーツ・ジェンダー学への招待』明石書店、二〇〇四年参照。

14 二〇一九年『男女共同参画白書』の特集は「多様な選択を可能にする学びの充実」となっている。

15 橋本紀子「道徳教育におけるジェンダー・セクシュアリティの問題―中学校『特別の教科　道徳』の教科書分析を中心に―」藤田昌士・奥平康照監修、教育科学研究会「道徳と教育」部会編『道徳教育の批判と創造―社会転換期を拓く

—』エイデル研究所、二〇一九年参照。

16　ジェンダー平等を進めることを目的に、学校教育を中心にジェンダーの視点でとらえなおし、幅広い人々と連帯した「ジェンダー平等をすすめる教育全国ネットワーク」（旧男女平等をすすめる教育全国ネットワーク）が一九九七年に結成された。

第 12 章
多文化教育と学校

奈須 恵子

キーワード

多文化教育　多文化共生　国際人権規約　子どもの権利条約
マイノリティ　マジョリティ　日本語指導　適応指導

要　約

生活指導や進路指導にあたって、多文化教育は不可欠の視点である。一つの社会には様々な文化をもった人たちがいるので、マジョリティとマイノリティの間には問題が生まれやすい。多くの文化をもつ人たちが共存することを多文化共生というが、これは国際人権規約や子どもの権利条約をはじめとした世界的な動向のなかで形成されてきたものである。日本の学校のなかでは、日本語を母語としない児童・生徒のための日本語指導が学習のためには不可欠である。しかし、生活指導としての適応指導が日本の文化に同化するものとなると、子どもの権利と矛盾してしまう。

本書がテーマとする生活指導や進路指導は、日本社会で生活し、育つあらゆる子どもに関係する。当然、日本社会は「日本語を母語とする日本人」だけで構成されているのではなく、海外の国・地域とつながり、様々な母語・母文化を持つ（国籍は日本国籍であったり、外国籍であったり、無国籍であったりする）人々（以下、海外とつながる人々）が生きている。そうした海外とつながる人々やその子どもたちも、よりよく日本社会のなかで生きていくことが可能となるための生活と学習の支援・働きかけのあり方を考え、実践していくことが、これからの生活指導や進路指導には不可欠となる。

本章は、これからの課題としてタイムリーであるかのように見えるかもしれない。しかし、多文化状況と日本の学校教育のあり方に関する問題・課題はすでに長らく存在していることを忘れることはできない。以下、本章では、長らく「日本人」以外の人々への教育を保障してこなかった日本社会と日本の教育政策を批判的に検討することを一つの柱としたい。そのうえで、日本において現在進行形である**多文化教育**の模索や課題について知り、多文化であることを大切にできる実践の方向性を探っていくこととする。[*1]

第一節　多文化状況と教育政策の歴史

日本政府の旧植民地出身者への対応

近代以降の日本という国家は、その支配域のなかに複数の民族・様々な文化を含み込んでいった。それは、一九世紀後半のアイヌの人々や沖縄の人々に対する支配に始まり、一九世紀末から本格化した東アジアへの侵略・植民地支配の拡大の結果であったが、日本側の政策は、政治的支配・経済的支配とともに、その独自の文化を奪い、言葉を奪うという文化的支配を行うものであった。

日本による政策は、その支配を被ることになった人々に対して「日本人」と同じようになることを迫りつつも、政治上・法律上などの面から、決して「日本人」と同等には扱わない、徹底した差別化政策を行った。そして、こうした日本の侵略・支配の植民地政策は、土地を奪われて日本に労働者として来ることを余儀なくされた人々を生み出した。さらに、アジア・太平洋戦争の過程においては、植民地・占領地から強制連行によって無理矢理に、日本の当時の「内地」や他の支配地域に連れ去られて、過酷な労働を強いられる人々が生み出された。

敗戦後の日本政府は、旧植民地・占領地の人々に対する戦争責任を認めようとしないばかりでなく、激動する東アジア情勢のなかで、祖国・故郷に帰りたくても帰ることのできないまま戦後の日本社会で生活せざるを得なくなった人々に対して、日本社会のなかに、「日本」とは「異なる」文化を持って生きることを認めない政策をとり続けた。そして、「日本国籍」ではない者を義務教育の対象から除外するという教育政策をとっていった。

サンフランシスコ平和条約の発効（一九五二年四月二八日）までの占領期、日本の旧植民地出身者は、最後の勅令である一九四七（昭和二二）年の「外国人登録令」により、「日本国籍」であるが「当分の間、これを外国人とみなす」という位置づけをされた。[*2] この状況のなか、旧植民地出身者がつくり始めていた民族学校に対する、日本政府や連合国軍最高司令官総司令部（GHQ）による閉鎖、弾圧の強行と、それに対する民族学校の存続をかけた抵抗・反対の闘争が各地で展開された。[*3]

さらに、サンフランシスコ平和条約は、旧植民地出身者を「日本国籍を有する者」から「日本国籍を離脱する者」とした。敗戦まで、日本は旧植民地出身者に、無理矢理、文化や生活基盤を奪って差別しつつ「日本人」であることを強制したが、今度は無理矢理「日本人」ではないことを強制し、「日本国籍を有する者」には保障する様々な権利を保障しないという対応を行うようになった。

学校教育についても、文部省は一九五三（昭和二八）年二月「朝鮮人の義務教育諸学校への就学について」（初等中等教育局長通達）によって、日本国籍ではない者に義務教育を施す必要はないとの見解を示して、日本社会に生きる「日本国籍ではない」子どもたちに、学習権を保障すること（＝教育への権利を保障すること）を拒んだ。

サンフランシスコ平和条約締結から一九六五（昭和四〇）年の日韓基本条約締結までの時期、在日朝鮮人・韓国人の人たちによってつくられた五十数校の民族学校が学校教育法第八三条（当時）の規定する各種学校として認可されたが、それは監督庁である地方自治体から認可されたものであり、日本政府は一貫して民族学校を認めようとしなかった。

他方、学校教育法第一条の小学校や中学校に入学する場合には、「外国人」だからという理由で、学校に「迷惑をかけません」という内容の「誓約書」に署名・捺印してようやく入学を許可され、当初は入学しても、日本国籍の児童・生徒に保障された授業料無償化の対象から除外されていた。これら「外国人」とされた人々が日本国籍を取得するためには、「帰化」しかなく、その際には、指紋押捺の義務や日本式の姓名への変更が強要された。

一九六五年の日韓基本条約と日韓法的地位協定締結から一九七〇年代にかけての時期になると、協定永住制度が始まるなどの変化はあったが、旧植民地出身者全般にわたる様々な地位や処遇上の制約などの問題は続いた。

教育政策においても、日本政府は、現に日本社会に生きる旧植民地出身者の人々自身の民族としての教育を認めようとしない姿勢をむしろ強め、民族学校の設置を認めず、「日本の公立校に入れば日本人として扱う」という方針をとり続けた。*4 地方自治体によって各種学校として認可された民族学校は、各種学校であるがゆえに、その卒業生・在校生が、学校教育法第一条校の卒業生・在校生に比して、様々な差別と不利益を被り続けたことは、後述のように民族学校のうち、高等学校段階にあたる課程を持つ各種学校の卒業生が、長い間、大学受験資格を得ることができなかったことからも明らかである。

多文化状況のさらなる進展と教育政策

一九七〇年代後半からの国際的状況の変化のなか、日本政府はインドシナ難民の受け入れ、一九八〇年代初頭からは、中国残留孤児だった人々の帰国受け入れも開始した。そして、八〇年代には、政府など「上から」の音頭とりで日本の「国際化」が叫ばれるようになり、近隣アジア諸国からの出稼ぎ労働者も急増し、「内なる国際化」と呼ばれる状況が展開されるようになった。これらの人々は超過滞在者として劣悪な労働環境におかれる場合も少なくなく、医療や入居差別の問題が各地で起こっていった。

こうした外国人労働者を支援する市民団体が生まれ、新たに外国人の増えた自治体では、在住外国人への外国語による情報提供や相談窓口の設置なども行われていった。さらに、一九八九年に改正された出入国管理及び難民認定法（入管法）は一九九〇年に施行されたが、この入管法改正以降、日系のラテン・アメリカ出身者の来日が急増し、定住化も進んでいった。*5

しかし、こうした一九七〇年代後半からの国際的状況の変化を受け、国際法に合わせた国内法改正（国籍法・戸籍法の改正もこれを契機に行われた）などを行うようになってもなお、日本政府は、海外とつながる人々の民族教育の存在を認めず、さらには学習権を保障すること自体を長らく認めてこなかった。

旧植民地出身者とその子孫のように長らく日本に定住している人々は――自発的来日ではなく、植民地支配下で無理矢理連れて来られた人々もいることを見えなくする表現との批判もあるが――、「オールドカマー」とも呼ばれる。

これに対して、一九七〇年代後半から海外から日本社会に新たに参入してきた人々は「ニューカマー」とも呼ばれる。

しかし、「外国人」には法的権利としての教育は保障しないという、旧植民地出身者の子孫の子どもたちへの日本政府の教育政策の基本姿勢は、ニューカマーの子どもたちに対しても続けられた。それは「親が当該教育委員会に子どもの就学を『希望』し、教育委員会がその申し出を『許可』することによってはじめて就学が実現する」というものであり、「就学が認められ学校へ編入学を『許可』された外国人に対しては、『日本人の子どもと同様に』扱うことが原則とされ」ている。つまり、ニューカマーの子どもの就学も、旧植民地出身者の子孫の就学同様、「就学の機会は『権利義務』としてではなく、『許可』もしくは『恩恵』として提供される」という原則と、「就学後は日本人と同様に扱われる」という原則の「枠組みの中で処理されて」きたということである。[*6]

すべての子どもに保障されるべき権利としての教育と日本政府の対応

日本政府が一九七九（昭和五四）年に批准した**国際人権規約**（正式名称：経済的、社会及び文化的権利に関する国際規約〔昭和五十四年八月四日条約第六号〕、市民的及び政治的権利に関する国際規約〔昭和五十四年八月四日条約第七号〕）や、一九九四（平成六）年に批准した**子どもの権利条約**（正式名称：**児童の権利に関する条約**〔平成六年五月十六日条約第二号〕）では、外国人の子どもの教育も明確に権利として規定されている。

国際人権規約の「経済的、社会的及び文化的権利に関する国際規約」（A規約）ではその第一部第一三条に「教育についてのすべての者の権利」の規定があり、初等教育の義務制や無償制、中等教育・高等教育への無償教育の漸進的導入などが規定されている。

また、子どもの権利条約の第二条「権利の平等保障・差別の禁止」、第二八条「教育への権利」から導き出されるのも、「締約国」が、その管轄下の児童（この場合は「満一八歳未満のすべての者」）について、「保護者の人種、皮膚の色、性、言語、宗教、政治的意見その他の意見、国民的、種族的若しくは社会的出身、財産、心身障害、出生又は他の地位にかかわらず、いかなる差別もなしにこの条約［子どもの権利条約］の定める権利を尊重し、及び確保する」ということである。

しかし、日本政府は、旧植民地出身者たちによってつくられた民族学校などの「外国人学校」を、現在に至るまで基本的に学校教育法の第一条校としては認めておらず、これらの学校は学校教育法の第百三十四条第一項（以前は第八十三条）で規定された「各種学校」として地方自治体によって認可されている状態が続いてきた。

それらの学校の出身者に対する差別的処遇も長らく続き、外国人学校の中等教育の後期教育課程を卒業した生徒が、日本の大学入学のために大学入学資格検定（大検とよばれていたが、二〇〇五年度から高等学校卒業程度認定試験に名称変更）の受検資格が得られるように学校教育法施行規則が改正されたのは一九九九（平成一一）年九月のことであり、大検に合格しなくても大学受験資格を得られる途が拓けたのは二〇〇三（平成一五）年度以降のことである。

大学受験資格も、当初、文部科学省は欧米系のインターナショナルスクール出身者にのみ認め、アジア系の外国人学校は排除する方針を示したが、これに対して多数の抗議の声があがり、二〇〇三年九月、ようやく文部科学省はアジア系の外国人学校排除の方針を変更する旨を発表した。[*7] ただし、朝鮮学校については、二〇一九年現在でも、大学において個別の入学資格審査を行うという限定のついた形でしか、大学の受験資格が認められておらず、高校授業料無償化の対象からも除外されているなど、多くの問題を残している。[*8]

第二節　学校教育における多文化共生志向実践の模索と課題

海外とつながる子どもたちの不就学問題

日本語指導が必要となる海外につながる子どもたち、とりわけ**外国人児童・生徒**についての課題が注目されている。一九九〇年の改正入管法施行を契機として、労働者として来日し、家族とともに定住化する人々が増加するという状況は、日本社会に「内なる国際化」を強く意識させるインパクトをもたらした。*9

文部省は一九九一（平成三）年度から「日本語指導が必要な外国人児童・生徒の受入れ状況等に関する調査」を開始し、一九九二（平成四）年度から、一定数の「日本語教育が必要な外国人児童生徒」が在籍する公立学校には、日本語指導担当の専任教員を特別配置（加配）する措置をとったが、「加配の全国一律の基準」もなく、日本語教育の運営は自治体によってまちまちであり、加配の長期的システムを持ちにくい状態が続いてきた。*10

何より、基本的な教育政策のあり方として、外国人児童・生徒の権利としての教育ではなく、「許可」もしくは「恩恵」として教育を提供するというあり方が続き、結果として不就学状態におかれる子どもたちを多数生み出していった。佐久間孝正は、そうした外国人児童・生徒の不就学の原因を説明し、以下の指摘を行っている。*11

原因の一つは、「両親が日本と本国を行ったり来たりするうちに学習困難となり、ドロップアウトするケース」など、「両親や家族に起因するもの」である。これは保護者の雇用や労働環境の不安定さに連動しているという。*12

また、日本の学校において、その児童・生徒の「祖国の独自の習慣や文化」ということを考慮せずに「適応指導」が行われ、姿勢や行動などについても細かく指導する日本の学校文化になじめなくなり、日本の学校に来なくなるケースがある。

さらに、「日本語指導や受け入れ態勢の不備で授業についていけず、学校が面白くなくていかなくなるもの」があるが、これは「日本社会全体の外国人政策なり教育方針」が原因となっており、入学した学校で「日本語教育の方法が貧弱で十分に力をつけてやれないことや、学校の仕組みについての情報が母語で案内されていないため、必要な知識に欠ける」といった状況に起因するものである。

日本の学校文化になじめずに日本の公立学校に不就学となった場合、母語の教育を行う各種学校や各種学校未認可である外国人学校が本人の通える範囲内にあったとしても、日本の公立学校に通う場合と比べて、授業料や通学のための交通費など保護者に多くの費用的負担がかかることとなり、いずれの学校にも通わず、不就学のまま成長していくケースも多かった。

日本語教育の必要な「外国人」の子どもたちのなかから、制度の問題や対応の不十分さに起因する不就学状態が生じ続ける一方で、新たに日本語を母語としない環境で育ち、日本語教育を必要としている「日本国籍」の子どもの急増という状況も進行してきた。*13

教育政策の変化とその動向

インドシナ難民や中国からの帰国者受け入れ開始からほぼ四半世紀、入管法改正を契機とした来日外国人労働者の急増からも約一五年経過した二〇〇六（平成一八）年、総務省によって「地域における多文化共生推進プラン」が発表され、初めて日本の中央官庁の文書中に「**多文化共生**」という語が用いられるようになった。

「外国人」である子どもたちへの「恩恵」や「許可」としての教育という方針を貫いてきていた文部省・文部科

学省も、二〇〇六年六月に「外国人児童生徒教育の充実について」という通知を、都道府県、市町村教育委員会宛に出すに至った。この通知では、教育委員会が外国人の子どもを地域の学校に受け入れる際に、住居確認に外国人登録証明書提示と引き換えにする必要はないとした。これは、保護者が仮に超過滞在状態になってしまっても、その子どもに日本の公立学校での教育の機会、学習の権利を保障することを可能としたものである。

さらに、文部科学省は二〇〇八（平成二〇）年六月「外国人児童生徒教育の充実方策について（報告）」を発表した。佐久間はそのポイントを、①外国人の子どもの受け入れに全教職員の理解が得られるような体制づくりの必要。熱心な先生だけがとりくみ、その先生が転勤してしまうとそれまでの実績が継承されないケースも多かったのに対し、全教職員で取り組む必要を述べたこと。②指導体制づくりでは、管理職の理解と役割が大きいこと。③日本語指導のできる教員の充実と学校への配置の推進。④教員採用の際や研修において日本語指導、国際理解教育に関する内容を盛り込むこと、という四点をあげて紹介しており、この報告書の内容はこれまでの文部科学省の施策からするとかなり画期的であるとしている。ただし、文部科学省によるこの報告書は、結局、各教育委員会の努力目標を示すという域を出ておらず、各教育委員会の取り組み方によって対応がまちまちとなり、地域格差が新たにおこり得るという指摘もされてきた*[14]。

地域による取り組みの格差などが懸念される状況に対して、二〇一四（平成二六）年一月、文部科学省「学校教育法施行規則の一部を改正する省令等の施行について（通知）」が出され、学校教育法施行規則第五六条の二、第五六条の三の新設により日本語指導が必要な児童・生徒を対象とした「特別の教育課程」の編成・実施が制度化された。この改正は日本語指導の必要な「当該児童生徒の在籍学級以外の教室で行われる指導について特別の教育課程を編成・実施することができるよう制度を整備するもの」であると説明されている*[15]。

また、同年一月には文部科学省初等中等教育局国際教育課「外国人児童生徒教育研修マニュアル―外国人児童生徒の総合的な学習支援事業―」が出された。各教育委員会や学校で、日本語学級担当者、在籍学級担当者、管理職、行政担当者、日本語指導員、一般教員を対象とする研修プログラム作成のマニュアルであり、日本語指導を必要とする児童・生徒の分散地域の場合、集住地域の場合に即した研修例や、「外国人児童生徒の母国・母文化について」や「生育歴／学習歴」を踏まえた「子ども理解」の必要や、外国人児童生徒との関係づくりの具体的ポイントなどが項目解説として提示されている。*16

そして、二〇一六（平成二八）年に公布された教育機会確保法（正式名称：義務教育の段階における普通教育に相当する教育の機会の確保等に関する法律（平成二十八年十二月十四日法律第百五号））では、その教育理念を示した第三条において、不登校児童・生徒や不登校のまま形式的に義務教育を終了したとされてしまった人、そして外国人児童・生徒に対して、「教育を受ける機会」を確保するとともに、「その教育を通じて、社会において自立的に生きる基礎を培い、豊かな人生を送ることができるよう、その教育水準の維持向上が図られるようにすること」が掲げられた。

義務教育段階における普通教育を十分に受けていない人について「年齢又は国籍その他置かれている事情にかかわりなく、その能力に応じた教育を受ける機会が確保されること」が明記されたことは、日本国籍ではない子どもについて義務教育を保障する対象から排除し続けてきた日本の教育政策の、法令上における大きな方向転換であるといえる。*17

しかし、文部科学省が教育機会確保法に見られる大きな方向転換に踏み切らざるを得ないほど、「その年齢または国籍その他置かれている事情にかかわりなく、その能力に応じた教育を受ける機会が確保され」ていない人が日本社会において増えてきており、「社会において自立的に生きる基礎を培い、豊かな人生を送ること」から疎外されたまま放置されている人が増えているという事態の深刻化が顕著になってきているということも見落とすことはできない。

二〇一九（平成三一）年三月一五日に文部科学省は「外国人の子供の就学の促進及び就学状況の把握等について（通知）」[*18]を出したが、「外国人」の子どもを義務教育の対象とすることなく、その全体的実態把握をしてこなかった文部行政が、就学を促進する対象として「外国人」の子どもをとらえようとする調査にようやく初めて着手したこととなる。また、この通知では、「学習の機会を逸した外国人の子供の学校への受入れ促進」として、外国人学校を退学するなどにより学習の機会を逸した外国人の子どもへの言及や、「学齢を経過した外国人への配慮」として公立中学校での受け入れ可能性、夜間中学への入学の可能性を明記した点は注目できるが、これらが、日本社会において多文化状況が存在していた何十年もの間、教育政策からは放置され、今これから始めなくてはならない課題となっていることを忘れることはできない。[*19]

「適応指導」にとどまらない学習保障の必要性

教育政策が二〇一〇年代に入ってかなり変化しつつあることも確かであるが、政策方針を教育の現場で実際にどのように運用し、実現していくのかが問われることとなる。二〇〇六年以来、中央省庁の政策としても多文化共生や多文化教育という語が掲げられるようになる一方で、その政策が、「『日本人』や『日本文化』の同質性・固定性・自明性を前提」としているという問題も指摘されてきた。[*20]

二〇一九（令和元）年六月一七日、文部科学省が発表した「外国人の受入れ・共生のための教育推進検討チーム報告～日本人と外国人が共に生きる社会に向けたアクション～」の報告概要では、重点的に進めるアクションのうちの「外国人児童生徒等への教育の充実」として「①学校における教員・支援員等の充実、②教員の資質能力向上、③進学・キャリア視点の充実、④障害のある外国人の子供への支援、⑤外国人の子供の就学状況の把握及び就学促進、⑥夜間中学の設置促進等・教育活動の充実、⑦異文化理解や多文化共生の考え方に基づく教育の充実」が掲げられ、「⑦異文化理解や多文化共生の考え方に基づく教育の充実」では「母語・母文化を尊重しつつ、日本語・日本文化への理解を促進」と記された。[*21] この「母語・母文化を尊重しつつ、日本語・日本文化への理解を促進」がどのように具体的に一人ひとりの子どもたちを通して実現されていくのかが、これからの重要なポイントになるであろう。

先に、海外とつながりを持つ児童・生徒が不就学状態に陥ってしまう原因の一つとして、日本の学校において、その児童・生徒の「祖国の独自の習慣や文化」ということを考慮せずに「**適応指導**」が行われがちであることを記したが、[*22] 海外とつながる児童・生徒が抱えがちになってしまう学校教育における様々な困難に対して、まずもって、その児童・生徒の日本の学校での生活で直面する困難をできるだけ軽減するサポートをすること、具体的場面での困難を一つひとつ解消していくことが、学校教員には求められている。

そのためには、児童・生徒の「来日時の年齢と日本語力」の差異によって直面する問題の相違ということを念頭において、児童・生徒本人や保護者、そしてその児童・生徒と関わる他の児童・生徒たちに働きかけていく視点が不可欠になるだろう。前出の「外国人児童生徒教育研修マニュアル」でも強調されているように、その児童・生徒が全く日本語を話せない状態のときと、少し話せるようになったときでは、配慮しなくてはならないポイントは異なってくるだろうし、本人が理解するだけでなく、本人と関わる児童・生徒が理解できるようにサポートやフォローの視点を持つことが重要である。[*23]

　また、生活言語としての日本語はかなり使えるようになっても、学習言語としての日本語の習得には、授業を担当する教員が特に意識しておかないと思わぬつまずきがあることが知られており、家庭での母語が日本語ではない子どもの場合には、日本語習得の機会と場面―特に学習言語の習得に関わって―で、母語が日本語の子どもの場合と比べて大きくハンディがあることなどにも留意することが求められている。*24　第二言語として日本語を学習し、**サバイバル日本語**を身につけるところから始めるという日本語指導の必要な児童・生徒への学習支援は不可欠であるが、その先の**学習言語の獲得支援**は、当事者である子どもの高校への進学と卒業を可能とする学力保障の観点、ひいては日本社会のなかでの進学や就労保障という進路指導の観点からも喫緊の課題となってきている。*25

　そして、日本社会で日本語を用いて生きていく力を育てるとともに、子どもたちにとっての母語や母文化への理解も育て、自らのつながる文化・社会的背景に誇りを持つことができるようにすることも重要な課題である。たとえば、横浜市立いちょう小学校（現在は、横浜市立飯田北いちょう小学校）の実践記録には、全校児童の三～四割が、外国籍や海外とつながりを持つ日本国籍の児童という状況のなかで、多文化共生の教育のあり方を試行錯誤し、教室での授業や給食など様々な機会・場面について全教職員で子どもたち一人ひとりを支援していく全校TT体制をつくり、日本語になじみのない保護者も懇談会に来校して話してもらえるようにするなど、学校・家庭・地域の連携を具現化した過程が記されている。*26

　そこには、海外とつながりを持つ児童も「日本人」の児童も、すべての子どもたち一人ひとりを大切にして、そのよりよい成長を促していこうという学校の教育に対する基本姿勢があり、その成長を保障するにはどうすればよいのかということが、一人ひとりに則して考えられている様子がうかがえる。いちょう小学校・飯田北いちょう小学校の国際教室担当教員として十数年間実践を続けてきた菊池聡は、「多文化共生」の教育とは、「国籍や文化、習慣、宗教などは関係なく、『目の前にいる一人ひとりの子どもや保護者の課題に寄り添った支援』を原則としている」と記している。*[27]

多文化教育の視点—この社会が多文化であるという視点—

改めて、日本の学校教育おいて、相手に「適応」すべきことを強いるというあり方を変革していくためには、何が必要となるだろうか。

中島智子は、多文化教育を説明するなかで、「『日本』や『日本人』や『日本社会』を単一文化視したところからはじまる国際理解教育は、その対象をも単一視せざるをえない。そこから『われ』と『かれ』のちがいを学習することはあっても、『われ』のありようを変革することにはならない。」とし、これに対して、「多文化教育において文化とは」、「学ぶ対象ではなく、社会の中のその機能や意味をも意識し批判するものとしてある。したがってとくに学校教育においては、異文化を理解することの必要性を否定はしないが、学校文化の機能を意識することこそが重要である」とする。そして「多文化教育とは」「周辺に位置づけられる」ものではなく、「学校改革のための視点の一つであり、不断に続くプロセスである」としている。*[28]

この「『われ』のありようの変革」という中島が指摘する事柄は、きわめて大切なポイントになると考えられる。そして、多文化教育の実践の場においては、教員もまた常に関係のなかで変化することが求められてくるはずである。自分は固定した不変の位置にいて、何か「マイノリティ」の児童・生徒を助ける、働きかけるのではなく、逆に「マイノリティ」の児童・生徒から働きかけられる自分、関わりのなかで変化していく自分に気づくことが大切な視点となるだろう。その関係を通して、自分自身のなかに「他者」を育てていくということになるのではないだろうか。

「マイノリティ」―**「マジョリティ」**という分け方も、実は事柄や状況によってその境目は大きく変化していくものであり、「マイノリティ」は絶対的に不動の存在ではなく、相対的な関係のなかで決まり、変化し得る存在だということである。ただ、相対的な関係のなかで決まってくるといっても、やはり現状において、その社会のなかで様々な困難に直面せざるを得ない「マイノリティ」の人々（「マイノリティ」に位置づけられる「文化」の持ち主）がいることは確かである。

どの「文化」も等しく大切ということを言葉のうえで主張するのでは、そうした人々が、あることについての「マイノリティ」であるがゆえに、現に今、「マジョリティ」の社会で不利益を被ってしまっているという現実は変わらない。まずは、不利益を生み出す「マジョリティ」のあり方を変革することが必須となるし、「マイノリティ」と位置づけられる人々が、その「マイノリティ」性自体に誇りを持ち、自尊感情を持って生きていけるような、具体的な人間関係や制度的対策が保障されていくことが不可欠である。*29

「マジョリティ」の変革へ

佐久間孝正は、これまでの「日本社会がオールドカマーの教育問題に真摯に向き合っていれば、こんにち直面しているニューカマーのかなりの問題に関しても様々な蓄積が積まれていただろう」として、「オールドカマーの教育問題と真剣に向き合わなかったツケ」が、今、日本社会には起こっていると指摘した。*30

「多文化共生」に、教育政策レベルでも向き合っていくという方向転換は、今ようやく始まったばかりである。

それを具体的にどのように不断のプロセスとして実現していくのかというのは、まさに今、問われていることである。「多文化共生」という言葉によって、権力関係の非対称性や、制度面で変えていかなくてはならない問題があることを見過ごしてはならない。

海外とつながりを持つ人々についていえば、市民として、政治的・経済的・文化的なその社会の権利や義務を持った主体として、制度的にも位置づけていくことが必要であるし、その子どもたちにとっては、まずもって——各種学校や各種学校未認定校の外国人学校で学ぶ児童・生徒や完全に不就学の子どもたちも含めて——権利としての教育の機会が保障され、学習権があらゆる場面、機会において実現されることが、日本政府や日本社会の取り組むべき急務であろう。

そうした制度上の保障とともに、外国とつながりを持った児童・生徒だけでなく、障碍を持っていたり、セクシュアルマイノリティであるなど、現在の日本社会において様々に「マイノリティ」と位置づけられがちな文化を持つ児童・生徒に、他者との関係において自分自身を大切だと思える（それは自尊感情を持つことである）学習を促し、そのための教育を保障することが切実に求められていると言えよう。そうした学習や教育を保障することは、日本社会に生きる「マジョリティ」と位置づけられがちな文化を持つ児童・生徒にとっても、他者との関係において自分自身を大切だと思える学習を保障していくことにも直結しているはずである。「多文化教育」とは「マイノリティ」と共に生きるために、「マジョリティ」自体が変革することを強く求めるものなのである。

註

1 本章では、まずは日本社会において国籍や民族、言語を切り口に見た際の「海外とつながる」文化的背景を持つという意味での多文化状況に焦点化しているが、多文化状況の「文化」とは、民族、言語等に限らず、セクシュアリティ、階級、身体上あるいは精神上で何らかの障碍を持つなど、様々な次元において「文化」やその「文化」を持つ人が存在することをとらえる視点でもある。多文化教育とは、今、わたしが生きているこの社会とそこに日々新たに生成している「文化」が多様であるとともに、わたしも他者も「文化」の担い手であり、その「文化」が絶えず互いの影響関係のもとに変容し、豊穣になり得る可能性に満ちていることを学んでいくプロセスそのものである。

2 旧植民地出身者を無理矢理「外国人」としていった過程については、田中宏『在日外国人―法の壁、心の溝―新版』岩波書店、一九九五年に詳しい。また日本政府の民族教育への政策については、佐久間孝正『外国人の子どもの不就学』勁草書房、二〇〇六年などを参照。

3 これらの弾圧と闘争の展開については、梁泰昊『在日韓国・朝鮮人読本』緑風書房、一九九六年、八四～九〇頁を参照のこと。また、代表的事例として知られる四・二四阪神教育闘争については、金慶海『在日朝鮮人民族教育の原点―四・二四阪神教育闘争の記録』田畑書店、一九七九年、「四・二四を記録する会」編『四・二四阪神教育闘争』ブレーンセンター、一九八八年などを参照。

4 日韓基本条約締結の一九六五年に出された二つの文部次官通牒が「朝鮮人学校をまったく否認したうえで、日本の公立校に入れば日本人として扱うというもの」であり、「まるで植民地時代の〝民族性否認＝同化教育〟と何ら変わるところがない」ものであったことについては、田中宏「戦後日本とポスト植民地問題」『思想』岩波書店、一九八五年八月、四九頁参照。

5　山脇啓造「日本における外国人政策の歴史的展開」近藤敦編著『多文化共生政策へのアプローチ』明石書店、二〇一一年、二七〜二九頁。

6　太田晴雄「ニューカマーの子どもの学校教育—日本的対応の再考—」江原武一編『多文化教育の国際比較』玉川大学出版部、二〇〇〇年、二八八頁。

7　月刊『イオ』編集部編『日本の中の外国人学校』明石書店、二〇〇六年、一五四頁。

8　二〇一三年五月の国際人権規約社会権規約委員会において採択された「経済的、社会的及び文化的権利に関する国際規約・社会権規約委員会の総括所見」では、日本において朝鮮学校が高校授業料無償化の対象から除外されていることは国際人権規約社会権規約第一三条、第一四条に照らして差別であると指摘されており、委員会からその是正が勧告されている。外務省ホームページ、https://www.mofa.go.jp/mofaj/files/000053172.pdf（二〇一九年九月一日閲覧）参照。

9　海外とつながる子どもたちの不就学問題の詳細については、宮島喬・太田晴雄編『外国人の子どもと日本の教育—不就学問題と多文化共生の課題』東京大学出版会、二〇〇五年、小島祥美『外国人の就学と不就学—社会で「見えない」子どもたち—』大阪大学出版会、二〇一六年を参照。

10　佐久間孝正、前掲書、五五頁。

11　佐久間孝正、前掲書、七四〜七六頁。

12　子どもの学習権の保障は、保護者の生存権の保障とつながっていることも見落とせない。この点については、「外国につながる子どもたちの物語」編集委員会編・みなみななみ（まんが）『まんがクラスメイトは外国人』明石書店、二〇〇九年なども参照。同書は、二〇のケースを通して、海外とつながる子どもたちと共に日本で生きていくことの視点を豊富に示している。

13　佐久間孝正、前掲書、一九～二二頁。

14　佐久間孝正「『多文化共生社会』と教育の課題」近藤敦編『多文化共生政策へのアプローチ』明石書店、二〇一一年、一三四～一三八頁。

15　文部科学省ホームページ、http://www.mext.go.jp/a_menu/shotou/clarinet/003/1341903.htm（二〇一九年九月一日閲覧）。

16　文部科学省ホームページ、http://www.mext.go.jp/a_menu/shotou/clarinet/003/1345412.htm（二〇一九年九月一日閲覧）。

17　「普通教育機会確保法」により公立夜間中学設置促進の方策がとられるようになり、二〇一九年四月には公立夜間中学が二一年ぶりに川口市と松戸市に開校した。いずれも外国人人口の増加への対応が開校の理由としてあげられている。『朝日新聞』二〇一九年四月一七日、朝刊、33面。

18　文部科学省ホームページ、http://www.mext.go.jp/a_menu/shotou/clarinet/004/1415154.htm（二〇一九年九月一日閲覧）。

19　海外とつながる子どもたちの置かれている、二〇一〇年代の日本社会の状況、教育と支援の現状については、荒巻重人ほか編『外国人の子ども白書―権利・貧困・教育・文化・国籍と共生の視点から―』明石書店、二〇一七年を参照。

20　原知章「『多文化共生』をめぐる議論で、『文化』をどのように語るのか？」岩渕功一編著『多文化社会の〈文化〉を問う』青弓社、二〇一〇年。

21　文部科学省ホームページ、http://www.mext.go.jp/component/a_menu/other/detail/__icsFiles/afieldfile/2019/06/17/1417982_01.pdf（二〇一九年九月一日閲覧）。

22　直面する具体的な困難については、太田晴雄、前掲論文、二九五～二九八頁やマリーナ・アキズキ・松原「学校の派遣通訳として、子ども達と出会って」『これからの在日外国人教育二〇〇〇』全国在日外国人教育研究協議会、二〇〇〇年、一四～二〇頁など参照。

23　「外国人児童生徒教育研修マニュアル」とともに、文部科学省は二〇一四年一月に、当該児童・生徒の日本語能力測定のマニュアルとして、「外国人児童生徒のためのＪＳＬ対話型アセスメント」を出した。文部科学省ホームページ、http://www.mext.go.jp/a_menu/shotou/clarinet/003/1345413.htm（二〇一九年九月一日閲覧）。

24　結城梨恵「外からは見えにくい課題を抱えている児童のために」山脇啓造・服部信雄編著『新 多文化共生の学校づくり』明石書店、二〇一九年、一三七〜一三九頁。横浜市立南吉田小学校での国際教室の取り出し対象児童についての再検討と対象拡大の試みについて紹介されている。

25　二〇一五年度版の「日本語を母語としない生徒のための高校入試措置一覧」は、荒巻重人ほか編、前掲書、二八六〜二八九頁。

26　山脇啓造・横浜市立いちょう小学校編『多文化共生の学校づくり』明石書店、二〇〇五年。

27　菊池聡『〈超・多国籍学校〉は今日もにぎやか！』岩波書店、二〇一八年、五六頁。なお、近年の飯田北いちょう小学校を含めた横浜市の公立学校、教育委員会の多文化共生実践の取り組みについては、山脇啓造・服部信雄編著、前掲書に詳しい。児童・生徒やその保護者への母語での支援や母語教室の展開も注目される。

28　中島智子「多文化教育研究の視点」中島智子編『多文化教育―多様性のための教育学』明石書店、一九九八年、二二〜二九頁。

29　現在の日本社会という現実において直面する様々な問題を回避するのではなく、その社会に対する批判的視点を生徒が獲得し、社会を生き抜いていく力量形成をめざす実践の重要性については、神奈川県大和市立下福田中学校の教育実践を取り上げた、清水睦美・児島明編著『外国人生徒のためのカリキュラム―学校文化の変革の可能性を探る―』嵯峨野書院、二〇〇六年が示唆に富む。

30　佐久間孝正、前掲論文「『多文化共生社会』と教育の課題」一二八～一二九頁。

第 13 章
問題行動と生活指導

伊東　毅

キーワード

生徒指導提要　非行　少年法　犯罪少年　触法少年　虞犯少年　不良行為少年　非行防止教室　教育課程　構成的グループエンカウンター　アクティブ・ラーニング　予防教育　学校裏サイト　メディアリテラシー　特別支援教育　特殊教育　学習障害　注意欠陥多動性障害　高機能自閉症　発達障害　自閉症スペクトラム障害　二次障害

要　約

反社会的行動の内、深刻なものは非行と呼ばれる。少年法のなかに犯罪少年・触法少年・虞犯少年が規定されている。非行に準ずる問題行動を行う少年を警察は不良行為少年と呼ぶ。こうした深刻な状態を招かないよう予防教育として非行防止教室が全国で展開されつつある。問題行動が生じた際には教師はチームをつくって対応し、被害生徒・加害生徒・それぞれの保護者などから丁寧な聞き取りを行い、適切な処置を講じなければならない。インターネット・携帯電話の普及による問題もしっかりと対応しなければならない現代的課題である。こうしたメディアの普及から性犯罪に巻き込まれる女子生徒もいる。2007 年に特別支援教育がスタートしてから、発達障害をめぐる問題も注目されるようになった。理解を深めたうえでの適切な対応が求められる。

文部科学省『**生徒指導提要**』（教育図書、二〇一〇年）のなかでは、問題行動との関連で注目しておくべき児童・生徒群として、三つあげられている。一つ目が「行動が乱暴で、学習に意欲がなく、ルールやマナーを平気で破り、教員や保護者の言うことを全く聞かない児童生徒」、二つ目が「学校生活で友人もほとんどなく、学級活動・ホームルーム活動、学校行事にもほとんど参加せずに、他人への関心をもたず自分の殻に閉じこもっている児童生徒」、三つ目が「自閉症、学習障害（ＬＤ）、注意欠陥多動性障害（ＡＤＨＤ）などの発達障害のある児童生徒」である。

ここでは、これらのうち一つ目と三つ目を中心に取り上げ、どのように対応したらよいのか、見ていきたい。一つ目と関連しては、現代的なテーマであるインターネットや携帯電話をめぐる問題が特に注目されることが多いので、節を設けて論じたい。先の二つ目の児童・生徒群は、通常「非社会的問題行動」などと言われているものであり、不登校などもこれと関連して語られることが多い。よって、これについては、「第8章　不登校とサポート体制づくり」を参照されたい。

第一節　反社会的問題行動

反社会的問題行動とは

『生徒指導提要』でいう「行動が乱暴で、学習に意欲がなく、ルールやマナーを平気で破り、教員や保護者の言うことを全く聞かない児童生徒」とは、よく言われるところの「反社会型」の問題行動を起こす児童・生徒のことである。対象となる行為としては、飲酒・喫煙・自転車盗などの比較的軽微なものから、薬物乱用・ひったくり・恐喝・傷害・性犯罪など極めて深刻なものまで様々である。一過性の逸脱行動として、社会的に自立していくための試行錯誤と捉えることができる場合もある。しかしまた、かなり常習性の進んだ深刻な状態を示す者もいる。

特にこの反社会的問題行動のなかで深刻なものを通常「**非行**」という。**少年法**（もちろん、この「少年」には女子も含まれる）では、その第三条で家庭裁判所の審判に付すべき少年、すなわち非行少年を三つに分けている。

まず初めが「罪を犯した少年」である。これを通常「**犯罪少年**」と呼んでおり、年齢でいうと一四歳以上になる。次が「十四歳に満たないで刑罰法令に触れる行為をした少年」である。これを通常「**触法少年**」と呼ぶ。一四歳未満は刑事罰に問えないので、このようになっている。最後の三つ目が「次に掲げる事由があつて、その性格又は環境に照らして、将来、罪を犯し、又は刑罰法令に触れる行為をする虞《おそれ》のある少年」である。通常これを「**虞犯《ぐはん》少年**」というが、「次に掲げる事由」とは、「イ　保護者の正当な監督に服しない性癖のあること。」「ロ　正当の理由がなく家庭に寄り附かないこと。」「ハ　犯罪性のある人若しくは不道徳な人と交際し、又はいかがわしい場所に出入すること。」「ニ　自己又は他人の徳性を害する行為をする性癖のあること。」の四点である。

警察では、この非行少年ほどではないが、これに準ずる問題行動を行う少年を「**不良行為少年**」と呼んでいる。少年警察活動規則第二条に「非行少年には該当しないが、飲酒、喫煙、深夜はいかいその他自己又は他人の徳性を害する行為（以下「不良行為」という。）をしている少年をいう」という規定があるが、これが「不良行為少年」である。

学校現場では、「非行」という言葉も「不良」という言葉も明確に区別されるわけではなく使われているが、行政上この二つは違いがあるので、押さえておいてほしい。厳密な規定からいえば、校則を守らないとか服装が乱れているからといって、それは「不良」ではないし、ましてや「非行」でも全くない。とはいえ、こうしたことは場合によっては「不良」そして「非行」へとつながっていく場合も考えられるので、早い段階での対応が望まれる。

予防教育

二〇〇五（平成一七）年、文部科学省と警察庁が協力して「非行防止教室等プログラム事例集」[*1]を作成した。それまでも学校によっては展開されていた**非行防止教室**を大々的に展開しようというものである。特別活動や総合的な学習の時間に非行防止教室を組み込んだり、道徳・社会・保健体育などで関連内容を取り扱うなど、**教育課程**への位置づけを明確にして実施することを文部科学省は推奨している。

同事例集には、非行防止教室の具体例として、「交通防犯教室」「暴走族加入阻止教室」「性被害防止教室」「出会い系サイト被害防止教室」「薬物乱用防止教室」などが取り上げられている。たとえば、「暴走族加入阻止教室」（中学校での実践）では、警察官により暴走族の実態等が紹介されるが、暴力団につながっている場合もあり、上納金を支払わねばならないこと、そのために恐喝等違法行為に手を染める可能性が高くなること、暴力団への加入を最終的に強いられること、そして、離脱しようとすると脅迫や命に関わるような暴力を受けること、もし困ったことが起きたら警察が設けている「暴走族相談員」に相談することができること、などが話される。

「薬物乱用防止教室」（高等学校での実践）における保健所や警察署の担当者による講話では、精神に与える恐ろしさが具体例をもって伝えられるとともに、人間関係（友だち関係）のなかで迫ってくる問題でもあり、「ノー」と言うことの難しさとそれを乗り越えて「ノー」と言う勇気を持つことの大切さなどが話される。この実践を通じて、生徒から薬物を売買する不審者についての情報が警察に入るようになったという。この実践は、警察と生徒たちの間をつなぐ機能も果たした。同時に、そうした情報が入るということは、実は薬物は極めて身近な問題であることを痛感させる結果にもなったということである。

注目すべき実践として、「犯罪被害者遺族を外部講師に招き、講演会を行った取組」（高等学校）といったものも紹介されている。理不尽な集団暴行で家族の命を奪われた実例が話され、家族の苦しみが語られた。犯罪被害者とその家族の置かれている立場や心情及び命の尊さ等を訴える講演会は生徒たちに強い衝撃を与えたという。

このほかにも、万引き防止のための教室（小学校）、警察や少年鑑別所へのインタビューを中心とする生徒たちによる啓蒙ビデオの作成（中学校）、問題を抱える子どもの保護観察を行う保護司による具体例をあげた講話と具体事例を用いた**構成的グループエンカウンター**などの**アクティブ・ラーニング**系の実践が紹介されている。同事例集だけでなくそのほかにも様々な取り組みがあるし、これまでそれぞれの学級や学校で展開されてきた有効な実践はたくさんあるが、非行防止教室は、反社会型行動に対する近年の**予防教育**の流れのなかに位置づけられる中心的な実践であるので、これを押さえておいてほしい。

問題行動が生じた際の指導

学校は警察のような強制力を持つ捜査機関ではないが、それでも、問題行動が起こったら、まずは迅速な事実確認を行わなくてはならない。続いて、その問題行動の原因の分析をし、指導方針を決め、組織的な対応をしていくことになる。許されない行為に対しては毅然とした対応をしていくのはもちろんであるが、その行為を反省し、積極的に改めることができるように、同時にその児童・生徒の話をしっかり聞きながら進める必要もある。保護者への説明も必要とされるが、問題克服に向けて協力が得られるように、保護者の意見もしっかりと聞き取りながら進めていかなければならない。

問題行動が「非行」に相当する深刻なものであれば、早急に対応チームをつくって対応することになる。問題行動全般について行われるであろう事実確認も、特にしっかりと行う必要が出てくる。「出席停止」や場合によっては「懲戒」ということもあり得る。事実誤認は大変な事態を招くであろうし、そうではなくても後日紛糾する可能性もあるから、複数の教員で冷静に聞き取り、本人や関係者の言い分もしっかりと聞き取りながら、正確に時系列を追って記録しておく必要がある。

問題行動に関係する児童・生徒が複数いる場合には、一人ずつ別室で、児童・生徒同士が情報交換できないようにしながら聞き取っていくことが基本となる。関係機関との連携も必要になってくる場合があるが、当然ながら学校全体の責任を担う管理職がつなぎ役をすることになる。単純な器物破損ではなく、被害者がいるような場合は、まずは被害者の安全や被害の回復を念頭に置いた対応が必要になる。

第二節　インターネット・携帯電話をめぐる問題

ネットいじめ

インターネット・携帯電話の普及は、利便性とともに様々な問題を生み出した。悪口をネット上に書き込まれ、大きく傷つく児童・生徒は多い。エスカレートして、いじめられているシーンを動画サイトに投稿される場合もある。友だちと悪ふざけで撮った裸の画像をＳＮＳで拡散され、学校に行けなくなった女子生徒もいる。

「**学校裏サイト**」が以前に話題になったことがあったが、注目されるようになったきっかけの一つは、二〇〇七(平成一九)年に起きた兵庫県神戸市須磨区の私立高校三年生男子いじめ自殺事件であった。学校裏サイトには裸の写真を載せられたり、住所や電話番号などの個人情報が掲載されたりしたという。

ネットいじめは、ネットを間に挟むことによって、また、その匿名性も手伝って罪悪感が生じにくく、敵意むき出しの攻撃が展開される。助けようとする者が現れれば炎上し、かえって事態が悪化する。新聞などで報道されるいじめ自殺について筆者が整理したところ、直近の一〇年（二〇〇八〜二〇一七年度＝八一件）はそれ以前の一〇年（一九九八〜二〇〇七年度＝六九件）よりも明らかにいじめ自殺が増えている。報道内容を見ていると、多くのいじめ自殺事件でネットを使った誹謗中傷・いやがらせ・デマ等があったことがわかる。[*2]

携帯電話・スマートフォンと性をめぐる問題

テレフォンクラブなど高校生を巻き込む性をめぐる問題が、一九九〇年代から注目され始めたが、携帯電話やスマートフォンの普及がこうした問題を一気に拡大させた。財団法人日本性教育協会の報告書には、携帯メールの使用頻度が高い児童・生徒や自分専用の情報機器を所有している児童・生徒は、異性との交友関係全般を活発化させ、性行動に至る機会を拡大させているのではないか、という興味深い指摘も見られる。[*3]

出会い系サイトに関係した児童・生徒の被害は無視できないレベルにまで達したため、「インターネット異性紹介事業を利用して児童を誘引する行為の規制等に関する法律」（平成十五年法律第八十三号・通称「出会い系サイト規制法」）などがつくられたりもした。こうした法整備も含めて様々な努力はなされているが、はたして、どれほど問題が克服されているのであろうか。

出会い系サイトと性感染症がどのくらい関係しているか厳密にはわからないが、たとえば、厚生労働省の定点医療機関性感染症調査[*4]によると、十代（一五〜一九歳）女子の状況は十代男子に比べかなり深刻である。二〇一八（平成三〇）年の調査では、性器クラミジア感染症罹患者数は男子五二四・女子一五五六、性器ヘルペスウイルス感染症は男子六六・女子二一五、尖圭コンジローマは男子四一・女子一一二、淋菌感染症は男子三一一・女子一三八、梅毒は男子八六・女子二一三で、合算すると男子一〇二九・女子二三三四となり、女子は男子の二倍を超える数値を示している。特に女子の罹患者数が多い性器クラミジア感染症は不妊症につながる可能性が大きいという。問題は大きく残っているのである。

インターネット・携帯電話をめぐる問題への対応

ある程度年配の教師であると、若い世代との**メディアリテラシー**の差を感じて、どうしてもインターネットや携帯電話をめぐる問題への関与に躊躇してしまう。まずは、必要な知識を得ることが前提となる。これはメディアに強くなるということだけではなくて、関係法令を学んだり、相談窓口を確認したりすることも含む。

前項で「出会い系サイト規制法」について触れたが、二〇〇九（平成二一）年四月に施行された「青少年が安全に安心してインターネットを利用できる環境の整備等に関する法律」（平成二〇年法律第七十九号）なども押さえておかなくてはならない法令の一つで、ネット上の違法・有害情報全般から児童・生徒を守るためにつくられた法律である。

この法律は、携帯電話事業者、接続プロバイダ、パソコンメーカーに対して違法・有害情報フィルタリングの提供義務を課している。児童・生徒が利用する携帯電話は、フィルタリングが原則「オン」の状態で出荷されるが、パソコンの場合は原則「オフ」の状態で出荷される。保護者に対し、家庭内で児童・生徒が使用するパソコンについて、フィルタリングの利用を呼び掛けることもしなくてはいけない。違法・有害情報のフィルタリングが完璧であることはありえないが、違法薬物販売サイトなどもネット上には存在するので、ぜひとも児童・生徒からこうしたものを遠ざけたい。

コンピュータウイルスを感染させる迷惑メールも猛威をふるっている。児童・生徒自身が被害を受けるだけでなく、サイバー攻撃などの踏み台にされるおそれもある。パソコンには必ず対策ソフトを利用し、常に最新の内容に保つよう指導する必要がある。同時に、感染を避けるため、不審なメールを開いたり、返信したりしないように指導することも必要である。

被害生徒から相談があったときは、ていねいに付き添って対応していく必要がある。場合によっては速やかにネット上の誹謗中傷などを含む不適切情報の削除依頼をする必要がある。警察のサイバー犯罪相談窓口や各法務局の窓口、一般社団法人セーファーインターネット協会の「インターネット・ホットラインセンター」や「セーフライン」などが相談先・通報先になる。殺人・爆破・自殺予告など緊急に対応が必要な情報は、ただちに警察に一一〇番通報することになる。

第三節　発達障害をめぐる問題

発達障害をめぐる問題行動とは

特別支援教育については、スタート前の準備段階で「特別支援教育の在り方に関する調査研究協力者会議」がつくられた。そして、同会議は、二〇〇三（平成一五）年三月二八日に「今後の特別支援教育の在り方について」と題する最終報告を提出した。報告では、従来の**特殊教育**の対象の障害だけでなく、**学習障害**（ＬＤ：Learning Disability）、**注意欠陥多動性障害**（ＡＤＨＤ：Attention Deficit Hyperactivity Disorder）、**高機能自閉症**[*5]などの**発達障害**も含めて考えるとした。これは、それまでの盲学校・聾学校・養護学校や特殊学級に在籍する児童・生徒だけでなく、通常学級に在籍する特別な教育的支援を必要とする児童・生徒をも対象とすることを意味している。

こうした対象の拡大をともない、二〇〇七（平成一九）年度より特別支援教育がスタートした。通常学級に在籍する児童・生徒のうち、発達障害の可能性があり、特別な教育的支援を必要とする児童・生徒は、二〇一二（平成二四）年に実施された文部科学省調査では約六・五％であったという。教師になれば、必ず発達障害をめぐる問題に出会うことになる。

確かに、学習障害のある者を前に、なぜ自分の教える教科の学習を拒否するのだろうと悩む教師もいるだろう。注意欠陥多動性障害のある者について、何度言っても忘れ物をしたり宿題をやってこなかったり、また、授業中に立ち歩いたりすることに苛立ちを覚える教師もいる。**自閉症スペクトラム障害**のある者が人の気持ちを考えずに発言したり、あることにずっとこだわったりしているところを見て、怒りに駆られかねない教師もいるに違いない。

だが、それらは先天的な脳の機能障害からくる特性であって、改善は可能なものの治ることはない。誤解してはならないことは、発達障害はこのように特性上、様々な困難が伴うが、それ自体が第一節で触れた問題行動に直結しているわけではないということである。学習障害に気づかず過剰に叱責するなどして反抗的な態度を招いたり、自閉症スペクトラム障害や注意欠陥多動性障害に気づかず性格を直すように強制したりすると、著しく劣等感を抱かせてしまうことがある。こうしたことが問題行動を誘発してしまい、**二次障害**といわれる不適応状態の悪化を招いてしまう。発達障害を理解して、こうした状態を生み出さないように教師は適切な対応をしなくてはならない。

学習指導の基本姿勢

学習面については、できないことを必要以上に追及せず、得意な面を伸ばして自信を持たせるよう指導することが大切である。このことは、特に学習障害のある児童・生徒には重要なところである。しかし、これがなかなか難しい。順を追っていねいに教えれば理解してくれるはずだと教師のほうがこだわり、その児童・生徒を追い詰めてしまうことがある。もちろん、誰にとってもわかりやすい教え方を研究し授業を行うことは教師の務めであるが、ときには柔軟に対応することも必要なのである。とはいえ、見捨てられ感を与えないことも大切であるから簡単なことではない。

注意欠陥多動性障害のある者に対しては、時間を区切って進めるとうまくいく場合がある。五〇分授業であれば、一〇分ずつの五ブロックというような感じで進める。自閉症スペクトラム障害のある児童・生徒は、同じことを何度も聞いてくる場合があるので、それにも忍耐強く応答していく必要がある。いずれにしても、抱えている困難は各児童・生徒で異なるので、それぞれがどのような特徴を持っているのかは、実際に接している教師が判断し、指導に工夫を加えていくしかない。

生活指導の基本姿勢

行動面への対応も、注意や叱責を必要最小限に抑えるというスタンスで臨んでほしい。特に注意欠陥多動性障害や自閉症スペクトラム障害のある者は、衝動的な発言や行動をする可能性が大きい。関わる教師は、最初は動転するだろうが、問題を起こすときのパターンを見極めることが大切である。どんなことがきっかけで興奮してしまうのか、興奮してしまったときはどんな落ち着かせ方が有効なのか、こうしたことを把握し、蓄積していく。そして、問題を起こすきっかけをなるべく排除し、興奮したときは過去に有効であった落ち着かせ方を試みる。このように教師自身が慌てずに対応策を取り出せるようにしておくのである。

学び続けるという姿勢を大切に

不良・非行といわれる問題は以前から存在したが、メディアの発達がここに加わり、事態を複雑なものにしている。インターネット・携帯電話を排除すればいいかといえば、もはやそれができないことは誰もが知っている。教師は、これらのメディアとともに上手に生きていく術を指導しなければならない。一〇年前と比べて「発達障害」という言葉は確かに浸透したが、教師の知識・力量はそれぞれ異なり、現場では混乱することも少なくない。様々な問題の克服を目指して教師は学び続けなければならない。

註

1 同事例集は文部科学省のホームページで参照することができる。http://www.mext.go.jp/a_menu/shotou/seitoshidou/mondai04.htm（二〇一九年八月二九日閲覧）。

2 二〇一五年度までのいじめ自殺事件を整理したものであれば「データと動向分析でみるいじめ自殺事件」（教育科学研究会編『教育』No.848、かもがわ出版、二〇一六年九月一日）として発表してある。この論考でも、近年の増加はパソコン・携帯電話・スマートフォンの普及が影響している可能性が高いことを指摘しておいた。参照願いたい。

3　日本性教育協会編著『「若者の性」白書―第6回・青少年の性行動全国調査報告―』小学館、二〇〇七年参照。

4　同調査の結果は厚生労働省のホームページで参照することができる。https://www.mhlw.go.jp/topics/2005/04/tp0411-1.html（二〇一九年八月二九日閲覧）。

5　精神障害の分類の世界的権威はアメリカ精神医学会の「精神障害の診断と統計マニュアル」（Diagnostic and Statistical Manual of Mental Disorders：DSM）である。二〇一九年現在で最新のものはＤＳＭ－５（二〇一三年）である。この改訂でこれまでのアスペルガー症候群など自閉症傾向の軽重を示す用語が廃止され、「自閉症スペクトラム障害」（ASD：Autism Spectrum Disorder）という表記に統一された。今後は日本でも「自閉症スペクトラム障害」という言い方が一般的になっていくと思われる。

第14章
十八歳成人と主権者教育

高橋 陽一

キーワード

成人年齢　十八歳成人　民法　　十八歳選挙権　公職選挙法
公民教育　シティズンシップ教育　主権者教育　消費者教育

要　約

明治維新の時期から、成人年齢は二十歳であった。しかし、2016（平成28）年7月の参議院議員選挙から選挙権が二十歳から十八歳まで繰り下げられ、民法の改正により2022（令和4）年4月からは成人となる年齢も十八歳まで繰り下げられる。

こうした変化は、学校教育において大人として生きていくための力の獲得を2年繰り下げるという課題とも言える。選挙に参加するための公民教育は古くから取り組まれてきたが、あらためてシティズンシップ教育や主権者教育という考え方で、現実の社会に即した教育が学校でも必要となった。また、十八歳で保護者がいなくなり、独立して契約が可能となるなか、消費者教育の重要性も高まってきた。

いつから大人か。大人とは何か。この問いは、歴史と文化をめぐる人生の哲学的な問いであり、同時に極めて現実的で論争的な、政治的な問いでもある。二〇世紀は青年の政治参加が熱いテーマであった。しかし不思議なことに、二一世紀の日本では、青年自身の要求というよりも、上から与えられたもののように、二〇一六（平成二八）年七月の参議院議員選挙から選挙権が二十歳から十八歳まで繰り下げられた。さらに、成人となる年齢も十八歳まで繰り下げられることになり、二〇二二（令和四）年四月の実施に向けてのカウントダウンが始まっている。

第一節　成人をめぐって

成人の文化的意義

成人つまり**大人**（おとな）という言葉には、ある年齢以上の者という意味がある。それ以前は、子ども、児童、青年、若者などと呼ばれる。ここで**成人年齢**という概念が、文化や制度のなかで問われる。しかし、単に年齢だけではなく、その社会の主人公となる段階に達した者という意味がある。現在の若者言葉で「おとなじゃん」と褒めるのは、その用例だろう。近世以前の「おとな」は、村の重要人物や集団のリーダーを意味する用例も多い。大人は中国でも敬語として使われ、大人を古い日本語で「うし」と読めば雅な敬称となる。日本国憲法下の主権者は男女を問わず成人年齢を経た「おとな」なので、大人が主権者だという伝統的な姿と言える。

日本伝統の成人式である元服は、冠や衣服や頭髪を整えて、名前を改めるものであった。中国をモデルに、古代貴族から中世武士、さらに多くの近世庶民にまで広がった。女子もまた成人となって、頭髪や衣服を改める儀式を行っている。問題は、この元服の年齢は時代によっても人物によっても異なり、十二歳ぐらいから十六歳ぐらいまでと、一定でないことである。

生物学的な成体の概念であれば、子孫を増やす能力のある個体であるから、人間では十代前半まで下がっていく。しかし、人間は社会的な生物であるから、独立した生計能力を有するという点で二十歳以上へと上がっていく。このように、実際には決めにくいものであるため、人間社会のルールによって変化していくのである。

近代日本の二十歳成人の変遷

近代化へと進んだ明治維新の頃、日本がモデルとした西欧の近代国家は二十歳ぐらいを成人として定めた国が多数派だった。維新政府は、暦を太陽暦に改め、年齢の数え方を、生まれてすぐに一歳とカウントし正月元旦ごとに加える数え年から、満年齢の使用へと変更した。そして一八七三（明治六）年の徴兵令は満二十歳を丁年（成年の意味）として、この二十歳の成人が他の法令でも使用された。そして**民法**（明治二十九年四月二十七日法律第八十九号）が成人年齢を満二十歳と規定した。この民法が改正を重ねながら現在に至るのである。年齢の計算を日単位で一律にするために、**年齢計算ニ関スル法律**（明治二十九年四月二十七日法律第八十九号）が公布される。誕生日からカウントを始めるので、誕生日の前日には満年齢が一つ上がる。これが同じ学年の児童・生徒が、四月一日生まれからではなく、四月二日生まれから翌年四月一日生まれまでの集団になる理由であるが、詳しい説明は『新しい教育通義』に記したので、ここでは省略する。この同じ計算方法で、就学だけではなく、戦前の徴兵も、現在の選挙権も計算される。

戦前から今まで大きな変更を経ずに使われている法律に、**未成年者喫煙禁止法**（明治三十三年三月七日法律第三十三号）と**未成年者飲酒禁止法**（大正十一年三月三十日法律第二十号）がある。この法律も二十歳が基準であり、現在も満二十歳未満の飲酒や喫煙は禁じられている。こう列挙すると二十歳のみが近代以後の唯一の成人年齢であるように思えるが、戦前の少年法（大正十一年四月十七日法律第四十二号）は十八歳が区切りであったし、普通選挙法といわれる衆議院議員選挙法（大正十四年五月五日法律第四十七号）は、二十五歳以上の男子のみに選挙権を与えた。同じ**大日本帝国憲法**（明治二十二年二月十一日憲法）のもとにある法律でも、成人の年齢は微妙にずれていたのである。

戦後の**日本国憲法**（昭和二十一年十一月三日憲法）により、国民主権が確立した。男女平等の原則などで大幅な改正をされた**民法**は、引きつづき二十歳を成人年齢とした。そして**公職選挙法**（昭和二十五年四月十五日法律第百号）では、男女ともに二十歳から選挙権が与えられた。しかし、被選挙権は衆議院議員と市町村長は二十五歳、参議院議員と都道府県知事は三十歳となって、政治のリーダーとして立候補できる年齢は高く設定された。戦後の**少年法**（昭和二十三年七月十五日法律第百六十八号）は二十歳未満を**少年**とした。一方で、十八歳を区切りとする法律も、新たに制定された。たとえば、**児童福祉法**（昭和二十二年十二月十二日法律第百六十四号）は十八歳未満を**児童**と規定し、**労働基準法**（昭和二十二年四月七日法律第四十九号）は十八歳未満を**児童労働**として制限した。

このなかで、成人年齢を明記しないが、事実上は規定したことになるのが、**学校教育法**（昭和二十二年三月三十一日法律第二十六号）である。義務教育の権利を有する年齢期間である**学齢**は、六歳から、小学校六学年と中学校三学年の合計九年を経過した十五歳であるが、これに高等学校の三年間を加えると十八歳となり、この十八歳が大人とみなされる区切りとなり得る。そして、労働基準法ではこの十八歳からが児童労働の制限を外れることから、高等学校卒業後に本格的な労働が可能となる。国や地方公共団体の権力を執行する公務員にもまた、この十八歳から就職することができる。

こうした矛盾は、高等学校進学が広がり、さらに大学教育への進学が広がるなかで、若者が政治について主張を強め、一九六〇年代末の学園紛争などとして顕在化していく。類似する流れは欧米各国にもあり、それまで二十歳を成人としていて欧米でも、一九六〇年代末から七〇年代に次々と成人年齢や選挙年齢を十八歳へと引き下げていった。一九八九（平成元）年に児童の権利に関する条約（平成六年五月十六日条約第二号）つまり**子どもの権利条約**が採択されると、児童は十八歳未満と規定されたので、十八歳を成人年齢とすることが世界的なトレンドとして認識されるに至ったのである。

近年の十八歳への引き下げ

二〇世紀後半、日本の戦後昭和期では明治民法の定めた二十歳の成人が揺らぐことはなかった。この方針が変化したのは、日本国憲法の改正という政治上の動きのなかで、憲法改正のために必要な国民投票の整備が進められたことであった。図表1に掲げるような、近年の成人年齢をめぐる変

図表1　近年の成人年齢をめぐる変化

満年齢	項目	**→変化**	根拠となる法律（改正や施行について）
16歳	保護者の同意による女性の結婚	**→18歳**	民法（2018（平成30）年6月20日公布、2022（令和4）年4月1日施行）
18歳	保護者の同意による男性の結婚	**→同意不要**	
	児童労働とならない年齢		労働基準法
	児童でない年齢		児童福祉法
	国民投票		国民投票法（2007（平成19）年5月18日公布）
20歳	少年でない年齢		少年法
	成人	**→18歳**	民法（2018（平成30）年6月20日公布、2022（令和4）年4月1日施行）
	公職選挙の選挙権	**→18歳**	公職選挙法（2015（平成27）年6月19日公布、2016（平成28）年6月19日施行）
	飲酒		未成年者飲酒禁止法
	喫煙		未成年者喫煙禁止法
	競馬・競輪・モーターボートの券の購入		競馬法、自転車競技法、モーターボート競争法
25歳	衆議院議員・市町村長の被選挙権		公職選挙法
30歳	参議院議員・都道府県知事の被選挙権		公職選挙法

化を見てみよう。

二〇〇七（平成一九）年には**国民投票法**と略称される、日本国憲法の改正手続に関する法律（平成十九年五月十八日法律第五十一号）が公布され、三年後に施行されることになった。国民投票法の第三条（投票権）では、「日本国民で年齢満十八年以上の者は、国民投票の投票権を有する。」と、はじめて十八歳からの参政権が明記された。さらに附則第三条では、施行までの三年間で「選挙権を有する者の年齢を定める公職選挙法、成年年齢を定める民法（明治二十九年法律第八十九号）その他の法令の規定について検討を加え、必要な法制上の措置を講ずる」という課題をあげた。

これに基づいて、二〇〇九（平成二一）年一〇月二八日に法務省の法制審議会は、選挙権が十八歳に引き下げられるならば民法の成人年齢も十八歳に引き下げることや、女性の婚姻開始年齢を男性と同じ十八歳からとすることなどについて、答申を提出した。公職選挙法の改正は紆余曲折があって、予定していた三年後の

図表２　民法改正による変化

主な変化	改正前	改正後
成人年齢は、満20歳から満18歳へ引き下げ。	（成年） 第四条　年齢二十歳をもって、成年とする。	（成年） 第四条　年齢十八歳をもって、成年とする。
保護者の同意が必要な婚姻開始年齢は、男女とも18歳と統一して、成人なので保護者の同意が不要となった。	（婚姻適齢） 第七百三十一条　男は、十八歳に、女は、十六歳にならなければ、婚姻をすることができない。	（婚姻適齢） 第七百三十一条　婚姻は、十八歳にならなければ、することができない。
	（未成年者の婚姻についての父母の同意） 第七百三十七条　未成年の子が婚姻をするには、父母の同意を得なければならない。 ２　父母の一方が同意しないときは、他の一方の同意だけで足りる。父母の一方が知れないとき、死亡したとき、又はその意思を表示することができないときも、同様とする。	削除
2022(令和4)年4月1日から施行。	附則 （施行期日） 第一条　この法律は平成三十四年四月一日から施行する。〔以下略〕	

改正とはならなかったが、二〇一五（平成二七）年には**公職選挙法**の一部改正（平成二十七年六月十九日法律第四十三号）が行われて、選挙権を規定した「満二十年」を「満十八年」つまり満十八歳に改めた。これが本章第二節で論じるように、高等学校三年生から主権者となる**十八歳選挙権**をめぐる課題として教育現場になげかけられたのである。

さらに、民法の一部改正（平成三十年六月二十日法律第五十九号）が行われ、二〇二二（令和四）年四月一日から十八歳が成人年齢となることとなった。改正の主要な部分は、図表2の通りである（下線は筆者）。こうして**十八歳成人**が実現することとなったが、本章第三節で述べるように、高等学校三年生から保護者が法律上いなくなり、様々な民法上の契約主体となるという課題もまた、教育現場に投げかけられている。

第二節　主権者教育の動向

公民教育から社会科へ

大日本帝国憲法や教育勅語では、国民について、天皇の臣下である民を意味する**臣民**という概念を用いた。もちろん、国民という言葉も広く用いられていたが、大日本帝国憲法からの制限された政治参加をする主体としては、**公民**という言葉が用いられた。古代の「公民」は「おおみたから」と訓読して、朝廷の財産のように、支配下にある人民を意味したものである。明治期にシティズン（市民）の翻訳語に「公民」が用いられた。そして大正デモクラシーの時代には、政治主体や地域住民としての自覚を促す**公民教育**が登場した。小学校卒業後に実務に進む青年のための実業補習学校に公民教育を加えることが文部省内で議論されて推進され、一九三〇（昭和五）年からは中学校、高等女学校などの「法制及《および》経済」が「公民科」に改められた。そこでは地方自治から世界経済に至るまでが学習内容となった。こうした変化は、社会運動の広がりや選挙権の拡大に対して、大日本帝国憲法が認める範囲での臣民となるように、政治を公民教育として教えるためでもあった。

この公民教育は、日本国憲法と教育基本法のもとでは、あらたな主権者の教育として、**社会科教育**へと変化して継承された。高等学校では公民という教科があり、現代社会、倫理、政治・経済という科目がおかれ、二〇一八（平成三〇）年告示の高等学校学習指導要領では現代社会が公共という必修科目に改められることとなった。

また日常語でも法令でも、公民という用語は定着している。一つには地方自治制度の住民（市民、町民、村民）を呼ぶとき、二つには国や地方の政治参加の主体を呼ぶときに用いられた。現在でも、公民館（教育基本法第十二条、社会教育法第二十条）が地域住民を対象とする施設の公式名称であり、勤務時間内に選挙の投票を認める「公民権行使」（労働基本法第七条）が政治参加の主体を表す法律用語である。

政治教育と政治的中立

教育基本法は、戦後教育改革の中心となった一九四七（昭和二二）年の旧法も、また二〇〇六（平成一八）年に全部改正をされた新法でも、**政治教育**の重要性を強調している。旧法第八条とほぼ同文の新法第十四条は次のとおりである。

教育基本法（平成十八年十二月二十二日法律第百二十号）

（政治教育）

第十四条　良識ある公民として必要な政治的教養は、教育上尊重されなければならない。

２　法律に定める学校は、特定の政党を支持し、又はこれに反対するための政治教育その他政治的活動をしてはならない。

ここでも良識ある**公民**という言葉が登場して、公民教育としての**政治的教養**の必要性が強調されている。戦後教育改革のなか、学校では社会科、地域では公民館などで、こうした新しい時代の主権者にふさわしい政治的教養が形成されていった。しかし、学校教育法第一条に定める学校は、公の性質を持っているので、あらゆる人々に開かれていなければならない。

このためにも、この第十四条第二項に書かれた**政治的中立**が当初から強調されている。この政治的中立については、義務教育諸学校における教育の政治的中立の確保に関する臨時措置法（昭和二十九年六月三日法律第百五十七号）のように、教員が政治的中立を脅かすという前提で制定された法律もある。また、一九六〇年代末の大学紛争やその後の高校紛争を踏まえて、学生や生徒が政治的中立を脅かすという考えで教員が指導にあたるという思惑もあった。

本来的には、日本国憲法では国民主権を基本として、そのためにも政治教育を必要とするわけであるが、その開かれた発展のために必要な政治的中立が、現場の躊躇や抑制的態度へとつながったこともまた戦後史の事実である。

シティズンシップ教育または主権者教育

政治教育の停滞のなかで、新しい動きが行政や民間から起こっている。社会参加を進めるイギリスの**シティズンシップ教育**（Citizenship Education）の動向が紹介され、**市民性教育**や市民教育、公民教育と翻訳されている。このシティズンシップ教育について、行政では二〇〇六（平成一八）年に経済産業省が「シティズンシップ教育と経済社会での人々の活躍についての研究会報告書」を発表し、シティズンシップ教育を社会の課題解決や改善を促すものとして提起している。また文部科学省では、**主権者教育**という用語を用いている。

二〇一五（平成二七）年の公職選挙法改正による**十八歳選挙権**は、二〇一六（平成二八）年六月一九日に施行され、七月一〇日の参議院議員選挙が最初の実施となった。すでに記したように年齢計算ニ関スル法律に従って、投票日の翌日が誕生日である生徒までが有権者となるので、高等学校三年生の四月二日生まれから七月一一日生まれの生徒が、実際に選挙権を持ったことになる。

二〇一五年に、文部科学省と総務省は連名で『私たちが拓く日本の未来』を刊行し、高等学校の副教材としての活用を求めた。政治の仕組みや意義、選挙の実際についての解説からはじまり、話し合いやディベート等の手法、選挙管理委員会等と連携した模擬選挙や模擬議会等の実践的な学習活動が紹介されている。**模擬選挙**とは、実際の選挙公報などの資料を用いて、討議や投票などを行うものである。こうした文部科学省の動きは、政治的中立と関連してリアルな選挙を教材とすることをためらう現場に、「生きる力」としての主権者教育のあり方を進めるものとなった。

第三節　十八歳成人の動向

成人としての高校生

今まで、小学校の児童や中学校の生徒とともに、高等学校の生徒も、「こども」と呼んできた。二〇一八（平成三〇）年の民法改正により、二〇二二（令和四）年四月一日から十八歳が成人年齢となり**十八歳成人**が実現すれば、高等学校三年生のクラスでは、誕生日の前日に満十八歳の成人となる「おとな」が増えていくことになる。もちろん年齢構成が高めの夜間や通信制の高等学校では昔から珍しいことではないが、高等学校教育では、卒業後二年ぐらいにやってくる成人というイメージが、今ここにいるクラスメイトの成人というイメージへと変化していく。

従来は二十歳になるまでは保護者がいるので、婚姻はもちろん、経済的な契約行為などについても未成年者には保護者の同意が必要であった。しかしこれからは、高等学校三年のうちに、民法に規定する保護者が存在しなくなる。「本日の卒業式にご参集の保護者の皆さん」という言葉は、民法上は、「本日の卒業式の翌日までお生まれの卒業生の保護者であった皆さんと、それから四月一日生まれまでの卒業生の保護者である皆さん」と長くなることになるが、そこまで冗長な法令遵守の式辞はないだろう。

なお民法とは別の根拠となる法律は、まだ二十歳の区切りで運営される。すでに紹介した未成年者飲酒禁止法と未成年者喫煙禁止法は変更がないので、「お酒は二十歳になってから」であり、「二十歳未満の喫煙は禁じられています」ということに変化はない。同様に競馬法、自転車競技法、モーターボート競争法も変更がなく、公営ギャンブルと俗称されるこうした場で、二十歳未満は勝馬投票券などの購入はできない。また少年犯罪で議論がいつも起こる**少年法**も、少年の範囲を二十歳未満としたままで変更はない。

民法は、契約や家族関係の基礎となる法律であり、実生活への影響が大きい。結婚も契約も、十八歳からすべて可能である。高校三年生ですでに保護者ではなくなった両親の許可は不要であり、結婚して家庭を形成することも、携帯電話の契約もクレジットカードの契約も、すべて可能となる。就職についても自分の判断のみで、憲法上の職業選択の自由を行使できる。

もちろん、このような基本的な知識は義務教育のなかですでに獲得して「生きる力」の基礎は形成されているはずであり、高等学校に進学すればさらに多くのことを学んでいくはずである。しかしながら、十八歳で高等学校を卒業して、大学の一〜二年や新入社員としての、いわば保護されながらのモラトリアム期間が法律上は消えてしまうことになるのだ。

このため、あらためて高等学校の各教科や総合的な学習の時間（新しい高等学校学習指導要領では「総合的な探究の時間」）はもちろん、生活指導や進路指導の局面で、きわめてリアルな成人としてのノウハウも含めて培っていく必要がある。「サインや印鑑は気軽にするな」とか、「契約書は読み飛ばしてはいけない」といった、人生の修羅場をくぐり抜けた大人たちが新米社会人に教えてきたことを、高等学校や中等教育学校などの教員は、意識的に指導していかなければならないだろう。

実際の家庭等の生活での知識という意味では、**消費者教育**という分野を意識していく必要がある。食品の安全性、環境問題、悪質商法による被害や多重債務など、消費生活に関する社会問題は深刻なものになっている。従来は問題解決やアドバイスなどは、消費者団体および消費生活協同組合や有識者の努力に委ねられていた観があった。しかし、政府は二〇〇九（平成二一）年に消費者庁を設置、都道府県も消費者センターなどを設置して、問題解決やアドバイスのほか、広く消費者教育を政策課題としていった。さらに、二〇一二（平成二四）年には「消費者教育の推進に関する法律」（平成二十四年八月二十二日法律第六十一号）が公布され、消費者教育が法律上も明確となり、文部科学省も消費者教育を推進している。

このほか、課題を列記していくと学校教育と社会教育の全般にわたっているが、まずは生活指導や進路指導という観点から、学校全体としての十八歳成人への対応をはかっていく必要がある。そのためにはチームとしての学校の知恵を集めて、社会に開かれた教育課程の実現が急務である。

ここまで、二十歳が目安だった成人年齢が十八歳へと繰り下がっていく変化と対応について記してきた。生活指導や進路指導は、この対応のための正面に位置する重要な分野であることを改めて強調したい。学校教育を通して培われる生きる力が、これからの未来を切り拓く力になるかどうかは、今後の教育実践のあり方にかかっていると言えよう。

第15章
懲戒と指導

高橋 陽一

キーワード

懲戒　保護者　第一義的責任　懲戒権　児童虐待　退学　停学　訓告　体罰の禁止　出席停止　少年法　非行　少年審判

要　約

親などの保護者・親権者が、子どもを教育する第一義責任を再確認する必要がある。子どもに非行などがあったとき、保護者が子どもを懲戒する最大の責任者である。ただし、保護者の懲戒権も児童虐待となる危険性があり、児童虐待防止法が制定されている。学校の教員は、この親の権限を委託された存在である。このため、退学、停学、訓告が重い懲戒となり、日常的に口頭で注意するなどの指導を行っていく。体罰は禁止されている。また、小学校や中学校では出席停止の処分もあるが、前提として、保護者による子どもの懲戒を含めた教育が最優先となっている。学校や家庭を超えた非行については、少年法による少年審判などの制度が整えられ、家庭裁判所などを置いて、子どもの成長に留意した教育的なシステムを形成している。

まじめな教師ほど、自分は全能だという誤解に陥りやすい。担任する子どもたちの問題を一気に抱えて解決できるという全能感である。さすがに冷静にそう思うことはないだろうが、なんでもかんでも自分で解決しようとする傾向にある。

チームとしての学校の概念は、生活指導を学校全体として取り組むということになるが、この学校にも限界がある。学校の教員たちは、親でもないし、もちろん警察でも裁判所でもない。子どもたちが行ってはいけないことを行ったときに、学校内で解決できないことも多く、家庭や学校以外の機関と連携して子どもたちを立ち直らせる生活指導に取り組むことが求められる。

第一節　保護者による懲戒

保護者の第一義的責任

児童や生徒だった頃を思い起こすと、生活指導には「先生に叱られる」というイメージがつきまとう。生活指導のなかでは、子どもたちに注意をしたり、叱ったりという場面がある。こうして戒めたり懲らしめたりすることを**懲戒**という。あらゆる刑罰には、罪に対する罰として応報的な側面がある。重い罪ほど重い罰がある。それとともに、ここには、その罪から立ち直らせるという教育的効果がある。そして、学校教育における懲戒は、叱られる立場の学習者の権利保障と教育的効果が前提になくてはならない。

教育の本来的な関係は、教育基本法（平成十八年十二月二十二日法律第百二十号）第十条（家庭教育）が「父母その他の保護者は、子の教育について第一義的責任を有するものであって、生活のために必要な習慣を身に付けさせるとともに、自立心を育成し、心身の調和のとれた発達を図るよう努めるものとする。」とあるように、子どもを教育する本来的な責務、つまり**第一義的責任**は、**保護者**にある。生活習慣などは、学校に就学する前から、いや、就学してからも、保護者が最大の導き手なのだ。

この教育基本法が規定するずっと前から、**民法**（明治二十九年四月二十七日法律第八十九号）は、**親権者**の教育と監護が権利であり、かつ、義務であると規定している。現在の民法第八百二十条（監護及び教育の権利義務）では、「親権を行う者は、子の利益のために子の監護及び教育をする権利を有し、義務を負う。」という規定である。この規定は明治の民法からほぼ同文であり、フランス革命のナポレオン法典にまで遡ることができる。民法のいう親権者と、教育基本法のいう保護者は同じものと考えてよい。民法の**教育**は、教育基本法第十条のいう家庭教育とともに、義務教育を親権者として保障することも含まれる。**監護**とは、看護師の看護よりも広く、衣食住全般にわたって子どもを監督して養護することである。現在の条文に「子の利益のために」とあるのは、実は親権者の**懲戒権の濫用**によって児童虐待が起こることの予防でもある。この経緯は『新しい教育通義』第4章を参考にされたい。

児童虐待の防止

親権者は子どもの教育と監護の第一義的責任を果たすためにも、子どもの行動などについて理非曲直を子どもに伝える必要がある。このことを民法は親権者による**懲戒権**として定めている。第八百二十二条（懲戒）に、「親権を行う者は、第八百二十条の規定による監護及び教育に必要な範囲内でその子を懲戒することができる。」とある。第八百二十条の「子の利益のために」という文言が、さらに「必要な範囲内で」と定められていることで、児童虐待となる懲戒ができないことになる。

親権者、保護者による子どもの虐待に関しては、**児童虐待防止法**と略称される児童虐待の防止等に関する法律（平成十二年五月二十四日法律第八十二号）により、保護者等による児童虐待の防止を定めている。この法律の第二条（児童虐待の定義）で定義された**児童虐待**とは、「児童の身体に外傷が生じ、又は生じるおそれのある暴行を加えること。」という**身体的虐待**、「児童にわいせつな行為をすること又は児童をしてわいせつな行為をさせること。」という**性的虐待**、「児童の心身の正常な発達を妨げるような著しい減食又は長時間の放置、保護者以外の同居人による前二号又は次号に掲げる行為と同様の行為の放置その他の保護者としての監護を著しく怠ること。」という**放置**または**ネグレクト**、さらに「児童に対する著しい暴言又は著しく拒絶的な対応、児童が同居する家庭における配偶者に対する暴力」や「その他の児童に著しい心理的外傷を与える言動を行うこと。」という**心理的虐待**である。

この法律は、保護者による懲戒権の濫用を含めた児童虐待の防止について定めたものであるが、第三条（児童虐待の禁止）において「何人も、児童に対し、虐待をしてはならない。」と定めるように、すべての人にとってのルールである。さらに、防止のために、国及び地方公共団体の責務や、児童虐待を発見しやすい学校、児童福祉施設、病院などの関係者といった児童とかかわりやすい立場の機関と専門家に対して、**早期発見**の努力義務をも定めている。

そして、第六条（児童虐待に係る通告）においては、「児童虐待を受けたと思われる児童を発見した者は、速やかに、これを市町村、都道府県の設置する福祉事務所若しくは児童相談所又は児童委員を介して市町村、都道府県の設置する福祉事務所若しくは児童相談所に通告しなければならない。」として、あらゆる人に、**児童相談所**などに児童虐待を**通告**する義務を課している。「児童虐待を受けたと思われる児童を発見した者」とは、そのことで被害を受けたとか、明確な証拠を発見して証人になれるということではなく、疑わしいと「思われる」段階で通告するという義務である。あらゆる人がこの義務を果たすことができるように、児童相談所の全国共通ダイヤルとして**一八九**（いちはやく）を開設して、早期発見に努めている。

児童虐待に対して早期発見の努力義務を課された学校、教員であるが、同時にそのことについて「口の堅い先生」であるということは、子どもたちの信頼を得るための前提である。このことは、**地方公務員法**（昭和二十五年十二月十三日法律第二百六十一号）の第三十四条（秘密を守る義務）に「職員は、職務上知り得た秘密を漏らしてはならない。その職を退いた後も、また、同様とする。」として、**守秘義務**が定められている。私立学校でも同様の規定を学則等に定めている。念のためにいうと、「漏らす」とは学校という組織の外に漏らすことであるため、あらかじめ定められた教育相談の担当教員など、組織として共有することは法律に照らして問題がない。医療機関の守秘義務が医師や看護師などの組織のなかで管理されているのも同様である。しかし「口の堅い先生」は、子どもたちが信頼をすることができる前提であるため、実際に組織として共有する場合は、慎重に取り扱うとともに十分な注意が必要である。

学校が組織として知った児童虐待を、学校外の児童相談所などに通告することは守秘義務に反すると解釈できる。このため、児童虐待防止法は、わざわざ通告を定めた第六条第三項で、「刑法（明治四十年法律第四十五号）の秘密漏示罪の規定その他の守秘義務に関する法律の規定は、第一項の規定による通告をする義務の遵守を妨げるものと解釈してはならない。」と明記して**守秘義務**を解除している。このポイントは、生活指導、とりわけ個別の教育相談の場面で「児童虐待を受けたと思われる」事案が発見されることが多いので、十分に留意しておきたい。

第二節　懲戒、出席停止、体罰の禁止

学校における懲戒

前節で述べたとおり、子どもたちの教育と衣食住などの監護を含むトータルな第一義的責任を持っているのは、保護者、親権者である。そして、保護者は、九年間の普通教育を子どもの最低限の権利として保障することになり、それが子どもにとっては**義務教育**という権利となる。それにより学校の教員は、学校教育の専門家として、親から教育の一部のみを託されていることになる。ここで学校の教員にとって重要なことは、専門家ではあるが、それは親から一部のみを託された立場なのだという点である。その視点で次の**学校教育法**の条文を読んでほしい。

学校教育法（昭和二十二年三月三十一日法律第二十六号）

第十一条　校長及び教員は、教育上必要があると認めるときは、文部科学大臣の定めるところにより、児童、生徒及び学生に懲戒を加えることができる。ただし、体罰を加えることはできない。

これが**懲戒**の規定である。**体罰の禁止**とあわせて規定されるとともに、懲戒を行うことが「校長及び教員」に認められている。ただし刑法で定めるような応報的な罰としての側面よりも、「教育上必要があると認めるとき」と述べて、教育のためであると目的が明記されている。対象は「児童、生徒及び学生」であるから、初等教育から高等教育までのすべての学習者である。幼稚園の学習者である幼児は含まれていないことになるが、幼稚園教諭も幼児を叱ることで育てることが少なくない。日常的に注意したり叱ったりすることが、広義の懲戒として、学校教員の日常的な教育行為である。そして「文部科学大臣の定めるところ」で手続きを定めた狭義の懲戒を規定していることになる。文部科学大臣が定めた**学校教育法施行規則**の懲戒の規定は、次のとおりである。

学校教育法施行規則（昭和二十二年五月二十三日文部省令第十一号）

第二十六条　校長及び教員が児童等に懲戒を加えるに当つては、児童等の心身の発達に応ずる等教育上必要な配慮をしなければならない。

2　懲戒のうち、退学、停学及び訓告の処分は、校長（大学にあつては、学長の委任を受けた学部長を含む。）が行う。

3　前項の退学は、公立の小学校、中学校（学校教育法第七十一条の規定により高等学校における教育と一貫した教育を施すもの（以下「併設型中学校」という。）を除く。）、義務教育学校又は特別支援学校に在学する学齢児童又は学齢生徒を除き、次の各号のいずれかに該当する児童等に対して行うことができる。

一　性行不良で改善の見込がないと認められる者

二　学力劣等で成業の見込がないと認められる者

三　正当の理由がなくて出席常でない者

四　学校の秩序を乱し、その他学生又は生徒としての本分に反した者

4　第二項の停学は、学齢児童又は学齢生徒に対しては、行うことができない。

第一項は、学校教育の目的や学校教育法第十一条の「教育上必要があると認めるとき」を受けて、校長や教員が

児童等に懲戒を加えるときに、「児童等の心身の発達に応ずる等教育上必要な配慮をしなければならない。」と定めている。単純に口頭で叱るという行為のほか、たとえば教員が授業の一環として行う成績評価などのペナルティーも広義の懲戒であろう。

第二項は狭義の懲戒である。「退学、停学及び訓告」と、三つの種類が記されている。**退学**は学校の所属を失わせること、**停学**は期間を定めて学校に出席する権利を停止すること、**訓告**は処分する内容を文書などで訓《おし》え告げることである。児童などの教育を受ける権利に影響を与えるものであるから、教育の現場で起きたことでも、教員ではなく、校長が、大学なら学長か学部長が、行うことになる。

なお学習者の都合で学校を辞めることも退学といい、一定の期間、学校の出席を見合わせることは休学というので混乱しやすい。笑い話だが、本書執筆者は全員が大学院博士後期課程「退学」であるため、巻末の執筆者略歴を見た受講者から「先生、実は何かあったのですか？」と質問されたことがある。残念ながらご期待の武勇伝はない。

第三項は**退学**を行う場合の理由を定める。事実の認定と処分の実施は校長に委ねられるが、その理由はここに記した全四号のうちのどれか一つ以上に該当する必要がある。第一号の「性行不良で改善の見込がないと認められる者」は、問題行動などの改善に対して教育の効果がない場合である。第二号の「学力劣等で成業の見込がないと認められる者」は、成績の問題で卒業などが見込めない場合である。第三号の「正当の理由がなくて出席常でない者」は、教育課程上の必要な出席を満たしていない場合である。第四号の「学校の秩序を乱し、その他学生又は生徒としての本分に反した者」は、学校内外において法令などに反する行為や、それに相当する学生・生徒としてのあり方に反した場合である。この各号に該当し、退学が必要だと判断したときに、校長が退学の懲戒を行うのである。刑事事件の処分のような話ではないので、その学校教育の目的や目標に照らして判断する。そのため、第二号のような学業成績や第三号のような欠席も、懲戒としての退学に相当することになる。

「公立の小学校、中学校（学校教育法第七十一条の規定により高等学校における教育と一貫した教育を施すもの（以下「併設型中学校」という。）を除く。）、義務教育学校又は特別支援学校に在学する学齢児童又は学齢生徒を除き」という文言は難解である。該当するのは、九年間の義務教育である。

公立の小学校と中学校と特別支援学校にいる学齢児童や学齢生徒は、権利として学校の教育を受けているため、この四号に該当しても退学させることができないのである。仮に退学をしたら、義務教育を受ける場が失われることになる。その一方、併設型中学校つまり中高一貫教育の類型としての特別な中学校は、「除く」と「除く」が二回も重なっているので含まれる。つまり、退学させることができるということである。これは、併設型中学校は、本人が希望して本来の公立中学校ではないところに就学しているからである。また、私立や国立の小中学校や特別支援学校、国公私立の中等教育学校も退学させることができる。これらは、退学させても当初行くはずであった公立の小学校や中学校や義務教育学校や特別支援学校で就学する権利が保障されるからである。

第四項は**停学**について、「学齢児童又は学齢生徒」全般について対象外とした。国公私立を通してすべての場合に、停学はあくまでも出席する権利の停止であるから、退学のように他の学校に入学する権利が保障されず、学習権の喪失だけが発生するから、停学にはできないのである。

繰り返すが、学校教育法第十一条に定める懲戒は、あくまでも教育のためのものであり、懲戒の効果によって学齢児童や学齢生徒の義務教育を受ける権利が侵害されないように定められているのである。

出席停止

小学生や中学生でも、他の子どもや教員、あるいは学校の財産等に支障を与えるような場合は、深刻な問題が起こる。深刻な非行は、後述の少年法に基づく手続きが必要であるため、学校は警察に相談するとともに事実を報告して協力することになる。しかし、そのようなケースではなくても、周囲の児童生徒の学習権などを侵害して教育上の対応ができないというケースもある。

この場合は、学齢児童や学齢生徒に対して第一義的な教育の責任は父母など親権を有する保護者にあり、そのための規定として**出席停止**が定められている。小学校の学齢児童に関する規定だが、中学校の学齢生徒にも準用される。

学校教育法（昭和二十二年三月三十一日法律第二十六号）

第三十五条　市町村の教育委員会は、次に掲げる行為の一又は二以上を繰り返し行う等性行不良であつて他の児童の教育に妨げがあると認める児童があるときは、その保護者に対して、児童の出席停止を命ずることができる。

一　他の児童に傷害、心身の苦痛又は財産上の損失を与える行為

二　職員に傷害又は心身の苦痛を与える行為

三　施設又は設備を損壊する行為

四　授業その他の教育活動の実施を妨げる行為

2　市町村の教育委員会は、前項の規定により出席停止を命ずる場合には、あらかじめ保護者の意見を聴取す

るとともに、理由及び期間を記載した文書を交付しなければならない。
3　前項に規定するもののほか、出席停止の命令の手続に関し必要な事項は、教育委員会規則で定めるものとする。
4　市町村の教育委員会は、出席停止の命令に係る児童の出席停止の期間における学習に対する支援その他の教育上必要な措置を講ずるものとする。

学齢児童や学齢生徒について、その就学の権利を実現するための業務を行うのは市町村教育委員会である。第一項では、全四号のうちの一つ以上に該当して「繰り返し行う等性行不良」があり、「他の児童の教育に妨げがある」というときに、その市町村の教育委員会が保護者に対して児童の出席停止を命じるのである。これは出席停止の保護者への命令であって、児童への懲戒ではない。具体的には学校教育における成績不良や欠席といった退学の理由ではなく、第一号は他の児童への危害、第二号は職員への危害、第三号は施設設備の損壊、第四号は教育活動の妨害という権利侵害に対する防止策として、この出席停止を行うことになる。

この出席停止は、教育委員会が保護者に対して義務教育としての就学を制限させるものであるため、厳密な手続きが定められている。第二項では、事前の保護者の意見聴取と、出席停止の理由と期間が明示された文書の交付が求められている。第三項では、出席停止の命令の手続きを教育委員会が規則として制定することが定められている。第四項は、出席停止の期間も子どもの学習権の保障のために、教育委員会が「学習に対する支援その他の教育上必要な措置」を講じることを定めている。

この制度を理解するには、保護者の**第一義的責任**という前提に戻る必要がある。まず九年間の普通教育を保障するのが保護者の責任であり、さらにその学校で子どもが迷惑をかけないように教育することも保護者の責任なのである。この責任を前提として、学校に通わせる義務を停止して、迷惑をかけないように教育する義務を優先するのが、出席停止である。民法や学校教育法の権利と義務に関する処置であるから、義務教育を所管する市町村の教育委員会が行うことになる。

体罰の禁止

学校教育法第十一条の但書きで**体罰の禁止**が定められている。第十一条に定める懲戒は、あくまでも教育のために行うものであるから、刑事事件などで執行される刑罰の応報性との違いを理解する必要がある。もちろん刑罰についても、日本国憲法第三十一条で「何人も、法律の定める手続によらなければ、その生命若しくは自由を奪はれ、又はその他の刑罰を科せられない。」と定めている。法律によらずに刑罰を加えられることは、ありえないのである。体罰は教師による犯罪であり、あってはならない。

学校教育法の施行にともない、今日の内閣法制局に相当する官庁で、政府としての有権解釈を示す立場である法務庁が一九四八（昭和二三）年に示した見解が、明確な体罰についての規定として、現在も多くの体罰に関する通知などに引用されている。

「児童懲戒権の限界について」（昭和二十三年十二月二十二日法務庁調査二発十八号、国家地方警察本部長官、厚生省社会局長、文部省学校教育局長あて法務調査意見長官回答）

学校教育法第十一条にいう「体罰」とは、懲戒の内容が身体的性質のものである場合を意味する。すなわち

（1）身体に対する侵害を内容とする懲戒―なぐる・けるの類―がこれに該当することはいうまでもないが、さらに

（2）被罰者に肉体的苦痛を与えるような懲戒もまたこれに該当する。たとえば端座・直立等、特定の姿勢を長時間にわたつて保持させるというような懲戒は体罰の一種と解せられなければならない。

この回答文書はさらにいくつかの解釈例を示しており、なぐる、けるという暴行や傷害のほか、「被罰者に**肉体的苦痛**を与えるような懲戒」が**体罰**であると定義した。また、一九四九（昭和二四）年八月二日に改めて法務府が発表した「生徒に対する体罰禁止に関する教師の心得」でも、体罰禁止の解釈を普及させた。

（1）用便に行かせなかつたり食事時間が過ぎても教室に留め置くことは肉体的苦痛を伴うから体罰となり、学校教育法に違反する。

（2）遅刻した生徒を教室に入れず、授業を受けさせないことはたとえ短時間でも義務教育では許されない。

（3）授業時間中怠けた、騒いだからといつて生徒を教室外に出すことは許されない。教室内に立たせることは体罰にならない限り懲戒権内として認めてよい。

（4）人の物を盗んだり、こわしたりした場合など、こらしめる意味で、体罰にならない程度に、放課後残しても差支えない。

（5）盗みの場合などその生徒や証人を放課後訊問することはよいが自白や供述を強要してはならない。

（6）遅刻や怠けたことによつて掃除当番などの回数を多くすることは差支えないが、不当な差別待遇や酷使

はいけない。

（7） 遅刻防止のための合同登校は構わないが軍事教練的色彩を帯びないよう注意すること。

第二項や第三項は義務教育における学習権の解釈であるし、第七項は合同登校の軍事教練などのことで少し話題がそれている気もするが、当時の状況から考えれば理解できる。本題に戻ると、すでに一九四八（昭和二三）年に法務庁が示したように、暴行や傷害に該当するものだけではなく、被罰者に肉体的苦痛を与えるような懲戒が禁止されているのは明確である。起立や居残りや作業のペナルティーは問題がないが、用便や食事の禁止も肉体的苦痛を与える体罰になるのである。肉体についての状況は、年齢や健康状態など児童生徒により様々であるため、身体を使ったペナルティーは容易に体罰になりえる危険性がある。

近年ではこれらの解釈を再解釈して、**有形力の行使**という概念で身体に及ぶ行為の可能な範囲を定めようとする流れがある。しかし、こうした議論が、従来から禁止されている体罰を緩和しようという意図がある場合は、人権の視点から注意しなければならない。実際には、教師が警察官が犯罪者に対するような有形力の行使をすることは困難であり、結局は体罰という教師の犯罪につながっていく。

正当防衛と緊急避難

体罰の禁止と関連して、「でもナイフを持った生徒が飛びかかってきたらどうするの」とか、「いじめられている生徒を助けてはいけないの」といった質問を受ける。答えは簡単で、危険があれば対応してよいのである。刑法第三十六条は「急迫不正の侵害に対して、自己又は他人の権利を防衛するため、やむを得ずにした行為は、罰しない。」と**正当防衛**を認めている。刑法第三十七条は危難を避けるための**緊急避難**を認めている。法律論で言えば、とっさの判断でナイフを持った子どもを取り押さえてよいし、いじめを止めてよいのである。

教員として最も正しい判断は、危険な場合は「逃げろ」と周囲の子どもの注意を喚起し、大声で他の教員を呼んで可能な限り安全な形で対応することである。これは、人権として認められた正当防衛や緊急避難の行使であって、体罰ではない。なお、正当防衛を主張しても裁判所で過剰防衛であるかどうかが問われることもあり、正当防衛を論拠として過剰な有形力の行使をすることは注意したい。

第三節　非行と少年法

非行少年と少年審判

行った罪に対して罰を定めるのが、**刑法**（明治四十年四月二十四日法律第四十五号）である。その第四十一条（責任年齢）に、「十四歳に満たない者の行為は、罰しない。」という**責任年齢**の規定があり、十四歳をもって線を引いている。責任を負えない者は罪を問えないという議論は応報という点では明確であるが、実際にはそんな単純ではない。そのため、刑法の特別法として、**少年法**（昭和二十三年七月十五日法律第百六十八号）が定められることになる。第一条（この法律の目的）には、「この法律は、少年の健全な育成を期し、非行のある少年に対して性格の矯正及び環境の調整に関する保護処分を行うとともに、少年の刑事事件について特別の措置を講ずることを目的とする。」とあるように健全な育成、性格の矯正、環境の調整という教育的な課題を明示して、刑事事件の特例を定めているのである。ここでいう**矯正**は、非行を行わないことを課題とした教育である。この法律の**少年**とは、二十歳未満の者であり、男性も女性も含んでいる。戦後の**家庭裁判所**は、この少年法にかかわる**少年事件**と、民法などの家族関係の家事事件を扱う裁判所として設置された。一般の裁判とは異なり、少年や環境について調査をして処遇できるように、心理学や教育学の専門性を有する家庭裁判所調査官、つまり**家裁調査官**が置かれている。

この家庭裁判所の審判を**少年審判**といい、通常の裁判と異なり原則非公開で行われるが、学校の児童・生徒の場合は学校の教員も出席することが多い。第13章第一節と重なるが、少年法の定義を引用する。

少年法（昭和二十三年七月十五日法律第百六十八号）

（審判に付すべき少年）

第三条　次に掲げる少年は、これを家庭裁判所の審判に付する。

一　罪を犯した少年

二　十四歳に満たないで刑罰法令に触れる行為をした少年

三　次に掲げる事由があつて、その性格又は環境に照して、将来、罪を犯し、又は刑罰法令に触れる行為をする虞のある少年

イ　保護者の正当な監督に服しない性癖のあること。

ロ　正当の理由がなく家庭に寄り附かないこと。

ハ　犯罪性のある人若しくは不道徳な人と交際し、又はいかがわしい場所に出入すること。

ニ　自己又は他人の徳性を害する行為をする性癖のあること。

2　家庭裁判所は、前項第二号に掲げる少年及び同項第三号に掲げる少年で十四歳に満たない者については、

都道府県知事又は児童相談所長から送致を受けたときに限り、これを審判に付することができる。

ここで対象とされる少年を非行少年といい、「一」から「三」までの三号に示される。第一号が十四歳以上二十歳未満で罪を犯した**犯罪少年**であり、第二号が罪を犯しても刑法のいう十四歳の責任年齢に達していないため罪を問われない**触法少年**であり、第三号が二十歳未満で罪を犯すなどの虞《おそれ》のある**虞犯《ぐはん》少年**である。

第二項は児童相談所からの送致などの手続を示しているが、『犯罪白書』に記された少年事件の流れは図表1のようになる。ここでは少年審判にかかわるすべての流れを説明することはできないが、主な流れだけをみておく。非行少年は、まず**警察**に逮捕されると取り調べを受け、**検察庁**に送られる場合、そのまま家庭裁判所に送られる場合、**児童相談所**に送られる場合がある。その後、通常の刑事事件同様に裁判所に送られるケースや、児童相談所で処置が決まるケースもある。家庭裁判所では、非行少年の身柄を拘束する場合は**少年鑑別所**に入所させるが、在宅のままの場合も多い。家庭裁判所では、保護処分にしない不処分の決定や、審理を開始せず家裁調査官の調査のみで終わる場合もあるが、こうした場合も裁判官や家裁調査官が少年や保護者への指導を行う。判決に相当する**保護処分**は、少年を家庭や職場に置いたままで**保護観察所**の保護観察官や法務大臣の委嘱を受けた民間の**保護司**が指導するケースが最も多い。また矯正教育を行う**少年院**に収容され、矯正教育を受けることもある。

少年法のあり方としては、刑法の及ばない年齢や行為にまで広げて矯正の対象とすることに特徴がある。このため、常に少年を保護しすぎているという議論と、成人では問題とされない者までも対象としているという議論が発生する。少年犯罪が増加しているという事実と反した議論がされているという問題などは、『新しい教育相談論』

図表 1　非行少年処遇の概要

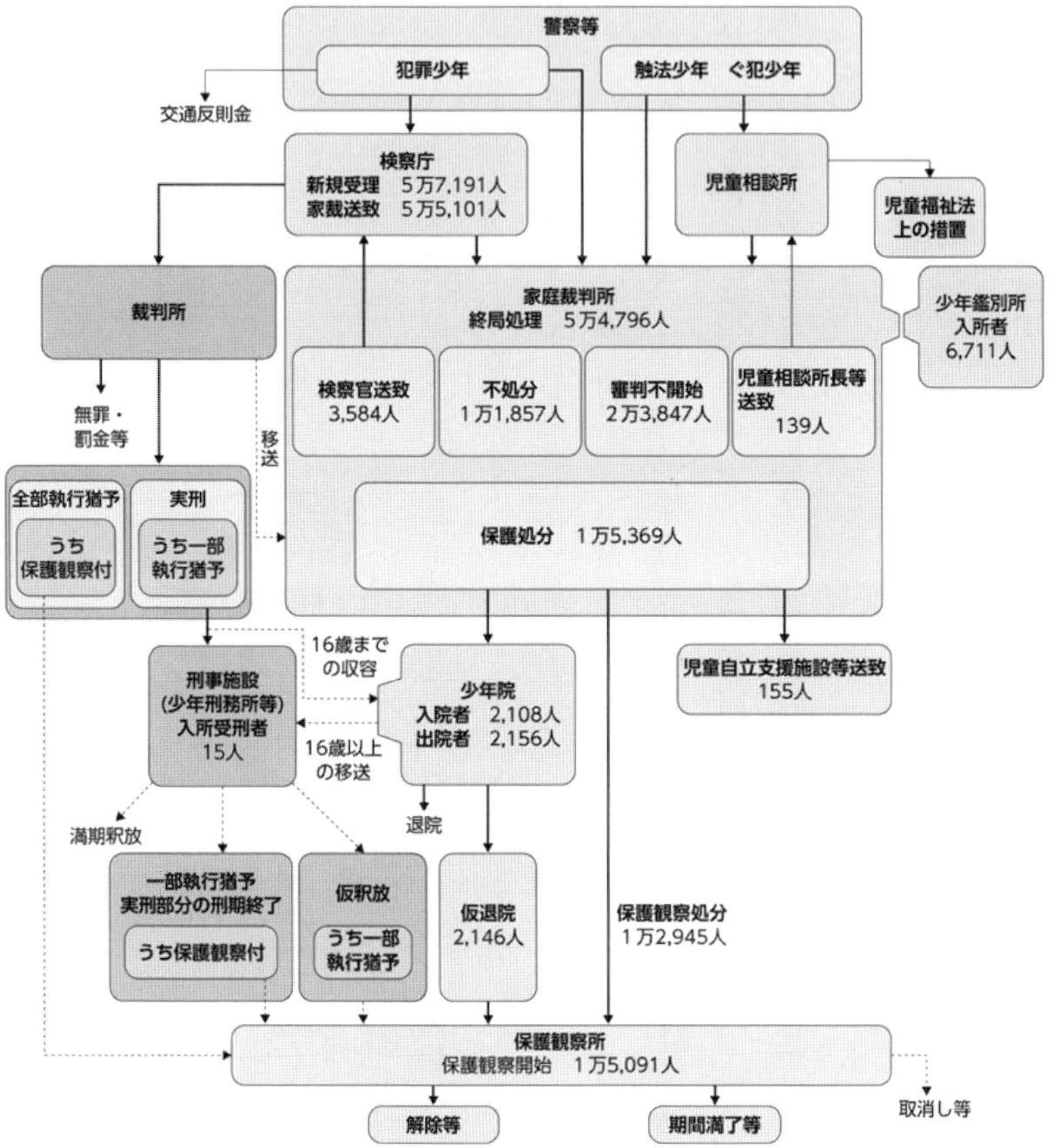

注　1　検察統計年報，司法統計年報，矯正統計年報及び保護統計年報による。
2　「検察庁」の人員は，事件単位の延べ人員である。例えば，1人が2回送致された場合には，2人として計上している。
3　「児童相談所長等送致」は，知事・児童相談所長送致である。
4　「児童自立支援施設等送致」は，児童自立支援施設・児童養護施設送致である。
5　「出院者」の人員は，出院事由が退院又は仮退院の者に限る。
6　「保護観察開始」の人員は，保護観察処分少年及び少年院仮退院者に限る。

人数は 2018（平成 30）年度の数値。法務省『令和元年版 犯罪白書』による。

第11章で伊東毅が概説しているので参照にされたい。また、本書第14章で述べた**十八歳成人**への変化をめぐっても、従来の民法と同じく二十歳未満を少年とする少年法との整合性が議論されている。

ここまで、保護者による懲戒、学校における懲戒、そして少年法による矯正などを概説してきた。ほめることとともに、叱ることも教師の仕事である。しかし、叱ることは、子どもの成長のための教育として行うものである。学校の教員が子どもたちの問題を抱え込むのではなく、家庭の保護者と日常的に連携して、さらに深刻な問題は警察や児童相談所とも連携しつつ、社会全体として子どもたちの生活指導を行う視点を持ってほしい。

あとがき

「評価」が学校で蔓延し、子どもたちや教師を拘束している。安易な生活指導は場合によってはこれを助長し、クラスや学校を閉塞空間にしてしまう。しかし、しっかり学び、力を蓄えた教師は、まさにこの生活指導を通して、クラスや学校を開かれた共生空間へと導いていく。

また、学校は見方によっては選抜・配分装置である。形骸化したキャリア教育は、格差を拡大してしまうことになりかねない。しかし、しっかり学び、力を蓄えた教師は、まさにこのキャリア教育を通して、個人に単に意欲を育むだけでなく社会をよりよいものにしようとする思いと強さを生み出す。

教師になることを決意し、必要な力を蓄えようと努力する皆さんを応援するため、各分野で活躍する力のある研究者によって本書は執筆された。川村肇は、教育史の専門家であると同時に本書に出てくる全国生活指導研究協議会をその中心で牽引している。奈須恵子は、アジア諸国と日本との関係を教育という視点から精力的に描いてきた。渡辺典子は、ジェンダーの問題からさらに動物と人間との関係の問題にまで視点を広げて根源から教育を問い直そうとしている。そして、ともに編者を務める高橋陽一は、教育の歴史や法令に精通しており過去と現在の交叉する教育事情を立体的に描くことに長けている。わたくしも生活指導の重要なテーマであるいじめ問題を不十分ではあるが論じてきた。こうした5人の執筆者が力を合わせてつくったのが本書である。必ずや教師を目指す皆さんの力になるはずである。

編集は株式会社桂樹社グループの広山大介氏にご尽力いただいた。丁寧に対応いただき、見た目も読みやすさという点においてもすばらしいものに仕上げていただいた。武蔵野美術大学出版局の木村公子編集長には企画の時から伴走していただき、完成に導いていただいた。お二方に心から感謝を述べたい。本学教職資料閲覧室の元スタッフである赤羽麻希さんと髙田正美さんに、校正の協力を得たことにも感謝する。

様々な現実を背負いながらも子どもたちは懸命に生きている。それぞれの違いを理解し、その持ち味を生かすことができるような生活指導や進路指導を展開してほしい。本書がそうした指導につながることを願っている。

二〇二〇年一月一五日

伊東　毅

索引

本文に太字で示した重要語句のページ数を記した

【a-z】
LGBT　182
NEET　46
PDCAサイクル　20
SDGs　184
SOGI　182

【あ行】
アクティブ・ラーニング　14, 171, 223
アサーショントレーニング　171
生きる力　16, 40
池袋児童の村小学校　58
意思決定理論　107
いじめの定義　151
いじめの認知学校数　163
いじめ防止基本方針　157
いじめ防止対策推進法　154
いじめ撲滅宣言　173
意欲・関心・態度　16
インターンシップ　121
大人　234

【か行】
外国人児童・生徒　204
改正　28
ガイダンス　18, 30, 46
改定　28
改訂　28
カウンセリング　30, 37, 46
学習言語の獲得支援　210
学習指導　17, 30
学習指導要領　28, 48, 138, 168
学習指導要領解説　33
学習障害　227
学制　42
学生　15
学力　16
学齢　236
家裁調査官　262
課題学習　32
課題対応能力　119
学級活動　22, 46, 92, 168
学級経営　30
学校裏サイト　224
学校教育　15
学校教育法　28, 236, 252
学校教育法施行規則　253
学校行事　22, 46
学校恐怖症　130
学校ぎらい　130
学校の教育活動全体を通じて行う道徳教育　21, 45
学校評価　20
家庭教育　17
家庭裁判所　262
科目　16, 20
カリキュラム・マネジメント　19, 51
監護　249
管理　61

管理主義　61
技術・家庭　91
基礎・基本　16
基礎的・汎用的能力　118
基本的人権　24
義務教育　252
キャリア・アンカー　107
キャリア教育　40, 44, 49, 95, 114
キャリア・パスポート　123
教育　15, 249
教育課程　121, 138, 222
教育機会確保法　48
教育基本法　25, 48, 156
教育権　41
教育再生会議　150
教育再生実行会議　150
教育支援センター　135
教育職員免許法　43
教育相談　30
教育相談体制　37
教育の機会均等　41
教科　16, 20, 45
教科横断的な視点　21
教科外教育　56
教科教育　56
教科書　163
業者テスト　92
教場指令法　20
矯正　261
教養教育　42
緊急避難　261
勤労の義務　46
勤労の権利　47
虞犯少年　221, 263
繰り返し学習　32
グループ別学習　32
訓告　254
警察　263
系統学習　57
刑法　261
言語活動　21
検察庁　263
高機能自閉症　227
公共の福祉　25, 46
校訓　20
公職選挙法　236, 239
構成的グループエンカウンター　171, 223
校則　24
高等学校卒業程度認定試験　141
公民　239, 241
公民教育　239
校務分掌　37, 51
国際人権規約　202
国民投票法　238
国立教育政策研究所　116
個人の尊厳　26
国家及び社会の形成者　27
子どもの権利　47
子どもの権利条約　47, 71, 202, 237
子どもの貧困　37
個に応じた指導　32
個別学習　32
個別指導　30 46
【さ行】
最低賃金法　47

小砂丘忠義　58
サバイバル日本語　210
サポート校　141
参加　83
支援　30
ジェンダー　180
ジェンダーバイアス　181
ジェンダー平等　184
思考力・判断力・表現力等　16
自己管理能力　119
自己肯定感　31, 80
資質・能力の三つの柱　16, 21, 45
持続可能な開発目標　184
自治　71
自治組織　71
シティズンシップ教育　241
指導　17, 30, 60
児童　15, 236
児童会活動　22
児童虐待　37, 250
児童虐待防止法　250
児童生徒理解・教育支援シート　136
児童相談所　37, 250, 263
指導体制　32
児童の権利に関する条約　202
児童福祉法　236
児童労働　236
児童労働の制限　47
自閉症スペクトラム障害　228
市民性教育　241
社会科教育　240
社会教育　17
社会的な性　180
社会に開かれた教育課程　19, 51
習熟度別学習　32
集団　62
集団指導　30, 46
集団組織活動　57
集団づくり　70
十八歳成人　239, 243, 265
十八歳選挙権　239, 242
主権者　24
主権者教育　25, 83, 242
主体的・対話的で深い学び　14
主体的な学び　14
出席停止　256
守秘義務　251
生涯学習　48
小学校学習指導要領　117
少年　236, 261
少年院　263
少年鑑別所　263
少年事件　262
少年審判　262
少年法　221, 236, 243, 261
消費者教育　244
職業　90
職業安定法　43
職業・家庭　90
職業教育　41, 44
職業高校　91
職業指導　41, 43, 90
職業選択の自由　46
職業適性検査　101
職場体験　120
職場体験活動　42, 45

触法少年　221, 263
女子に対するあらゆる形態の差別の撤廃に関する条約　184
女性差別撤廃条約　184
進学指導　41, 91
人格の完成　27
人格理論　101
親権者　249
身体的虐待　250
臣民　239
信頼関係　30
心理的虐待　250
進路　40
進路指導　40, 43, 49, 91, 117
進路指導主事　51, 91
スクールカウンセラー　37, 133, 149
スクールソーシャルワーカー　37, 134, 160
ストレスマネジメント　171
生活　18
生活指導　18, 30, 54
生活綴方　18
生活綴方運動　58
政治教育　240
政治的教養　241
政治的中立　241
性自認　181
成人　234
成人年齢　234
性的虐待　250
性的指向　181
性的マイノリティ　181
生徒　15
性同一性障害　181
正当防衛　261
生徒会活動　22, 173
生徒指導　18, 54
生徒指導主事　37
生徒指導体制　37
生徒指導提要　33, 81, 220
性表現　181
生物学的な性　180
責任年齢　261
ゼロ・トレランス　79
戦後教育改革　43
全体計画　51
全部改正　28
専門教育　42
専門高校　91
早期発見　250
総合的な学習の時間　22, 45
総合的な探究の時間　22, 45
総則　28, 49
ソーシャルスキルトレーニング　171
【た行】
第一義的責任　249, 257
退学　254
大正自由教育　18, 43
大日本帝国憲法　236
体罰　78, 259
体罰の禁止　252, 258
対話的な学び　14
多文化教育　198
多文化共生　205
探究課題　22, 45
男女共同参画社会基本法　185
チーム学校　35, 50

チームとしての学校　35, 50
知識及び技能　15
地方公務員法　251
注意欠陥多動性障害　227
中央教育審議会　114
中学校夜間学級　138
懲戒　248, 252
懲戒権　249
懲戒権の濫用　249
通告　250
通信制　48
通信制高等学校　141
強い指導　79
停学　254, 255
適応指導　209
適応指導教室　135
出口指導　117
討議　74
登校拒否　130
登校刺激　142
道徳教育　21, 45
特殊教育　227
特性—因子理論　100
特別活動　22, 46, 92, 168
特別教育活動　92
特別支援教育　227
特別な配慮　33
特別の教科である道徳　21, 45, 163
【な行】
内容項目　21
ニート　95, 114
肉体的苦痛　259
二次障害　228
二重討議方式　74
日直　74
日本国憲法　24, 41, 46, 236
日本語指導　204
人間関係　30
ネグレクト　250
年間指導計画　51
年齢計算ニ関スル法律　235
野村芳兵衛　58
【は行】
働き方改革　48
発達障害　227
発達理論　104
発展的な学習　32
ハプンスタンス・アプローチ　107
班　72
犯罪少年　221, 263
班づくり　21
ピア・カウンセリング　175
ピア・サポート　175
非行　221
非行防止教室　222
ヒドゥン・カリキュラム　186
評価　16
評定　16
深い学び　14
副読本　163
普通教育　41
不登校　131
不登校特例校　138
フランク・パーソンズ　89
フリースクール　140
フリーター　95

不良行為少年　221
偏差値　92
放置　250
法的拘束力　23, 28, 33
ホームルーム活動　22, 46, 92
ホームルーム経営　30
保護観察所　263
保護司　263
保護者　249
保護処分　263
補充的な学習　32
北方教育運動　59
【ま行】
マイノリティ　212
マジョリティ　212
マッチング理論　100
学びに向かう力・人間性等　16, 21, 45
未成年者飲酒禁止法　235
未成年者喫煙禁止法　235
峰地光重　58
民主集中制　76
民主主義　64
民法　235, 236, 243, 249
メディアリテラシー　226
模擬選挙　242
目的　23
目標　23
文部科学省　114, 131, 148
【や行】
夜間中学　138
夜間部　48
有形力の行使　79, 260
有権解釈　33
幼児　15
四つの視点　21
予防教育　223
四領域八能力　117
【ら行】
ライフ・キャリアの虹　105
リーダー　73
労働関係調整法　47
労働基準法　47, 125, 236
労働組合法　47
【わ行】
輪切り進路指導　92

著者紹介（執筆順）

高橋陽一（たかはし・よういち）

一九六三年生まれ。東京大学大学院教育学研究科博士課程満期退学。武蔵野美術大学造形学部教授。日本教育史（国学・宗教教育）を専攻。著書（単著）に『共通教化と教育勅語』（東京大学出版会）、『くわしすぎる教育勅語』（太郎次郎社エディタス）、『ファシリテーションの技法』『美術と福祉とワークショップ』『新しい教育通義』、監修に『ワークショップ実践研究』、共編著に『道徳科教育講義』『新しい教師論』『新しい教育相談論』（いずれも武蔵野美術大学出版局）、共著に岩波書店編集部『徹底検証教育勅語と現代社会』、教育史学会編『教育勅語の何が問題か』（いずれも岩波書店）、東京大学史史料室編『東京大学の学徒動員・学徒出陣』（東京大学出版会）ほか。

川村　肇（かわむら・はじめ）

一九六〇年生まれ。東京大学大学院教育学研究科博士課程中退。博士（教育学）。獨協大学国際教養学部教授。研究分野は教育学（日本教育史・生活指導論）、歴史学（日本思想史）。著書に『在村知識人の儒学』（思文閣出版、一九九六年）、『読み書きは人の生き方をどう変えた？』（清水書院、二〇一八年）、翻訳にR・ルビンジャー著『日本人のリテラシー——1600-1900年』（柏書房、二〇〇八年）、共編著に駒込武／奈須恵子／川村肇編『戦時下学問の統制と動員——日本諸学振興委員会の研究』（東京大学出版会、二〇一一年）、荒井明夫／川村肇編『就学告諭と近代教育の形成——勧奨の論理と学校創設』（東京大学出版会、二〇一六年）、編集に『春山作樹著作集』（全五巻。学術出版会、二〇一四年）、別役厚子『子どもの貧困と教師——東京市万年小学校をめぐる苦悩と葛藤』（六花出版、二〇一九年）ほか。

伊東　毅（いとう・たけし）

一九六二年生まれ。東京大学大学院教育学研究科博士課程満期退学。武蔵野美術大学造形学部教授。教育哲学を専攻。著書に『未来の教師におくる特別活動論』（武蔵野美術大学出版局、二〇一一年）、共編著に『新しい教育相談論』（武蔵野美術大学出版局、二〇一六年)、『よくわかる教育原理』(ミネルヴァ書房、二〇一一年)、共著に『道徳教育の批判と創造――社会転換期を拓く』(エイデル研究所、二〇一九年)、『道徳科教育講義』(武蔵野美術大学出版局、二〇一七年)、『なくならない「いじめ」を考える』(国土社、二〇〇八年)ほか、論文に「「畏敬の念」と道徳副読本および教師用指導書」(『武蔵野美術大学紀要』No. 48、武蔵野美術大学、二〇一八年)、「現代日本におけるいじめの特質――教育システムといじめとの関係の考察を中心に」(社会文化学会編『社会文化研究』第4号、晃洋書房、二〇〇一年)ほか。

渡辺典子(わたなべ・のりこ)

一九六八年生まれ。日本女子大学大学院文学研究科博士課程後期満期退学。武蔵野美術大学、群馬県立女子大学(教育史・教育行政・道徳教育の理論と指導法)、日本大学通信教育課程(教育原論・生徒指導・進路指導論)、近畿大学九州短期大学通信教育部(言葉指導法)、湘南平塚看護専門学校(教育学)非常勤講師。共著に『特別活動論』(武蔵野美術大学出版局、二〇〇二年)、論文に「一九二〇~三〇年代における青年の地域活動――長野県神川村の『路の会』による学習・教育を中心に」(日本教育史研究会編『日本教育史研究』第13号、一九九四年)、「明治期の日本女子大学校卒業生による「大学拡張」運動」(全国地方教育史学会編『地方教育史研究』第39号、二〇一八年)ほか。

奈須恵子(なす・けいこ)

一九六五年生まれ。東京大学大学院教育学研究科博士課程満期退学。立教大学文学部教授。近代日本教育史。テーマは対外認識の形成と教育について。共編著に駒込武/奈須恵子/川村肇編『戦時下学問の統制と動員――日本諸学振興委員会の研究』(東京大学出版会、二〇一一年)、奈須恵子/逸見敏郎編著『学校・教師の時空間――中学校・高等学校の教師をめざすあなたに』(三元社、二〇一二年)、論文に「戦時下文部省編纂中等歴史教科書における『アジヤ』認識」(日本植民地研究会編『日本植民地研究』第19号、二〇〇七年)ほか。

これからの生活指導と進路指導

二〇二〇年三月三一日初版第一刷発行

編者　高橋陽一　伊東毅
著者　高橋陽一　伊東毅　川村肇　奈須恵子　渡辺典子

発行者　天坊昭彦
発行所　株式会社武蔵野美術大学出版局
〒一八〇―八五六六
東京都武蔵野市吉祥寺東町三―三―七
電話　〇四二二―二三―〇八一〇（営業）
〇四二二―二二―八五八〇（編集）

印刷・製本　株式会社精興社

ISBN978-4-86463-109-9　C3037　Printed in Japan

総合学習とアート

高橋陽一 編　執筆者：高橋陽一＋杉山貴洋＋葉山登＋川本雅子＋田中千賀子＋有福一昭

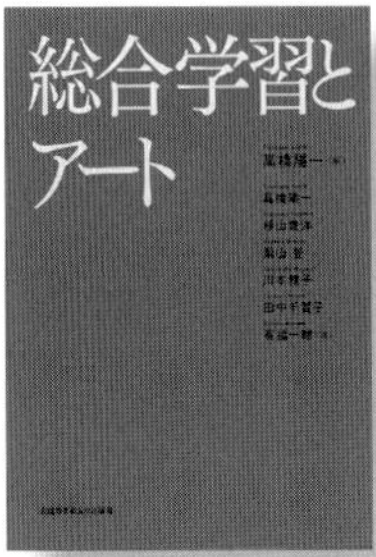

A5判　256頁　定価：本体2,000円＋税
978-4-86463-098-6 C3037［'19.04］

新学習指導要領に対応。小・中学校の「総合的な学習の時間」、高等学校の「総合的な探究の時間」を指導する教師のために、現場で活かせる技法をまとめた1冊。予測不可能な21世紀に必要とされる思考力・判断力・表現力等を培うには横断的な学びが欠かせない。「表現」を眼目とする美術の教員こそ、教科の垣根を越えて他の教員と手を携え、すべての子どもたちが主人公となるような主体的で対話的な学びを担うことができる。

ファシリテーションの技法

アクティブ・ラーニング時代の造形ワークショップ

高橋陽一 著

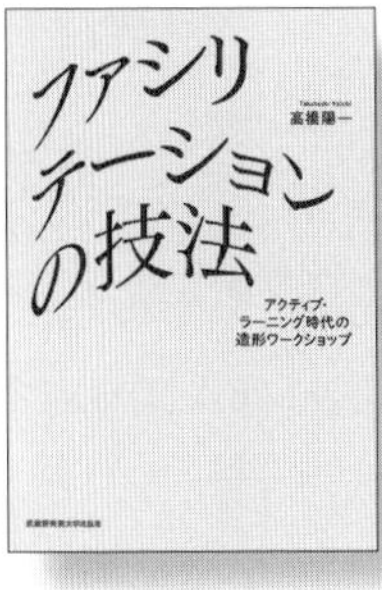

A5判　240頁　定価：本体2,200円＋税
978-4-86463-099-3 C3037［'19.04］

『造形ワークショップを支える ファシリテータのちから』の改訂版。本来のワークショップの意味、歴史を踏まえ、学校教育における「手法としてのワークショップ」を明確にしたうえで、ファシリテータに必要な企画力、組織力、記録力を具体的に提示。生涯学習とアクティブ・ラーニングへの言及、過去に受講生から寄せられた質問、討議用の課題、参考手法を新たに加え、それぞれの現場ですぐに活用できる技法書。

造形ワークショップ入門

高橋陽一 編　執筆者：高橋陽一＋杉山貴洋＋川本雅子＋田中千賀子

A5判　192頁　定価：本体1,900円＋税
978-4-86463-031-3 C3037［'15.04］

地域で、企業で、学校で、福祉施設で…造形ワークショップの経験がない人にもイメージ可能な10事例を紹介。企画立案・実施手順・報告書作成までファシリテーションの実際を提示し、ワークショップの理論と歴史を概説する。社会のなかのワークショップに目を向け、新しい役割を目指す。特別な技術や道具は、必要ない。さぁ、みんなでここからはじめよう！